21世纪高职高专秘书类规划教材

秘书实训指导与案例分析

主　编　吴良勤　雷　鸣
副主编　周争艳　闻　杰　王　军
主　审　史振洪　黄月琼

内 容 简 介

本书是由北京大学出版社组织编写的高职高专院校文秘类专业主干课程教材之一。本书的编写旨在指导文秘专业实训课程教学,为了培养学生从事秘书工作的基本技能和心态,通过本书的学习与实训,让学生体验秘书工作的内容,掌握秘书工作的方法。

本书有以下几个特点:一是理论联系实际,突出实务、实训;二是打破办文、办会、办事的模式,按照秘书工作的流程设置教材内容;三是体例新颖,采用任务驱动的方式进行编写;四是工作案例均由企业一线秘书工作经历改编。

本书可以作为高职高专院校文秘类专业秘书实训课程教材,也可作为在职秘书或者即将从事秘书职业的职场新人的日常读本,以及国家秘书职业资格考试辅导用书。

图书在版编目(CIP)数据

秘书实训指导与案例分析/吴良勤,雷鸣主编. —北京:北京大学出版社,2010.8
(21世纪高职高专秘书类规划教材)
ISBN 978-7-301-17317-6

Ⅰ. 秘… Ⅱ. ①吴… ②雷… Ⅲ. ①秘书学—高等学校:技术学校—教学参考资料
Ⅳ. ①C931.46

中国版本图书馆 CIP 数据核字(2010)第 104937 号

书　　　名:	秘书实训指导与案例分析
著作责任者:	吴良勤　雷　鸣　主编
策 划 编 辑:	温丹丹
责 任 编 辑:	李　玥
标 准 书 号:	ISBN 978-7-301-17317-6/G·2876
出　版　者:	北京大学出版社
地　　　址:	北京市海淀区成府路 205 号　100871
网　　　址:	http://www.pup.cn
电　　　话:	邮购部 62752015　发行部 62750672　编辑部 62765126　出版部 62754962
电 子 信 箱:	zyjy@pup.cn
印　刷　者:	北京虎彩文化传播有限公司
发　行　者:	北京大学出版社
经　销　者:	新华书店
	730 毫米×980 毫米　16 开本　17 印张　290 千字
	2010 年 8 月第 1 版　2021 年 8 月第 5 次印刷
定　　　价:	45.00 元

未经许可,不得以任何方式复制或抄袭本书之部分或全部内容。
版权所有,侵权必究
举报电话: 010-62752024; 电子信箱: fd@pup.pku.edu.cn

21世纪高职高专秘书类规划教材编委会

（以音序排名）

编委会主任

黄月琼　教授，苏州港大思培科技职业学院副院长
史振洪　教授、主任编辑，钟山职业技术学院新闻传播系主任

编委会副主任

李喜民　教授，郑州牧业工程高等专科学校人文系主任
王瑞成　教授，扬州职业大学文秘教研室主任
吴良勤　国家二级秘书，钟山职业技术学院文秘教研组组长

委员

蔡　黎	冯修文	关海博	韩开绯
金常德	姬兴华	黎　明	梁春燕
李　琳	李新宇	李红兰	李云芬
李　滢	李　展	李国英	李荣梅
刘红松	雷　鸣	刘慧霞	宋臻臻
邵峥嵘	王菊芬	王　军	王寅涛
王其厅	闻　杰	温　昊	徐思义
谢春红	薛周平	余红平	赵琳红
朱俊侠	周争艳	张秀兰	张　晖

前　言

本书是由北京大学出版社组织编写的"21世纪高职高专秘书类规划"教材之一，也是教育部高职高专文秘类专业教学指导委员会2009年重点科研课题"秘书职业能力的分解研究"（课题编号jzwz0903）的阶段性成果之一。

当今社会人才竞争激烈，用人单位对于毕业生的要求也越来越高，文秘专业面临一个尴尬的局面：一方面毕业生求职困难，一方面是用人单位招不到合适的秘书，很多职业经理人感慨地说："秘书岗位易得，秘书人才难求。"那么，如何培养用人单位需要的秘书人才，向高职高专教育提出了新的挑战，我们也在为此积极地摸索、尝试着。为了应对高职高专教育的新特点、新形势，在北京大学出版社温丹丹编辑的大力支持下，我们组织编写了本书，旨在指导秘书实训课程教学。

与传统的秘书实训教材相比，我们做了以下三个方面的探索。一是在教材结构方面，打破了传统秘书教材"办文"、"办会"、"办事"的模式，更加突出了实操性。在理论知识够用、管用的前提下，尽量简化理论知识的介绍，而是尽可能地比较细化地介绍秘书工作过程中的各种流程和规范，以期最大限度地向学生提供指导性，通过实训锻炼学生的基本技能。二是内容设置方面，增强了实用性。教材案例和实训任务的选择，从秘书实际工作中选取，这样一来，让学生感受到案例就在自己的身边。三是编写体例方面，采用任务驱动的方式进行编写，通过完成项目任务，达到教学的效果和教学目的。

参与本书编写的大都是来自于高等职业院校秘书专业教学第一线、具有丰富的教学经验和工作实践经验的秘书专业教师。本书编写分工如下：吴良勤（钟山职业技术学院）负责编写秘书实训指导部分和秘书工作案例部分、雷鸣（郑州牧业工程高等专科学校）负责编写秘书实训指导部分；周争艳（重庆工商大学派斯学院）负责编写秘书工作案例分析部分；闻杰（钟山职业技术学院）负责编写秘书工作案例分析部分；王军（安徽淮北职业技术学院）负责编写秘书实训指导部分；齐宁（辽宁装备制造职业技术学院）、段赟（钟山职业技术学院）参与了工作案例部分的编写。

本书由吴良勤、雷鸣担任主编，周争艳、闻杰、王军任副主编，齐宁、段赟为参编。由钟山职业技术学院新闻传播系主任史振洪教授，国内著名秘书学专家、苏州港大思培职业学院副院长黄月琼教授担任主审。

本书在编写过程中，参考了大量的文献资料，吸收了秘书学研究的最新成果，特别是援引、借鉴、改编了大量的案例和训练素材。为了行文方便，对于所引成果及材料未能在书中一一注明，因此，笔者将对本书编写有过帮助的方家大作，恭谨地列于书后的参考文献中，表示致敬和感谢！

对于北京大学出版社温丹丹编辑的信任与大力支持在此表示衷心的感谢。特别需要说明的是，我的学生沈燕、张媛等，为本书的编写提供了许多工作案例；学生丁蕴仪、周美娇等在汉字录入、校对等方面做了许多有益的工作，在此向我的学生们表示感谢。

由于学识、时间等因素，教材中错漏肯定犹存，诚恳地期望秘书学界专家、前辈，使用本书的广大师生，提出真诚而宝贵的意见和建议，使之有机会修订时更趋完善。谢谢！

吴良勤于南京
2009 年 12 月

目 录

项目 1 办公环境管理 1
    实训 1　布置办公室 1
    实训 2　为上司整理办公室 7
    实训 3　维护工作环境的整洁 8
    实训 4　办公环境的安全管理 11
    实训 5　装饰上司的办公室 15

项目 2 接待客人 17
  任务 1　接待前的准备工作 17
    实训 1　接待环境的布置 17
    实训 2　前台值班 18
  任务 2　接待的基本礼仪 19
    实训 1　接待客人的基本礼仪 19
    实训 2　介绍的礼节 20
    实训 3　握手的礼节 21
    实训 4　交换名片 22
  任务 3　日常接待 24
    实训 1　迎接招待客人 24
    实训 2　恭送客人 26
    实训 3　接待预约的客人 27
    实训 4　接待未预约的客人 29
  任务 4　团体接待 32
    实训 1　确定接待规格 32
    实训 2　制订接待计划 33
    实训 3　安排迎送来访团体 35
    实训 4　接待来访者就餐 37
  任务 5　涉外接待 38
    实训 1　确定涉外礼宾次序 38
    实训 2　安排涉外迎送仪式 40

项目3 办公室日常事务 43

任务1 接打电话 43
实训1 接打电话的基本礼仪 43
实训2 接听电话的技巧 44
实训3 拨打电话的方法 47
实训4 为上司进行电话预约 49

任务2 日常资料、文件处理 50
实训1 给上司送文件的顺序和时机 50
实训2 确定文件的保存期限 51
实训3 让上司急件急批 52
实训4 整理名片 53

任务3 邮件处理 55
实训1 处理收到的邮件 55
实训2 寄发邮件 59

任务4 零用现金管理 61
实训 管理零用现金 61

任务5 差旅费报销 62
实训 帮上司报销差旅费 62

任务6 办公用品的购置与管理 63
实训1 办公用品的购置 63
实训2 办公用品的发放 65

任务7 印信管理 67
实训1 印章管理 67
实训2 介绍信管理 69

任务8 值班管理 70
实训 值班管理 70

任务9 保密工作 74
实训 信息保密 74

任务10 时间管理 75
实训1 制作和管理工作日志 75
实训2 制订不同形式的日程安排表 80
实训3 调整工作日程表 81

项目 4　办公室非日常事务 ... 83

任务 1　制订工作计划 ... 83
实训　制订工作计划 ... 83

任务 2　调查研究 ... 86
实训　为公司的企业文化建设进行问卷调查 ... 86

任务 3　督查工作 ... 91
实训　帮上司完成督查事项 ... 91

项目 5　会议组织和管理 ... 96

任务 1　会前准备 ... 96
实训 1　制作并发送会议通知 ... 96
实训 2　拟订会议议程和日程 ... 99
实训 3　选择会议地点 ... 102
实训 4　会场布置和会场布局 ... 103

任务 2　会中服务 ... 106
实训 1　会议接站和报到 ... 106
实训 2　制作会议记录 ... 108
实训 3　制作会议简报 ... 110
实训 4　会中突发事件处理 ... 112

任务 3　会后扫尾 ... 114
实训 1　引导与会人员离开会场 ... 114
实训 2　会议经费结算 ... 115
实训 3　整理会议文件 ... 116
实训 4　撰写会议纪要 ... 117
实训 5　进行会议总结 ... 119

项目 6　商务活动 ... 122

任务 1　商务会见、会谈 ... 122
实训　会见、会谈的工作程序 ... 122

任务 2　商务宴请 ... 126
实训 1　制订宴请计划 ... 126
实训 2　安排宴请活动的桌次和座次 ... 127

任务 3　商务庆典 130
实训 1　开业典礼的筹备 130
实训 2　安排公司周年庆典的程序 134
实训 3　安排剪彩活动 136

任务 4　签字仪式 138
实训　安排签字仪式的程序 138

任务 5　新闻发布会 141
实训 1　制订公司新闻发布会的策划方案 141
实训 2　做好新闻发布会的善后工作 144

任务 6　开放参观活动 145
实训　制订开放参观活动的策划方案 145

任务 7　商务旅行 147
实训 1　商务旅行的准备工作 147
实训 2　制作商务旅行计划 150
实训 3　上司出差期间秘书的工作 152
实训 4　与上司一起出差 153

项目 7　信息工作 155

任务 1　信息的收集 155
实训 1　运用多种方法收集信息 155
实训 2　帮新上司熟悉行业情况 157

任务 2　信息的整理 158
实训 1　信息的筛选 158
实训 2　信息的整理 159

任务 3　信息的传递 160
实训　信息的传递 161

任务 4　信息的存储 162
实训　信息的存储 163

任务 5　信息的开发利用 164
实训 1　信息的开发 164
实训 2　信息的利用 165

任务 6　信息的反馈 167
实训　为上司提供反馈信息 167

项目 8　档案管理 ... 170

任务 1　档案的整理 ... 170
- 实训 1　确定归档范围 ... 170
- 实训 2　档案的分类 ... 172
- 实训 3　档案的装订 ... 173
- 实训 4　归档的步骤 ... 174

任务 2　档案的鉴定 ... 179
- 实训 1　鉴定档案的价值 ... 179
- 实训 2　档案的销毁 ... 181

任务 3　档案的检索 ... 182
- 实训 1　档案的著录标引 ... 183
- 实训 2　编制档案检索工具 ... 183

任务 4　档案的编研 ... 184
- 实训 1　编写大事记 ... 184
- 实训 2　编写会议简介 ... 186

任务 5　档案的保管 ... 188
- 实训　档案的保管 ... 188

任务 6　档案的利用 ... 188
- 实训 1　档案的查找利用 ... 189
- 实训 2　档案的阅览服务 ... 189

任务 7　电子档案的管理 ... 190
- 实训 1　收集电子档案 ... 190
- 实训 2　档案管理软件的应用 ... 191

项目 9　办公自动化 ... 193

任务 1　常用办公设备的使用和维护 ... 193
- 实训 1　传真机的使用 ... 193
- 实训 2　复印机、打印机的使用 ... 194
- 实训 3　刻录机的使用 ... 196
- 实训 4　扫描仪的使用 ... 197
- 实训 5　可视电话 ... 200
- 实训 6　碎纸机的使用 ... 201

任务 2　办公软件的使用 ... 202
- 实训 1　办公软件 Word 的使用 ... 202
- 实训 2　办公软件 Excel、PowerPoint 的使用 ... 203

  实训 3 Word 2003 的应用 203
  实训 4 利用 FrontPage 制作个人网页 206
  实训 5 制作宣传海报 207
 任务 3 在线办公 208
  实训 1 在线办会 208
  实训 2 在线业务办理 209
  实训 3 制作公文 210

项目 10 秘书工作案例分析 214

参考文献 260

项目 1　办公环境管理

办公室一是指办公的地方，即工作人员完成任务、执行其职责的工作地点，公司为完成其管理目标而进行工作的工作场所；二是指工作机构，是领导工作的辅助性机构。秘书的办公室管理事务兼具两方面的含义，既指秘书自身及上司工作场所的管理，同时也是对为上司服务的辅助性机构的管理。

保持和创造科学、良好的办公环境，是秘书的职责。一个和谐、美观、整洁、舒适和安静的工作场所，直接对组织的形象和绩效产生影响，有助于办公室日常工作的完成，也有利于办公室工作人员的健康。一个良好的工作环境，有利于组织的对外形象的塑造，并能提高秘书的工作效率。加强对日常环境的管理，营造一个令人神静心怡的工作环境，是秘书的一项经常性的工作，也是一份责任和义务。秘书对日常环境的管理包括三个方面的内容：布置办公环境、整理和维护办公环境，以及办公环境的安全管理。

实训 1　布置办公室

一、实训目标

通过本实训掌握安排上司办公室布局的要点。

二、实训背景

文秘专业毕业生王晨应聘到一家新成立的宏达公司担任生产部主管的秘书。上班的第一天上司就请王晨为他布置办公室。具体条件和要求如下。

1. 面积、设备及工作人员要求

办公室面积：16 平方米。

办公人员：主管 1 人，秘书 1 人，雇员 3 人。

办公设备：文件柜，公用电脑，5 张办公桌等。

2. 个人办公需求

上司：多项（个人任务，给秘书安排任务，接待访客）。

秘书：两项（个人任务，接受上司安排的任务）。

雇员：单项（个人任务）。

3. 个人空间需求

上司：办公桌应该与秘书最近，并拥有独立的接待空间，以保证不会给下属造成干扰。

秘书：和上司办公桌最近，和上司频繁沟通不会影响其他同事。

雇员：不受干扰的个人办公空间。

三、实训内容

1. 假如你是王晨，请根据上述的要求为主管安排办公室的布局。
2. 根据上述要求，王晨对办公室布局做出了4种布置方案，并提交了设计图（如图1-1～1-4所示）。请对王晨的4种设计进行评价，选出最佳的办公室设计图，并说明原因。

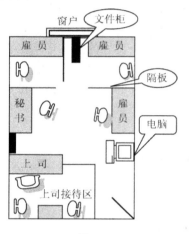

图 1-1

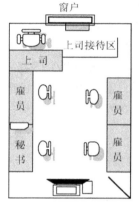

图 1-2

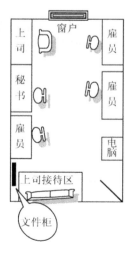

图 1-3

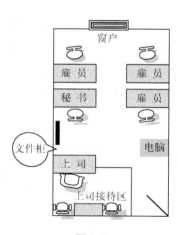

图 1-4

四、相关知识

布置办公室是秘书的一项基本工作。完成此工作，首先要了解办公室布局的类型以及布置的原则和要求，掌握办公室布置的程序，根据现有条件和办公需求，绘制出办公室布局图，布置出布局合理、方便实用的办公室。

（一）办公室布局的类型

办公室的布局分为两种：开放式与封闭式办公室。

1. 开放式办公室

开放式办公室是大的空间，包含单个工作位置的组合。每一个工作位置通常包括办公桌、椅子、电话、计算机、纸张和文具的存放空间、文件的存放空间。工作位置可能用屏风分开，以吸收噪声和区分不同的工作组。

办公空间开放式设计，也称"办公室美化布置"或"办公室模式设计"。它不像传统的封闭式办公室那样有固定的分隔独立空间，而是在开放的办公场地根据需要利用可移动物体随机确定工作间的位置。

开放式办公室的特点：

（1）不设个人专用办公室；

（2）组合工作间的材料丰富多样；

（3）办公室工作人员的地位级别主要不是用办公位置来确定，不设传统的领导座位，而是凭承担的任务来确定位置。

2. 封闭式办公室

封闭式办公室是按照办公职能设置分隔式的若干个相对独立办公室的做法。封闭式办公室的设计原则主要考虑常规办公室业务活动的各种因素，如人员、业务特点、职能、设备、空间等因素的稳定性，相关业务处理的连续性和系统性。

开放式办公室与封闭式办公室各有其优缺点，如表 1-1 所示。

表 1-1 开放式与封闭式办公室的优缺点比较

办公室类型	优　点	缺　点
开放式办公室	1. 灵活应变，工作位置能随需要而移动、改变 2. 节省面积，如门、墙等；节省费用，能容纳更多的员工 3. 易于沟通，便于交流 4. 易受监督，员工的行为容易得到上司的督察 5. 容易集中化服务和共享办公设备	1. 难保机密 2. 很难集中注意力，员工容易受电话、人们走动等干扰 3. 房间易有噪声，如说话声、打电话和操作设备声易影响他人 4. 员工难于找到属于自己的私人空间

(续　表)

办公室类型	优　点	缺　点
封闭式办公室	1. 比较安全，可以锁门 2. 易于保证工作的机密性 3. 易于员工集中注意力，从事细致或专业工作 4. 易于保护隐私，明确办公空间由自己使用	1. 费用高，墙、门、走廊等占用空间多并且需要装修 2. 难于监督工作人员的活动 3. 难于交流，员工被分隔开，易感觉孤独

（二）办公室布置的原则

1. 方便

秘书应将自己的座位设在能够清楚看到出口的地方，客人在进入上司办公室时最好能先经过秘书的办公桌。不过，秘书应避免自己的座位与上司面对面。

2. 舒适整洁

光线、色彩、气候、噪声、工作间的布置等在不同程度上对上司的情绪都会有所影响，所以对上司的办公室来说，很重要的一点就是舒适整洁。整洁有序的工作环境有助于工作效率的提高。不论是办公室、办公桌，还是抽屉等，不要放置与办公无关的东西。办公文具的摆放要井然有序。此外，上司的座位应设在不会从门口直接看到的地方。

3. 和谐统一

办公环境中如果有和谐的人际关系，就能激发工作人员的团队精神，取得最优的工作效果，同时，如果办公桌椅、文件柜等办公室用品的大小、格式、颜色等协调统一，不仅能增强办公室的美观，而且能强化成员之间的平等观念，创造出和谐一致的工作环境。

4. 安全

保证组织的物品安全和信息保密是秘书的重要职责之一，也是优化办公环境不可忽略的一个原则。布置办公室时要留意附近的环境和办公室存放财物的安全，应注意一些保密信息如纸质文件、存储在计算机里的数据等的安全和保密能否得到保障。

（三）设计办公结构和布局需要考虑的因素及具体要求

在设计办公室结构和布局时，需要考虑的因素及具体要求如表1-2所示。

表 1-2　办公布局需要考虑的因素和具体要求

办公布局需要考虑的因素	具体要求
职工的人数	人数多，需要的空间就要大，费用也要增加
购买或租用的面积	面积越大，费用也越高，尤其是在一些城市的中心地带，地价昂贵必须仔细斟酌
机构的建制和办公空间的分类	例如，需要多少个部室，各部室的工作性质和职能
组织经营的性质或内容	接待区一般安排在离门较近的区域，总经理办公室一般不在大门旁边。带有生产车间企业的办公区一般安排离门较近，车间相对远一些，而商店的办公室通常不会安排在商店的大门旁边
部门间的工作联系	应确保科学有效地实施工作流程，减少或避免不必要的重复与浪费。如将业务相关联、相衔接的部门安排为近邻，减少工作人员和文件流动的次数和距离
办公室的间隔方式	应符合工作的需要和保密的需要，如开放式办公室的设计能增强人们的交流，而封闭式办公室的设计则易于保密
走廊、楼梯、通道的宽窄和畅通	应符合安全需要，并安排好公用区域
设计的灵活性	办公室要根据组织的发展变化，在设计上讲究灵活性，如采用容易站立、移动或拆除的间隔物等，以便办公室的设计和改变更为便利
办公室的布局	应按工作流程和职位进行安排，讲究合理有序，互不干扰
办公用具	1. 使用同样大小的桌子，可增进美观，并促进职员的相互平等感。办公桌的排列应按照直线对称的原则和工作程序的顺序，其线路以最接近直线为佳，防止逆流与交叉现象； 2. 设计要精美适用，坚固耐用，适应现代化要求； 3. 同一区域的档案柜与其他柜子的高度一致，以增进美观； 4. 应根据不同工作性质，设计不同形式的办公桌、椅
办公室的光线	自然光应来自桌子的左上方或斜后上方
员工位置安排	主管座位应位于员工座位之后方，使主管易于观察工作地点发生的事情，同时不因领导者接洽工作转移和分散工作人员的视线和精力
常用办公设施和设备	1. 装设充足的电源插座，供办公室设备之用； 2. 常用的设备与档案应置于使用者附近，切勿将所有的档案置于靠墙之处，档案柜应背对背放置。电话最好是 5 平方米空间范围一部，以免接电话离座位太远，分散精力，影响效率； 3. 公用设备（如饮水机等）应摆放在便利公共区域

（四）办公室布置的程序

1. 确定各部门员工工作位置

对各部门的业务工作内容与性质加以考察与分析，分析不同部门业务特点对于办公条件的要求，明确各部门及各员工间的关系，以此为依据确定每位员工的工作位置。主要考虑以下几个方面：

（1）面积、空间大小；

（2）人员流动的频率；

（3）声音对办公效率的影响；

（4）需要设备及家具量的多少。

2. 设定各部门员工工作空间

列表将各部门的工作人员及其工作性质分别记载下来。按工作人员数额及其办公所需的空间，设定其空间大小。通常办公室的大小因各人工作性质而异，一般而言，每人的办公空间在3～10平方米之间即可。

3. 选配办公家具及设施

根据工作需要，选配相应的办公家具、设施和装饰等，并列表分别详细记载。办公室中使用的所有家具应符合健康要求和安全标准。大多数办公室通常提供给每一个工作人员下列的家具：

（1）办公桌——工作的空间；

（2）存储空间——通常用于存储文件、办公用品、设备和其他有间隔作用的办公室用家具、隔板；

（3）办公室椅子——样式根据工作类型而变化；

（4）其他办公使用的设备。

4. 绘制办公室座位位置图

绘制办公室座位布置图，并征询部门人员的意见，根据意见修改设计，完善办公室布置图，然后依图布置，如图1-5所示。

5. 合理安放设备

在安放办公设备时要考虑以下几个方面。

（1）采光。在办公室中提供良好的光照非常重要，从窗户进来的自然光是非常好的光源，但强烈的阳光则太耀眼，特别是照在计算机屏幕上效果更差。窗户上需要安装百叶窗来遮挡日光。

（2）温度。温度控制应该在20～25℃为宜。这能保证工作人员在舒适的环境下有效地工作。大多数办公室装有中央空调系统,以维持办公室中适合的工作环境,但是还应该经常通风,保证良好的空气质量。

(3)通风。设置可打开的窗户,通风换气有利于员工的身体健康。但装修办公室时还应该注意避免工作区外边的噪声影响办公环境。

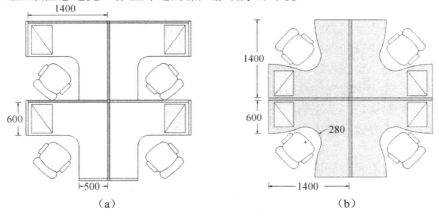

图1-5 办公室座位布置图

实训2 为上司整理办公室

一、实训目标

通过本实训掌握为上司整理办公室的要点。

二、实训背景

宏达公司王总经理近段时间为公司的一个新项目日夜忙碌,总经理办公室和技术部的人员也全体加班,每天都是忙到深夜。这天秘书王晨按照习惯提前30分钟来到公司,一进总经理办公室,就发现杂乱不堪:办公桌上、沙发上、茶几上、地上都是文件材料,室内空气污浊……所有的东西都不在正确的位置。王晨看到这种状况,马上开始整理。她拉开窗帘,打开空调,调节好办公室的温度、湿度,并将窗台、办公桌、电脑……凡目光可及的地方都细细地擦一遍;她看到饮水机里的水不多了,马上和送水公司联系……在9点钟总经理来之前,王晨已清理好总经理的办公室,并且为总经理准备好了今天的报纸和其他资料,确认了总经理今天的日程安排。

三、实训内容

按照实际要求在上司上班之前整理好上司的办公室并做好各项准备工作。

四、相关知识

秘书每天早晨为上司整理办公室时要做好以下工作。

（1）每天要定时开窗通风，保持空气的自然清新，并定时测温、测湿，保持适合上司习惯的温度和湿度。

（2）整理上司办公室和办公桌，将文件和物品摆放整齐，文件柜、书架、博古架和各种陈设要保持清洁。

（3）经上司授权后，定期对上司的文件柜进行清理，将文件资料归类保管存放，将一些无用的文件及时清退或销毁。

（4）对上司办公室的花卉、盆景，要及时浇水、施肥、剪枝，保持其美观和生机；如果办公室内养殖了金鱼，要及时喂食、清排鱼缸内的浊物，保持水质的清洁。

（5）给上司削好铅笔，补充好办公用品，如别针、夹子等。如果铅笔、钢笔等在笔筒里摆放不规整，应该把它们码放好，并排朝手这边，以提高工作效率。

（6）上司进办公室后，应根据上司的习惯或爱好，给上司沏茶或泡咖啡。

（7）把当天早晨收到的报纸杂志送给上司。如果上面有与本公司或本行业有关的信息，应用红笔在标题下划上波浪线，以提请上司注意。如果网上有同样的信息，应下载打印出来一并送给上司。

（8）上司接待客人后，要及时对烟缸、茶具等进行清洗和整理。

（9）确认纸篓里并无堆放的垃圾。确认钟表、日历是否指示正确。

（10）经常对安全、卫生等状况进行检查，发现问题及时通知有关人员进行修理，时刻保持良好的状态。

实训 3　维护工作环境的整洁

一、实训目标

通过本实训掌握维护工作环境整洁的要点。

二、实训背景

下面是了解秘书日常维护环境的工作，请思考，秘书要想维护和保持办公环境的整洁有序，究竟应该怎么做？

宏达公司秘书王晨每天上班和下班前都将自己的工作区域清洁整理得干干净净、有条不紊，同时她也主动清洁整理自己常用的复印机、打印机、饮水机、档案柜、公用书架等。每当她看到复印纸抽拿零乱，公用字典扔在窗台，废纸桶满了没人倾倒，都及时做些清洁整理工作，以维护办公环境的整洁。

秘书小陈每天都认真清洁整理自己的办公桌，常用的笔、纸、回形针、订书机、文件夹以及专用电话等都摆放有序。下班前,她也将办公桌收拾得干净整齐,从不把文件、物品乱堆乱放在桌面上。但小王很少参与清理和维护公用区域,也常将公用资源,如电话号码本、打孔机、档案夹等锁进自己的办公桌,常常使别人找不到,影响了工作。

秘书小李上班匆匆忙忙,接待室的窗台布满灰尘,办公桌上堆的满满当当,电脑键盘污迹斑斑,上司要的文件总是东查西翻,每日常用的"访客接待本"也总是找不到。自己的办公桌都没有管理清楚,更无暇顾及他处。

三、实训内容

按照实际要求演练维护工作环境的过程和做法。

四、相关知识

秘书对日常环境的管理包括三个方面的内容,即个人工作区的环境管理,上司办公室的环境管理,日常公务活动区的环境管理。

1. 保持所参与的公共区域整洁

(1)要保持上司会客室和会议室的清洁,在来访客人离开及会议结束后要及时通知保洁员进行打扫和清理。

(2)正确使用并注意维护复印机、传真机等办公自动化设备,保持周边的整洁,发现问题自己动手或及时找人维修。

(3)对文件柜、档案柜、书架、物品柜等公用资源要经常注意清理,对报刊、文件及公用的办公用品,用后要及时放归原处,保持整洁有序。

(4)注意发现在办公设备、室内光线、温度、通风、噪声、通道等方面存在的有碍健康和安全的隐患,并及时提出建议或通知有关人员进行整改。

2. 保持上司的工作环境的整洁(详见本节实训2的实训提示)

3. 整理个人工作环境

办公桌是每一位秘书人员的直接工作空间,所以在布置自己的办公桌时,既要使自己感觉舒适,又要保持桌面上有条不紊。有了整齐清洁的办公环境,不仅可以提高工作效率,还有助于提升专业形象。

(1)办公桌的必备物品及其整理

摆放在办公桌上的物品都应是经常使用的,比如记录纸、铅笔、文件夹、剪刀、订书机、胶水、回形针、信封以及其他一些工作上需要的用品,应将它们整齐地摆放在办公桌上。

① 电话。电话应该放在触手可及的地方,这样电话铃一响,就可以迅速地拿起话筒。如果需要站起来才能接听电话,或者电话装在不顺手的地方(比如习惯

用左手，但电话却安装在右边），则使用都是极其不方便的。

② 电脑。不要让待复信件、报告或者备忘录将键盘覆盖，也不要在电脑屏幕周围贴满乱七八糟的小纸贴，这样不但会影响个人形象，还会影响公司的整体形象。

③ 参考书。由于经常需要查找相关资料，秘书的参考书一般会比其他职员多。较多的参考书会占用办公桌上的较大空间，所以应该把常用的参考书放在桌面或容易存取的抽屉中，而将较少使用的书籍放到公司的书柜里面。

④ 文具用品盒。将钢笔、铅笔、胶水、直尺等常用的文具一起放入伸手可及的文具用品盒内。

⑤ 文件夹。将你的文档归类，并存放在不同颜色的文件夹中，然后在每个文件夹上标明标签。此外，还要分拣文件，将文件按需要程度分类，然后相应存档。常用文件应放在最近的地方存档，较少使用的文件应放在稍远的地方存档，无用文件最好束之高阁或扔掉。

⑥ 办公桌抽屉。抽屉中存放小件物品，容易弄乱，因此，应先将其整理集中在一个盒子里，再存放到抽屉中。对于一些易粘的物品，如胶水、胶带或其他胶质材料等，要连同它们的盒子一起有序地存放在抽屉中，否则很容易将抽屉中的其他物品粘在一起。如果办公桌备有一个带锁的抽屉，可以用其来存放有保密需要的东西；其余不带锁的，则可以用来存放信笺、复写纸，并适当堆叠这些纸张，以便取用。

（2）整理办公桌的技巧

要想快速治理办公桌的混乱局面，营造出高效率的办公环境，可以采取以下五个步骤。

① 将不常用的东西转移到其他的地方。在伸手可及的范围内，只保留最为常用的东西，将那些不是每天都要使用的东西，如过期的文件、无用的信笺、从来不开的台灯等移出视线之外。

② 清理过期的文件。经常给对过期文件加以清理。这既节省了翻看文件的时间又腾出了空间。

③ 注意电脑显示器。在电脑显示器占据你的桌面时，要释放更多的空间是比较困难的。一个选择是使用显示器架，可以将文件和其他东西放到它下面；另一选择是选用LCD显示器，它占用的空间只有CRT显示器的三分之一。

④ 充分利用办公空间。如果办公场所狭小，就要想办法充分利用每一寸空间。可以将架子安到墙上，桌子下面可以用来放文件或电脑主机。如果桌上要摆传真机、复印机和打印机等多种办公设备，可以考虑购买一台多功能的一体机。

⑤ 清理旧的阅读材料。办公室里可能保存着不少无用的过期的出版物，那么

请在清理杂物时将它们扔掉。如果担心会丢掉重要的文章，那么在扔掉它们之前先浏览一下目录，将真正需要的文章剪下来。不要用太多的空间来存放出版物，这样能够缩短你的阅读和清理的周期。

实训 4　办公环境的安全管理

一、实训目标

通过本实训掌握办公环境安全管理的要点。

二、实训背景

宏达公司秘书王晨每周都对办公室及其所有设备进行一次安全检查，把事故的苗头遏制住，对发现的隐患立即采取措施或报告上司，并做好记录工作。这天又到了王晨进行安全检查的时间了，她应该怎么做呢？

三、实训内容

按照实际要求演练办公环境的安全管理。

四、相关知识

（一）办公室安全检查的内容

工作环境是由许多方面的因素和条件构成的，诸如工作区的空间、采光、温度、通风、噪声、装修、装饰；工作区的办公桌椅、柜架、各种办公设备、饮水设备、办公用品和耗材；工作所需的文件、资料、档案、书籍；工作中人们的关系、氛围等。

每一名秘书都要关心自己的工作环境，爱惜自己的生命安全和身体健康，并知道国家有法律保护职工的工作安全和身体健康。无论对工作场所，还是对办公设备操作，都要遵循"安全第一，预防为主"的方针，识别各种不安全因素，找出隐患，排除隐患，共同维护和管理办公环境。为了营造健康、安全的工作环境，每一名秘书都要树立安全意识，做到：

（1）学法懂法，树立安全意识，维护公司的利益，保护自己合法的劳动权益；

（2）上岗前学习了解有关安全生产、劳动保护的规定和本组织的规章制度，并自觉地遵守执行；

（3）主动识别工作场所存在的隐患，并在职权范围内排除；

（4）发现工作场所有异常情况或险情时，应立即准确、清晰地向主管报告；

（5）按照设备安全操作规程操作设备，识别运行中存在的隐患，在职权范围内排除；

（6）发现设备故障，应立即报告，并填写"设备故障登记表"。

办公室安全检查的项目以及安全办公环境的基本要求如表 1-3 所示。

表 1-3 安全办公环境的基本要求

办公环境安全检查项目	安全办公环境的基本要求
办公区建筑	必须坚固安全，地面、墙面、天花板完好整洁，门窗开启灵活能锁，室内有基本装修
光　　线	充足，局部照明要达到要求，且灯光不闪烁，直射的窗户应安装挡板或窗帘，注意光线不应引起计算机屏幕的反射
温　　度	温度要适宜，根据天气设置供暖、供冷设备，适当调节室内温度。
布　　局	注意通风，保持工作场所空气流通和空气的质量，禁止在办公室吸烟，需要时可在工作区外设立吸烟区
空　　间	办公室空间及座位空间要适当，座位间要留有通道，力求员工工作舒适
噪　　音	噪声要低，可利用屏障、地毯、设备隔音罩等减少噪声
办公家具	满足工作所需并符合健康、安全要求，包括工作台面、座椅，各种存储设备及必要的锁等
办公设备、办公用品和易耗品	要满足工作所需并符合健康、安全要求，包括工作台面上的电话、计算机、文具及公用设备和物品
办公设备的安装、操作	安装、操作要符合要求，操作指南和注意事项要明晰展示
消　　防	办公区及办公室要设置相应的消防设施、设备及必要的报警装置
饮　　水	办公室提供饮水并符合健康、安全要求
急　　救	办公区或办公室设置急救包，并定期更换
规　　章	建立相应的规章和制度，包括人员进出规定、保密规定等
装　　饰	室内有符合组织目标的装饰、标识和适当的绿色植物

（二）办公室常用办公设备的安全使用及维护

办公室常用办公设备的安全使用及维修如表 1-4 所示。

表 1-4 办公室设备安全使用及维护方法

设　　备	图　　示	安全使用及维护方法
计算机		1. 计算机整机需要用软布经常拂拭，但不要用湿布擦拭 2. 移动硬盘或 U 盘尽量不要外借，不要使用别人的移动硬盘或 U 盘以免引起病毒。如果必须和别人共用移动硬盘或 U 盘，尤其是与办公室或公司外面的人共用移动硬盘或 U 盘，那么运行的机器上一定要安装杀毒软件 3. 在主机工作前，一定要把硬盘驱动器稳固好，否则当主机进行读/写操作时，一旦发生振动，会损坏盘片数据；在工作时或关机后，主轴电机尚未停机之前，严禁搬运硬盘，以免硬盘的磁头擦伤盘片表面的磁层而损坏数据

项目1　办公环境管理

（续　表）

设　备	图　示	安全使用及维护方法
电话机		1．避免潮湿与沾水 2．经常保持话筒清洁，避免边吃东西边接电话，以免滋生蟑螂、蚂蚁等昆虫蛀蚀话机 3．平时举止行为应稳重，忌心浮气躁，不要拉扯或摔电话 4．如果能经常用干布擦拭或用汽车亮光蜡保养，更可长久保持电话机外观亮丽光滑。在清洁无绳电话机时，应用微湿的细布轻擦机身，不可使用酒精、清洁剂等化学物品去擦，以免损坏机壳表面 5．无绳电话机不要安装在潮湿或烟雾大的地方，如厨房浴室内，以免造成话机内电子元件发霉或锈蚀。话机宜放在通风、干燥、没有阳光直接照射的地方
复印机		1．经常性保养：在复印机的复印份数达到一定数量或一次复印量较大（如1～2千份）时，应对复印机中易污染的部件进行清洁保养。主要包括清除感光版、电极丝、屏蔽罩、镜头、反射镜、搓纸轮、输纸棍、稿台玻璃等易污染部位的污垢和灰尘，对其进行吹拂或擦拭 2．定期检查和维护：在复印机经过长期使用后，应对其机件进行全面检查和维护，主要是做好机件的全面清洁、润滑、调整以及更换易损件和失效的零部件等工作。每次检查维修工作都需做好记录，填写登记表，以备后查 3．定期更换与补充耗材：包括感光版的更换、墨粉的补充、显影剂的更换、毛刷的更换、刮板的更换、复印纸的补充等
打印机		1．确保打印机有一个稳固的工作平台，不要在打印机顶端放置任何物品。打印机在打印时必须关闭前盖，以防止灰尘进入机内或其他坚硬物品阻碍打印机小车的运动 2．确保周围环境的清洁。工作环境灰尘太多，容易导致小车导轴润滑不良，使打印头在打印过程中的移动受阻，引起现在大公司经常用激光打印机打印位置不准确或撞击机械框架造成损伤及死机 3．墨盒未使用完时，最好不要取下，以免造成墨水浪费或打印机对墨水的计量错误 4．换墨盒时一定要按照操作手册中的步骤进行，特别注意要在电源打开的状态下进行上述操作，墨盒在长期不使用时应置于室温下避免日光直射

（续　表）

设备	图示	安全使用及维护方法
传真机		1．传真机发送时，首先将发送原稿放入传真机内，并根据原稿情况选择发送参数（扫描线密度、对比度），然后拨通对方电话，听到回答信号后，表明对方已经开机准备接收，这时便可按下启动键开始发送，放下话筒。待发送结束后，传真机自动恢复到待机状态。接收方接到发送方的电话，通话后便可放下话筒按下启动键，开始接收，直到接收完毕 2．不要把下列几种稿件放入传真机，否则会造成堵塞：有皱纹或折缝的稿件，严重卷曲的稿件，破裂的稿件，炭纸或者背面有炭的稿件，有涂层的稿件，很薄的稿件等。遇到这样的稿件要先复印原件，再用复印件发送。输入稿件之前，把稿件上的夹子、订书钉或者其他类似的物体去除，而且稿件上的墨水、糨糊必须完全干燥。如果稿件超出一定的尺寸，在发送前要先用复印机放大或者缩小 3．传真机应放置在清洁而阴凉的地方，避免潮湿和高温，不可随便拆卸，不能将传真机当复印机使用。传真机应经常保养、定期维修，时刻保持线路通畅

（三）办公室安全检查的程序

秘书要按照以下程序定期对办公环境和办公设备进行安全检查，及时发现和排除隐患，做好风险防范。

（1）要确定检查周期，定期对办公环境和办公设备进行安全方面的检查。

（2）发现隐患，在职责范围内排除危险或减少危险。

（3）如果发现个人职权无法排除的危险，有责任和义务报告、跟进，直到解决；最后，将异常情况的发现、报告、处理等过程认真记录在本公司的隐患记录及处理表（见表1-5）上和设备故障维修单（见表1-6）上。

表1-5　公司隐患记录及处理表

序号	时间	地点	发现的隐患	造成隐患的原因	隐患的危害和后果	处理人	采取的措施

表 1-6 公司设备故障维修单

时 间		发 现 人	
设备名称			
何 故 障			
维修要求		维修负责人	
预约维修时间		完成维修时间	

要区分"隐患记录及处理表"和"设备故障表"的使用,前者记录的是隐患,包括办公环境和办公设备两部分的隐患,后者是记录办公设备运行中出现的故障。例如,计算机不能工作了,应填写"设备故障表";如果计算机仍能操作,但屏幕被强光照射,非常刺眼,就应该填写"隐患记录及处理表"。

实训 5 装饰上司的办公室

一、实训目标

通过本实训掌握为上司装饰办公室的要点。

二、实训背景

宏达公司因业务发展的需要,公司整体搬迁到一个新的商务写字楼办公。王总经理要秘书王晨给他的办公室好好布置装饰一下。王晨应该怎么做呢?

三、实训内容

根据实际要求为上司装饰办公室。

四、相关知识

在企业中,优雅舒适的办公环境是工作效率的保证。办公设备的恰当摆放、现代化装饰品、花卉植物的合理布置、和谐统一的色调,会令人产生一种舒适的感觉,陶冶人的性情,提高工作效率。因此,秘书应该重视对上司办公室的设计、布局、布置及装饰。

装饰上司的办公室应注意以下几个要点。

1. 颜色

特定的颜色促进平静的工作气氛。办公室的内墙、天花板、地板、办公家具等色彩应保持统一和谐。如果上司年纪偏大,办公室一般选择静谧色作基调比较合适。办公室的色调从总体上来说应单纯柔和,使人置身其中时感觉平静舒适。一般来说,办公室的内墙宜采用白色、乳白色等;为保持较高的光线反射率,天花板一般都用白色；地板多采用不易被污染的棕色为佳。

如果墙壁天花板的颜色在搬进来之前已经定好，不太好更换的话，那就在窗帘、椅子上的罩布、装饰用品等做些适当的色彩调整。

2. 照明

室内的光线应调整到适宜的程度，应以自然采光为主；但也应注意用百叶窗、窗帘等来调节光线，可以在办公桌上放一台灯。

3. 隔音

领导的谈话很多涉及机密，而且噪声会使人注意力分散，思维不集中，记忆力减退，让人烦躁。因此，要排除和降低噪声。一般来说，上司办公室的噪声，白天不能超过45分贝，晚间则应在35分贝以下。

4. 调节空气

一般来说，办公室最适宜的温度是：春天和秋天在22℃左右；夏天在26℃左右；冬天则在18～20℃之间；室内的湿度在50%～60%比较适宜。

5. 办公室的绿化

最好养一些绿色植物，但注意不要放得太多，以免影响室内空气的清洁度。

6. 办公室的装饰物

可以根据上司的爱好和习惯适当悬挂或放置一些有品位的油画及工艺品，改变办公室单调的气氛，能使裸露的墙壁更吸引人。有关团队的鼓励标语和成果图片，能表现一个公司的团队精神。

项目2　接待客人

接待是秘书日常工作中非常常见、又非常重要的一项工作。秘书在接待客人时，不仅代表个人的形象，从某种意义上说，秘书代表的是整个公司的形象，秘书在接待客人时的言行举止，在某种程度上是整个公司的缩影。因此，秘书应该做好日常接待，正确地确定接待规格、制订接待计划，还应该做好涉外接待，并能处理好在接待中出现的各种问题。

任务1　接待前的准备工作

公司的前台、会客室、办公室是公司的窗口，必须给来访的客人以好感。初次来访的客人，对公司的第一印象是从他首先看到的人和周围的环境上得来的。因此秘书要坚持每天做好接待前的准备工作。

实训1　接待环境的布置

一、实训目标

通过本实训项目掌握如何布置接待环境。

二、实训背景

王晨初到宏达公司做办公室秘书，办公室主任让她负责几个会客室的整理布置和前台接待。王晨通过请教资深秘书，将会客室整理布置得清洁、整齐、明亮、美观，得到了主任的认可。

三、实训内容

按照接待环境布置的基本要求进行实际演练。

四、相关知识

接待环境的布置包括环境布置和接待用品准备。

1. 环境布置

接待环境应该清洁、整齐、明亮、美观，没有异味。接待环境包括前台、会客室、办公室、走廊、楼梯等处。

前台或会客室摆放花束、绿色植物，表现出"欢迎您"的气氛，会使对方产生好感。

办公桌上的文件、文具、电话等物要各归其位、摆放整齐。不常用的东西和私人用品，应该放到抽屉里固定的地方，以便用时马上就能找到。

2. 接待用品准备

（1）前厅用品。要为客人准备座椅，让客人站着等候是不恭敬的。座椅样式应该线条简洁、色彩明快。还应配有茶几。

（2）会客室用品。桌椅摆放整齐，桌面清洁，没有水渍、污渍。墙上可挂与环境谐调的画。挂公司领导与国家领导人的合影，或某次成功的大型公关活动的照片，以提高公司的可信度。桌上可放一些介绍公司情况的材料。另外，茶具、茶叶、饮料要准备齐全。一般客人可以用一次性纸杯，重要客人还是用正规茶具为好。会客室应有良好的照明及空调设备。电话、复印机、传真机等即使不放在会客室，也不要离得太远。

客人走后，要及时清理会客室，清洗茶具、烟灰缸，换空气，然后关好门。否则，会使下一批客人感到不受重视。

实训 2　前台值班

一、实训目标

通过本实训项目掌握秘书在前台值班时做些什么。

二、实训背景

王晨初到宏达公司做办公室秘书，今天王晨负责前台接待。在没有客人来访的时候，王晨应该做些什么呢？

三、实训内容

按照接待准备工作的基本要求进行实际演练。

四、相关知识

在前台值班时，当没有客人来访时，秘书应做好以下几项工作。

1. 布置接待室（详见本节实训 1 相关知识）

2. 了解上司的活动安排

预先制一个表格，记下上司当天所有的约会安排及行踪。每天一上班，秘书就应该提醒上司当天有哪些安排，有会见活动则需要提醒他会见时间、地点和对象。这样可以提醒上司不要因为忙而忘了同客人约好的会面，如果有重要客人突然来访或有要紧事时应立即同上司联系。

3. 填写公司职员出入登记表

预先设计一个表格,随时记下公司职员出入情况,以便客人来访时能在最短时间内确定被访人员是否在公司,公司职员出入登记表如表 2-1 所示。

表 2-1　公司职员出入登记表

日　　期	员工姓名	所属部门	外出时间	返回时间	签　　名

4. 填写客人预约登记表

前台秘书应该在每天下班之前与各部门秘书沟通,了解并确认第二天预约客人的情况。各部门秘书也应该主动把预约人的名册及时送往前台,由前台秘书汇总登记。前台秘书应将当天已经预约好的来访者的来访时间、被约人的姓名、所在部门都事先登记好,方便接待来访者。客人预约登记表如表 2-2 所示。

表 2-2　客人预约登记表

日　　期	时　　间	人员/部门	来访者

任务 2　接待的基本礼仪

在日常接待中,礼仪非常重要。秘书需要掌握一些最基本的见面礼节,主要包括介绍、握手、交换名片等,才能做好接待工作。

实训 1　接待客人的基本礼仪

一、实训目标

通过本实训掌握接待客人的基本礼仪。

二、实训背景

王晨在学校学的是文秘专业,今天是她毕业后第一天上班,她的主要工作是接打电话和接待。上午她总共接待了四位客人。

三、实训内容

按照实际情况演练接待客人的基本礼仪。

四、相关知识

秘书在接待客人时应该注意以下几点。

（1）无论接待什么样的客人，都要做到公平和礼貌；按先来后到的原则接待每一个客人。

（2）无论接待什么样的客人，都要和颜悦色，千万不能皱眉头。

（3）接待客人时态度要郑重，但说话又要留有余地。

（4）对于有预约的客人要迅速转达他的要求，不让他等候。

（5）为了避免出错，对于客人说的一些重要事项要确认一遍。

（6）尽快地记住客人的相貌和姓名，了解他们与本公司的关系。

（7）要礼貌地请客人填写接待登记表（如表 2-3 所示）。

表 2-3　接待登记表

日　期	时　间	来访者姓名	访问对象	所属部门	签　名

（8）上司没确认见的客人，就不要让客人进去。

（9）有些没有预约来访的客人喜欢问上司在不在，甚至上司整个工作日程安排，在不了解对方身份和来意的情况下，不要直接回答上司在或不在，而是要尽可能地从对方那里了解一些有用的信息。

（10）陌生客人来访时，一定要注意听清他的姓名、所在公司等基本情况的介绍；根据情况的不同，对来客的意图和目的要打听清楚，但在打听的时候不能失礼。

实训 2　介绍的礼节

一、实训目标

通过本实训项目掌握如何作自我介绍、如何为他人作介绍。

二、实训背景

王晨是宏达公司王总经理秘书，一天，公司的一个重要合作伙伴超凡公司的李总经理带领其生产部经理和销售部经理到宏达公司拜会王总经理。王晨在双方见面时先作了自我介绍并为其他人一一作了介绍。

三、实训内容

按照介绍的礼仪要求进行实际演练。

四、相关知识

秘书在进行介绍时包括以下两种。

1. 自我介绍

对秘书来说，在某些场合自我介绍是非常必要的。介绍的内容依场合而定，公务场合除介绍自己的姓名以外，还需要介绍自己的职务，比如："你好！我是宏达公司总经理秘书，我叫王晨。"

2. 为他人作介绍

首先确定被介绍的双方哪一方更应该被尊敬。对于更被尊敬的人，介绍人就要让他先了解对方的情况，即先把对方介绍给他。一般说来，应该先把职位低者、年轻人、男士、来访者介绍给职位高者、年长者、女士、主人。在工作中，不以性别决定介绍的次序，而是以职位的高低、资历的深浅来决定的。

介绍的方式是这样的：介绍人先注视并称呼更被尊重的一方，伸出右手，手指自然并拢并抬至齐胸高指向被介绍者。如："王总经理，这位是超凡公司的李总经理；李总经理，这位就是我们公司王总经理。"

在社交场合，国际通行的是"女士优先"的原则，需要先把男士介绍给女士。如："王晨，这位是我的大学同学李军。李军，这是我的同事王晨。"

被介绍者的正确做法是：如果原本是坐着的，此时应该站起来，走上前去，在距离对方一臂左右的地方站好，注视对方，面带微笑，待介绍以后，握手或点头致意，并互致问候。

实训 3　握手的礼节

一、实训目标

通过本实训项目掌握如何正确的握手。

二、实训背景

一次，王晨陪同王总经理接待超凡公司李总经理一行，王晨为双方作了介绍，并与对方一一握手。

三、实训内容

按照握手的礼仪要求进行实际演练。

四、相关知识

握手的礼节主要包括以下几点。

1. 握手的次序

职位高者、年长者、主人、女性先伸手，表示出握手的意愿，而职位低者、年轻人、客人、男性则应该马上伸手相握。在这一次序中，握不握手的主动权在前者那里，没有握手习惯或者不想握的人，可以欠欠身、点点头，或者鞠躬。有时，后者表现得很热情，主动伸出手来，此时前者不要再矜持于自己的身份，礼貌地伸手相握，避免让对方尴尬。

2. 握手时的目光

握手时要注视对方的眼睛，表示你的诚恳和自信。握手时眼睛东张西望，传达给别人的意思是心不在焉、轻视或内心慌乱。

3. 握手的方法

握手时要力度适中，握上两三秒钟就行。一般商务活动或社交场合中，没有必要握着手大幅抖动，也不必握着手说个没完，除非是为了让记者拍下这一镜头。

多人见面时，注意不要交叉握手，也就是当两个人握手时，另外的人不要把胳膊架在其上急着去和别人握手。

握手时应该摘掉手套、墨镜。如果女士穿着礼服并戴着与之配套的手套，则可以例外。

实训 4 交换名片

一、实训目标

通过本实训项目掌握如何正确的交换名片。

二、实训背景

一次，王晨陪同王总经理接待超凡公司李总经理一行，王晨为双方作了介绍，双方互换名片。

三、实训内容

按照交换名片的礼仪要求进行实际演练。

四、相关知识

（一）名片的内容

名片有公务名片和社交名片之分。

1. 公务名片

公务活动中使用的名片其内容不出这几项，即所在单位、部门、姓名、职务或职称、地址、电话、电子信箱等联络方式。名片上的字数不宜太多，头衔也不宜太多，名字在名片中应该是最大的几个字，这样便于对方一眼就看到你的姓名，并能迅速称呼。名片的颜色最好选择白色，显得朴素大方。

公务名片上一般不印私人住宅的电话号码。当递上的名片上没印住宅电话时，则表明了他对这一问题的态度，就不该再问了。

2. 社交名片

社交名片用于社交场合，让谈话对象知道你是谁、怎么称呼，这是它最基本的作用。所以，有人只在上面印自己的姓名，而无其他内容。如果还想让别人了解得更多，印什么都随自己的意愿，没有一定之规。在名片的外观上，社交名片可以选择不同规格的纸张，选择自己喜欢的颜色、图案、字体等，显示你的个人喜好、品味。

随身携带的名片，应该放置于名片盒或名片夹中，不要直接放在衣袋里或钱包里，这样既不利于保存，也是对自己的不尊重。女性可以把名片夹放在手提包内，男性可放在西服上衣内侧口袋里或公文包内。

（二）交换名片的礼节

1. 递名片的时机

初次相识的人在做完自我介绍或被他人介绍之后，便可递上名片。告辞时递上也是常见的。早递名片便于对方更清楚地了解你，谈话时也好把握分寸。告辞之前递名片的意思是希望以后多联络，表现了积极的诚意。在谈话之中如果提及公司地址、联系方式等内容，也可以拿出名片交换。

2. 递名片的礼节

一般来说，应该是来访者、男性、身份低者先向被访者、女性、身份高者递名片，而后者在接到名片后回赠对方自己的名片。递名片时应该站起来（在餐桌前可不必），以齐胸的高度递上。双手拿着名片上方，让名片上字的正面朝向对方，以便对方接过后就能马上看清楚。如果对方也同时拿出名片，来访者、男性、身份低者应该使自己的名片低于对方的,以示尊敬。如果对方不止一人,应该按职位从高到低或按位置从近至远递上。

3. 接名片的礼节

当别人站起来递过名片时,应该马上站起来双手接过。接受对方的名片后,不可以立刻放到自己口袋里,而应首先表示谢意,然后再认真拜读一下,看清楚对方的姓名、身份。如果对姓名中的某个字认不准的话,应该恭敬地向对方请教:"对不起,请问您的名字中这个字怎么读?"或者"对不起,请问贵姓的读音是……"

如遇自己名片正好用完,无法回赠对方时,可说明原因,表示歉意,并手写姓名、地址、联络方式送给对方。

拜读完名片后要郑重地把它放在桌子上,注意不要把文件压在上面。如果在会谈,可以把名片按对方的座次摆放在自己面前,这样做的好处是,在谈话中可不时看一眼名片,和谈话人对号入座,加深印象。如果在谈话中或下次见面时能准确地称呼出对方的姓名,就能表现出你对他的尊重,赢得对方的好感。

事后保存时则应放在名片盒或名片夹中,既方便查找,也利于保存。

要像整理文件一样,按一定次序把名片归档。把名片放入客户档案里是最常用的一个办法。另外,还可以按姓名、业务范围、关系的性质(工作关系或私人关系)等方便的查找办法来整理。此外,把它们按一定次序输入到电脑里进行管理则更方便。

任务3 日 常 接 待

在日常接待中,秘书除了要掌握最基本的礼节外,还要掌握正确迎接招待客人和恭送客人的方法,并能够正确接待预约的、未预约的各种类型的客人。

实训1 迎接招待客人

一、实训目标

通过本实训掌握迎接招待客人的一般方法。

二、实训背景

一天,王晨正在整理下周开会的资料,总经理打电话请她到公司门口去迎接一位重要客户。王晨在公司门口迎到客人,请客人坐电梯到公司所在的16楼,并将客人带到会客室，为客人倒茶，请客人看公司的宣传材料。

三、实训内容

按照实际情况演练迎接招待客人的基本方法。

四、相关知识

迎接招待客人，要做到以下几点。

1. 做到"3S"

"3S"即见到客人的第一时间，要做到 Stand up（站起来）、See（注视对方）、Smile（微笑）。然后伴以 15°鞠躬，上身要以腰为轴前倾，不可驼背或探脖子。鞠躬的时候，眼睛要随着身体的前倾而向下看，不可翻着眼睛看客人。鞠躬的同时不说话，鞠躬礼毕再向客人问候。

2. 问候客人

秘书可以这样说："您好，欢迎您的来访！""您好，我能为您做些什么？""您好，希望我能帮助您。"不应该说："你有什么事"，或仅仅说"你好"，然后等对方说话。

3. 引领来访者的方法

（1）引领客人

① 要明确告诉客人将去什么地方、会见何人，如："程经理正在等您，我带您去会客厅，在三楼，我们先乘电梯。"

② 要走在客人左前侧 1～1.5m 左右，与客人步伐一致。在出门、转弯、上下楼梯时，都要用手指示或提醒，如"请小心，楼梯比较滑"。

③ 应该边走边回头和客人聊几句，以消除客人的陌生感和紧张，如："今天外边天气还好吧？""我们公司还好找吧？"等。

（2）进入会客室

① 进入会客室前应敲门，确认无人后再领客人进入。应事先安排好会客室，不要让客人站在门外等候。

② 如会客室的门是向外开，则秘书拉开门，请客人先进；如门是向里开的，则秘书推开门先进，用手扶住门，再请客人进。这叫做"内开门己先入，外开门客先入"。

③ 进门后要请客人坐上座，明确示意："请坐在这里。"并告诉客人："××经理马上就来，请稍候。"主客座次安排如图 2-1 所示。

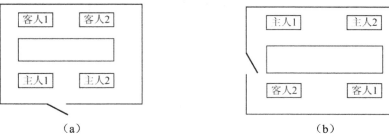

图 2-1 主客座次安排

说明：在图 2-1（a）中，客人应面对门坐，主人背门而坐；

在图 2-1（b）中，进门后面对桌子，右手一边请客人坐，左手一边主人坐。

如果是在办公室里接待客人，以离门远、面对门的位置为上座。

④ 为客人端茶倒水。如等候时间较长，还应续茶。可介绍客人看公司的宣传册、期刊、报纸等。

⑤ 在上司与客人谈话时，秘书端茶进门时要轻轻敲门。上茶时要先给客人上，后给主人上，从职位最高者上起。

4. 请客人乘坐电梯的方法

坐电梯时，若有电梯工，客人先上先下；若无电梯工，秘书先进后下，并按住电梯"开门键"，以免客人被门夹住。

实训 2　恭 送 客 人

一、实训目标

通过本实训掌握恭送客人的一般方法。

二、实训背景

这天上午，王晨陪同张总经理接待了一个重要客户公司的一行 3 人，这 3 个客户是与张总经理预约好的。宾主双方进行了友好的会谈之后，王晨又陪同张总将客户送走。

三、实训内容

按照实际情况演练恭送客人的基本方法。

四、相关知识

秘书在恭送来访客人时，应注意以下几个方面。

（1）前台秘书一般不负责送客，因为有接待者在陪同客人。当客人会谈结束，回到前台时，前台秘书应该向客人表示感谢："谢谢您的来访，请慢走。"

（2）办公室秘书需要帮助送客，要先提醒客人检查有无东西落下。一般将客人送到电梯前或楼梯口，并帮助客人按电梯的按钮，等客人上电梯后，微笑着向客人挥手告别，电梯门关上后再离开。如果送到楼梯口，要等客人转过楼梯看不见了再回身。重要的客人要送到大门口，如果客人自己没车，要为客人叫出租车。帮助客人打开车门，身份最高的客人要请坐在车的后排靠右的位置。关门后，仍要恭敬站好，向客人挥手告别。等客人的车开出视野之后，再转身回来。如果刚关上车门就转身离开，客人看到会觉得不舒服，以为自己不受欢迎。

（3）和上司一起送客人时，无论行走站立，都要比上司稍后一两步。在需要开门或按电梯按钮时再赶上前去。

（4）送走客人之后，要马上整理好会客室，以便迎接下一位客人。

（5）在客人走后，不要和同事一起议论客人的短长。因为有时客人发觉落下东西后会马上返回来取，可能正好听到议论他，这对双方都是极为尴尬的事。也许合作之事因此作罢，此前所有的努力都付诸东流了。

实训 3　接待预约的客人

一、实训目标

通过本实训掌握接待预约的客人的一般方法。

二、实训背景

一天上午，王晨正在整理来访记录，来了两位和总经理预约好的客人，王晨赶忙热情接待客人并引领客人到总经理办公室。

三、实训内容

按照实际情况演练接待预约的客人的基本方法。

四、相关知识

按接待的准备程度来分，可分为预约来访和未预约来访。预约来访，是指事先约定好的来访。团体来访一般都是有约来访，个人来访也多是事先约定的。对于预约来访，秘书和相关接待人员要做好接待准备，按时接待，不可让客人久等。未预约来访，是指未曾事先约定的临时来访。由于种种原因来访者没能事先预约，有关人员没有准备，他们可能不能得到及时的会见。但是他们的事情不见得就不重要，所以秘书要进行妥善处理。

对待已经预约过的客人，接待的程序如图2-2所示。

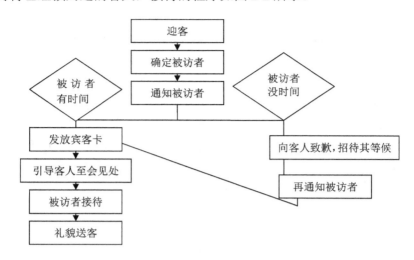

图2-2 预约接待程序图

注意：作为预约接待，被访者一般都会如约接待预约过的客人，但有时也会有意外情况，被访者可能会因为特殊原因如突然有重要会议、重要访客等而没时间接待预约过的客人。

对于预约来访的客人，秘书在接待时应注意以下几个方面。

（1）在最初的问候之后，客人会作自我介绍，说出要见之人姓名，秘书首先应确定对方是否预约。最好是对方一报出单位姓名，秘书就已经清楚对方是不是预约的客人。这需要秘书经常提前查阅访客预约登记簿。

对已预约的客人，秘书应答："是××先生吗？××正在等您，我马上通知他。（或"我带您去会客室。"）请您填写来访登记表（如表2-4所示）。"

这三句话中，第一句是为了确认对方身份；第二句是为了表明我方的热情诚恳态度，让对方明确所去地点；第三句是为了让对方明白自己应做的事情。也可以用其他应对的话，但不离这几个要点。

有时秘书需要当着客人的面查记录才能确定对方是否已经预约，这时要向对方道歉；有时需要先通知被约见人，或被约见人要亲自出来迎接，可先请客人坐在前厅的座椅上等候。

（2）秘书应立即通报上司，没有上司的确切答复，不能擅自予以引见。

（3）得到上司肯定的答复后，秘书引领客人到会客室或上司的办公室。

（4）如果发生意外事情，上司暂时不能回来，可以这样解释："张总经理恐怕几分钟前有事去了董事长办公室，我不清楚他什么时候能回来。我本来想通知您，但您的秘书说您已经走了，您是否愿意等呢？还是先回去，或者和其他人谈谈？"

表2-4　××公司来访人员登记表

姓　　名		性　别		国　籍	
工作单位		职务、职称			
电　　话		传　　真			
E-mail					
访问时间：　　年　　月　　日　　时　　分至　　年　　月　　日　　时　　分					
来访目的：					
随行人员：姓　名　　　　　　性　别　　　　　　　国　籍					
主请人姓名		部　　门			
联系电话		E-mail			
备　　注					

实训4　接待未预约的客人

一、实训目标

通过本实训掌握接待各种未预约客人的一般方法。

二、实训背景

这天上午10点左右，公司秘书王晨正在前台值班，进来一位中年客人。他事先没有约定，一来就声称是经理的朋友，坚持要见经理，秘书请教他的大名，却又不愿通报姓名，并说出求见理由，也不肯离去。王晨应该怎么处理呢？

三、实训内容

按照实际情况演练接待各种未预约的客人。

四、相关知识

对于突然来访者，不论是要求拜访上司的客人，还是到公司办理其他事务的人，秘书都要先做自我介绍。如果当对方是一般的业务来访，秘书可以不做自我介绍，直接将其引荐给具体负责此项工作的部门。在具体操作的过程中要注意以下几点。

1. 问清来访目的

自我介绍之后，秘书要问清来客的姓名、身份、目的。如果来访者递上名片，来客的姓名、身份就可以从名片判断出来。如果对方不愿意告诉你来意，你一定要让对方明白，这是工作的需要，而不是刁难他。你可以告诉他："先生，我希望能尽快解决您的问题，但是您得告诉我您想要解决什么。""先生，了解您的来访目的是我的责任，这样我才能找到合适的人接待您。"你也可以这样说："某先生，恐怕我不得不告诉上司您要谈的事情，这样我才方便安排您和他的会谈。您能告诉我大致的情况吗？"或者说："您能告诉我为什么要见李总经理吗？这是他希望我弄清楚的第一件事。"如果来访者仍不愿告诉原因，可以说："如果您不愿现在说出来访原因，我可以理解。您可以给李总经理来封密函，跟他说说您想见他的理由，我相信他会很高兴与您会面的。"此时，说话一定面带微笑，谨慎耐心。一般来说，善意的来访者很少会拒绝说出来访目的。

2. 立即与当事人联系

如来客人点名要与某某会谈，就应当立即与当事人联系。但是，在联系好之前，不应给客人以肯定的答复，因为当事人有可能不在，也有可能不愿见这位客人。

3. 给当事人留下回旋余地

不要当客人面就给当事人打电话，免得当事人拒绝接见时不好找借口。要使客人与秘书保持一定的距离，听不清秘书的通话。可请对方稍候，秘书进去与上司商量，然后根据当时情况迅速做出应对；或者请客人先坐下等候，再拨打电话与里面相关的人商量。

4. 根据具体情况做出适当处理

根据客人的情况和上司或相关人员的意见，一般的处理方法有以下几种，如表2-5所示。

表 2-5　未预约客人的处理方法

客　人	秘　书	上司或相关者	秘书处理办法
要求见某部门负责人	通知上司或相关者	同意马上见	安排接待
		同意晚些时候见	安排客人等候或作预约
		让他人代理	向客人讲清情况，安排他人接待
		不愿意接待或没时间	建议他人代理或找借口婉拒
	无法通知上司	不在单位或联络不上	记录客人姓名、要求、联络方法，日后答复
有问题，但不明确找何人办理	根据情况通知相关者或婉拒		安排接待或记录客人姓名要求、联络方式，做预约

5. 巧妙回绝来访者

如果上司表示不愿接见，秘书应向客人表示上司不在，而不能直说上司不愿接见。此时，应请客人留下名片，并表示上司回来时会"告知"他的"来访"，切不可说上司回来时会回电，给对方造成不必要的期待。当秘书确定上司不想见来访者时，可以这样回答来访者："希望我能多给您一些帮助，但某某（上司）现在有急事，可能需要一段时间，您最好与他进行书信联系。"

如何回绝来访者，要根据具体情况而定。

（1）对于请求赞助的来访者，秘书可以做如下答复："我们公司每年都有不少团体要求捐款，某某（上司）很乐意做这些事，可是公司的捐助预算有一定的金额，不能超过，你能否把你的资料留下，我想上司很乐意在下一年度捐款预算中将贵团体列入考虑。"

（2）如果秘书发现来访者的事情应该找公司的其他人交涉，应该这样答复："这件事应该由某先生处理，我很乐意为您安排约会。如果他现在不忙，我相信他会很高兴马上见您。"如果来访者同意，秘书应该给某先生打电话解释，然后告诉来访者相应的安排，比如说："某先生今天不能见您，他想问您明天上午 9 点是否能来？"

（3）如果来访者赖着不走，秘书应该不失礼貌地说出对方必须离开的理由，态度要明确坚定，这样才能打消对方任何侥幸的念头。来访者滞留不去通常有这样几种情况：一是原本已计划好，突然发生变化，一时还无所适从；二是暂时无处可去；三是铁了心等候，以求了结心愿；四是说不出任何理由，就是想坐一会儿；五是别有用心。秘书必须分清不同的状况给予相应的处理。即使确认对方是无理取闹，不到迫不得已不要惊动上司或者保安。

任务4　团体接待

秘书的接待可分为接待个人来访和接待团体来访。在接待来访团体时，秘书的第一项任务就是制订接待计划。秘书在制订接待计划时，首先要根据来访者的身份确定接待规格，同时还要做好日程安排、经费预算和工作人员的安排等工作。

实训1　确定接待规格

一、实训目标

通过本实训掌握根据来访者身份确定接待规格的基本方法。

二、实训背景

这天，宏达公司总经理办公室接到外资企业超凡公司的总经理办公室打来的电话，说他们公司一行3人将于6月16日抵达本地，专程到宏达公司商谈合作的有关事宜。可就在6月15日上午，宏达公司总经理办公室接到市政府办公室的电话，要公司王总经理第二天参加一个全天召开的临时紧急会议。王总经理要他的秘书王晨做好接待安排，马上把接待意见送他审批。

三、实训内容

按照实际情况演练确定接待规格的基本方法。

四、相关知识

（1）秘书必须能根据来访者的身份确定接待规格。接待规格是从主陪人的角度而言的。接待规格有3种，即高规格接待、对等接待和低规格接待。

（2）秘书首先要了解客人的身份和来访目的，据此确定由谁来出面接待最合适。接待规格的最终决定权是在上司那里，秘书仅提供参考意见。当接待规格定下来以后，秘书应当把我方主要陪同人员的姓名、身份以及日程安排告知对方，征求对方意见，得到对方认可。

（3）影响到接待规格的还有以下一些因素。

① 对方与我方的关系。当对方的来访事关重大或我方非常希望发展与对方的关系时，往往以高规格接待。

② 一些突然的变化会影响到既定的接待规格。如上司生病或临时出差，只得让他人代替，致使接待规格降低。遇到这类情况，应该尽量提前向客人解释清楚，向客人道歉，以赢得理解。

③ 对以前接待过的客人，接待规格最好参照上一次的标准。

（4）对来访主宾的身份情况应从职务、地位、履历等多方面进行了解，对重要的来访者，还可以从兴趣、爱好等方面作深入了解，以便接待规格恰到好处。对于不熟悉的来访者应通过其上级或者其他途径核实准确。询问和核实可通过电话、传真、电子邮件等快捷方式进行。

实训 2　制订接待计划

一、实训目标

通过本实训掌握制订接待计划的基本方法。

二、实训背景

宏达公司张总经理原定于 9 月 12 日接待外资企业超凡公司李总经理，双方商讨合作事宜，可就在 9 月 11 日下午，市政府办公室来电话，要他参加第二天召开的一个临时紧急会议，张总经理只得安排公司李副总经理接待李总经理一行。并嘱咐秘书王晨办理相关事宜。王晨抓紧时间拟定出接待计划。

三、实训内容

按照实际情况演练制订接待计划的基本方法。

四、相关知识

（一）接待计划的主要内容

1. 确定接待规格

确定接待规格即确定本次接待应由哪位高层管理者出面（由谁主陪）、其他陪同者、住宿、用车、餐饮的规格等。

2. 日程安排

日程安排包括来访的起止时间、每天的活动内容等。日程安排要具体，包括日期、时间、活动内容、地点、陪同人员等内容，一般以表格的形式列出。

3. 经费预算

根据接待规格、人员数量、活动内容作出接待费用的预算。接待经费包括：
（1）工作经费，包括租借会议室、打印资料等费用；
（2）住宿费；
（3）餐饮费；
（4）劳务费，包括讲课、演讲、加班等费用；
（5）交通费；

（6）参观、游览、娱乐费用；

（7）礼品费；

（8）宣传、公关费用；

（9）其他费用。

有时，客人的住宿费、交通费等由客人一方支付，就要把所需费用数目与日程安排表一起提前寄给对方。

4. 工作人员

根据接待规格和活动内容确定工作人员的构成和数量。这些工作人员要做来访前的准备工作、来访期间的联络沟通、协调服务工作。重要的团体来访，秘书一个人是无法承担所有的准备工作的。在接待计划中，要确定各个接待环节的工作人员，为了使大家对自己的工作心中有数，让所有有关人员都准确地知道自己在此次接待活动中的任务，提前安排好自己的时间，保证接待工作顺利进行，可制订相应的表格，印发各有关人员（如表2-6所示）。

表2-6　工作人员安排表

时间	地点	事项	主要陪同人员	主要工作人员

（二）制订接待计划的程序

1. 了解掌握背景资料

（1）了解来访目的

秘书必须准确了解来访团体的来访目的，这样作出的计划和准备工作才有针对性。一般秘书应该向上司或有关人员了解情况，取得准确信息。

（2）了解来访者的基本情况

为了使接待工作万无一失，秘书要事先掌握来访者的基本情况，如所在单位的全称、业务范围、发展态势，来访者人数、姓名、性别、身份、民族（国籍）、宗教信仰；有时还要对主宾有更多的了解，如个人爱好、性格、特长等。了解得越多、越具体，准备工作就越有针对性，接待成功的把握就越大。这些内容很多可以直接向来访者一方了解。

2. 草拟接待计划

在与来访一方协商，并征得上司的同意后，制订出详细的接待计划。前面已经讲过如何确定接待规格。接待规格决定了其他的人员、日程安排及经费开支，包括谁到机场、车站迎接、送别，谁全程陪同；宴请的规格、地点；住宿宾馆的等级、房间标准等。这些都受到接待规格的制约，都要在计划中写清楚。在具体制订接待计划时，应有如下内容：

（1）主要陪同人员；
（2）主要工作人员（接待小组成员）；
（3）住宿地点、标准、房间数量；
（4）宴请地点、标准、人数；
（5）会见、会谈地点、参与人员；
（6）参观游览地点、陪同人员。

根据具体情况，可以对内容添加或删减。

3. 与本单位相关部门沟通情况

接待计划涉及本单位哪个部门，秘书要事先与之商量沟通，商定接待的时间、涉及内容、地点、人员等事项。

4. 与来访者沟通情况

日程安排初步定好后，要报给来访一方，看还有什么要修改的，一般要尊重来访一方的意见。对于实在难以办到的要求，要如实向对方解释清楚。

5. 报请上司审批

接待计划是由秘书草拟的，但一定要经由上司审定批准才行。经双方认可并经上司批准的接待计划一般就不应该再改动了。

实训 3　安排迎送来访团体

一、实训目标

通过本实训掌握迎送来访团体的基本方法。

二、实训背景

这天刚一上班，宏达公司的王总经理就要秘书王晨上午代他去机场迎接老客户超凡公司的李总经理一行 3 人。王晨顺利地接到李总经理一行人。第二天，王晨又陪同王总经理将客人送走。

三、实训内容

按照实际情况演练迎送来访团体的基本过程。

四、相关知识

（一）团体见面礼节常识

一般在机场或车站迎接来访团体时，主人一方应该先自我介绍，因为我们知道要接待的是谁，而客人一方往往不清楚来迎接者为何人。由主人方的秘书或主陪人来为客人介绍自己方面的人，从主人方身份最高者开始依次介绍；然后客人一方的秘书或主宾把自己一方的人介绍给主人。

见到客人后，主人一方应该主动伸手握手，向客人表示欢迎。主人一方的司机或秘书应该马上接过客人的行李放在车上，当然，客人随身携带的皮包除外。

（二）迎接来访团体的方法

如果与来访者从未见过面，就需要事先制作一面牌子，上书来访者的单位名称，字迹要工整、字号要大，能让人从远处看清。如果需要，可准备鲜花。

迎接人员的安排有两种方法：

（1）主陪人在宾馆等候，派副职或办公室主任带人到机场、车站迎接。这样可以为主陪人节省很多等候的时间，并无不恭敬的意思；

（2）主陪人亲自到机场或车站迎接，这对来访者是表示了非常的重视。

（三）送别来访团体的方法

如果来访团体离开的时间是在上午，在前一天晚上，主人一方全体陪同人员要到客人下榻的宾馆去话别，时间不需过长，控制在半个小时之内为好。有礼物要送的话，也是在此时送上最好。因为客人还可以来得及把礼物放在行李里面。如果临上机场再送礼，客人就只能把它提在手里了，很不方便。如果客人离开的时间是在下午或晚上，也可以在当天上午到宾馆话别。此时应该告诉客人送行的人员、车辆及时间方面的安排，让客人心里有数。主陪人如果工作忙，可以请副职代替到机场送行。

（四）用车的礼节常识

应该根据来访团体的人数和接待规格来确定用车。接待规格高、人数较少的用小轿车，人数多的团体可用大轿车。也可以大小轿车都用，小轿车接主宾，其他人乘坐大轿车。

1. 乘小轿车的礼节

首先，驾驶者的身份不同，决定了车上座位的高低；然后再根据乘车者的身份安排座次。

（1）驾驶者是主人

① 双排 5 座轿车的最上座应该是司机旁边的那个，即副驾驶座。其他依次为后排右座、后排左座、后排中座。主宾应该坐在前排副驾驶座上，与身份相当的主人并排而坐，也表示了对于主人的尊重。

② 3 排 7 座轿车上的其余 6 个座位中，上座也是副驾驶座，其他依次为后排右座、后排左座、后排中座、中排右座、中排左座。

（2）驾驶者是专职司机

在这种情况下，最好的位置就不是副驾驶座了。实际上这个座位安全系数最低，一般为秘书、翻译、警卫等人坐，所以此座又称随员座。

① 双排 5 座的小轿车上座次依次为：后排右座、后排左座、后排中座、前排副驾驶座。

② 3 排 7 座的轿车上座次依次为后排右座、后排左座、后排中座、中排右座、中排左座、前排副驾驶座。

2. 乘车的次序

本着尊者先行的原则，应该让主宾先上车，接待一方的秘书等随行人员为他拉开车门，等他坐好后为他关上车门，并等其余人也都上了车，秘书才能最后上车。

下车时，如果车外无人帮助开车门，则秘书先下车为主宾拉开车门。如果有门童、警卫帮助开门，则可让主宾先下。

实训 4　接待来访者就餐

一、实训目标

通过本实训掌握接待来访者就餐的基本方法。

二、实训背景

超凡公司的李总经理一行 3 人到宏达公司商谈合作事宜。秘书王晨陪同王总经理热情接待李总一行，于当天中午请李总到大中华酒店就餐。

三、实训内容

按照实际情况演练接待来访者就餐的过程。

四、相关知识

（1）要掌握就餐的礼节，如使用餐具的礼节、席间礼节和敬酒的礼节等。

（2）接待来访者就餐应注意以下事项。

① 了解来访团体的情况：客人饮食方面是否有特别忌讳的，客人的身份、性别、年龄、是否带家属等。

② 在接待规格确定下来以后，根据公司的规定确定餐饮标准。

③ 预订餐厅。要事先确定就餐的时间和地点，就餐的人员，就餐的桌次、座次和菜单。

（3）上述事宜草拟好之后要给客人发过去，征求客人意见。如果客人提出意见，只要不违反公司规定，就要尽量满足，调整方案。但在调整前后，秘书都要向上司汇报，征求上司的意见。

任务5 涉外接待

随着全球经济一体化以及我国加入世贸组织后对外贸易等外事往来的增多，涉外活动日益增加。作为一名商务人员，秘书应该了解并遵循一定的涉外商务礼仪和规范，能够做好涉外接待，并能够为涉外接待制订计划以及有序地实施计划，包括确定礼宾次序、安排迎送仪式等。

实训1 确定涉外礼宾次序

一、实训目标

通过本实训掌握涉外接待中礼宾的次序。

二、实训背景

宏达公司承办了一个大型招商会。会议邀请了数个国家的投资公司前来参加，同时还有不少中国本土的公司也表示了参加的意愿。会议的接待工作十分繁重。为了显示各国各公司一律平等的原则，并且为了鼓励大家积极参与，公司董事会非常重视这次招商会，专门成立了大会筹备小组，由总经理秘书王晨担任秘书处秘书长。王晨征询了一些同事的意见，决定按照参加者决定到访的时间来排列礼宾次序。结果出了问题，因为国内的公司接到邀请函的时间比国外公司要早，反馈也快。这样在礼宾次序上，国内公司基本就排在了前面。实际上这是对国外公司的一种不平等。王总经理知道了这件事，马上调整了做法，以代表团团长的身份来确定第一次序，及时弥补了这个严重的失误，使这次招商会圆满结束。会议结束后，王晨反思：应该如何确定礼宾次序呢？

三、实训内容

按照实际情况演练涉外接待中礼宾的次序。

四、相关知识

（一）在商务交往的具体实践中，礼宾次序共有 5 种常见的排列方法

（1）依照来宾所在国家或地区的名称的第一个字母的先后来排列其次序。在举行大型的国际会议或体育比赛时，通常可以采用此种排列方法。

（2）依照来宾的具体身份与职务的高低来排列其次序。在正式的政务、商务、科技、学术、军事交往中，均可采用此种方法。若外国来宾系组团前来，则应按照团长的具体地位来排列其先后次序。

（3）依照来宾抵达现场的具体时间早晚来排列其先后次序。如当各国大使同时参加派驻国的某项活动时，一般均以其到任的具体时间的早晚来排定其礼宾序列。在非正式的涉外活动中，亦可采用此种排列方法。

（4）依照来宾告知东道主自己决定到访的具体时间的先后来排列其次序。举办较大规模的国际性的招商会、展示会、博览会时，大都可以采用这一排列方法。

（5）不排列。所谓不排列，其实也是一种特殊的排列方法。当上述几种方法难以应用之时，便可采用这种排列方法。

（二）礼宾次序确定步骤

1. 确定礼宾次序方案

在商务活动中，一次接待两个以上的外国代表团就需要确定礼宾次序。因为这涉及在会议发言时谁先谁后，宴请时谁坐在主人右边那个最好的位置等敏感问题。

在礼宾实践中，上述五种方法可以交叉采用。一般的习惯是：首先按照来宾的身份、职务的高低排列；身份相同者，再按国家、地区名称的第一个字母顺序排列；名称的第一个字母相同者，再按某种时间顺序排列。

2. 提前通知有关各方

不论采用何种排列方法，均应事先与外国来宾进行沟通协商，一般在发邀请函的时候就应注明礼宾顺序的排列方法，这样就会减少以后的摩擦。如果某个国家的代表团希望能排列在前面，就需要研究这次活动的礼宾次序，或委派身份高者任代表团团长或争取早一些抵达。

3. 按礼宾次序排列座次、名次、出场次序

（1）按礼宾次序排列座次。按礼宾次序排列在前面的代表团在开会时要坐在前排；在宴请时，团长坐在主人右侧的这个上座。

（2）按礼宾次序排列名次。会议发言时，发言人名次按此排列；各国国旗的排列也是如此。挂在主席台上的各国国旗依礼宾次序从右向左排列，东道主的排在最左边。

（3）按礼宾次序排列出场次序。像大型体育比赛一样，谁先出场得按一定的顺序，按礼宾次序出场就不会引起矛盾。

实训2 安排涉外迎送仪式

一、实训目标

通过本实训掌握涉外接待中的迎送仪式。

二、实训背景

一个重要的国外的合作公司将于6月12日到宏达公司参观考察，王总经理要秘书王晨负责此次接待考察团的工作。王晨非常认真地做好了各项准备工作。到了6月12日，王晨带领相关人员早早赶到机场等着客人的到来。由于对方是第一次来宏达公司考察，双方互不相识，王晨应该事先准备好一块牌子，写好来访公司的名称。可是由于没有经验，王晨忽略了这件事。到了机场大家才想起来，谁也没有带合适的纸。此时客人所乘的飞机已经抵达，机上乘客有的已经出关了。情急之下，王晨想到了广播室。她马上跑到机场广播室请求帮助，通过广播通知客人他们所处的位置。这样主客双方才接上了头。

三、实训内容

按照实际情况演练涉外接待中礼宾的次序。

四、相关知识

在涉外商务交往中，一项重要而又经常的工作就是在国内迎接或送别外国的商务人员。通过这种迎送活动表达东道主的诚意，展现主人的形象，使双方建立友好的商务关系。要使涉外接待工作出色圆满，就要处处注意礼仪规范。

（一）涉外迎送仪式的要求

1. 发出邀请

在向外方正式发出邀请前，必须先明确邀请的规格，以便兼顾来宾的具体身份与来访的目的。在一般情况下讲究规格对等。规格对等的含义是在涉外邀请时，我方出面进行邀请的人士的职务、地位、身份应当大体上与被邀请者的职务、地位、身份相当。

通常由东道国先发出邀请，这既是礼节，也是一项必要的手续。邀请一般采用书面形式,被邀请者在接到邀请函后,应及时给予答复,并据此办理有关的手续。邀请函除表示欢迎之意外,也表明被邀请者的身份、访问性质以及访问的日期与时间等内容。有时,为表示客气,也可请被邀请者在他认为"方便的时候"来访,或将时间留待以后"另行商定"。实际上,访问也不一定都是由东道国一方首先提出,在有些情况下,是双方协商的结果。有的访问安排是由有关的协议事先约定;有的是当面口头邀请在先,然后再补送书面邀请函件;有的是通过外交途径商定访问事宜;也有的是来访者有访问的愿望,主动向东道国做出某种表示,经双方磋商同意,然后再作正式安排;还有一种是以"回访"方式进行的。

2. 准备工作

在外宾抵达前应做好充分的准备工作。

(1)搞清楚来访外宾或代表团的基本情况。例如,来访外宾的总人数,是否包括主宾的配偶,来访人员的职务、性别、礼宾次序等情况,这些均可请对方事先提供。此外,较高层次的商务访问随行的还有记者等。以上这些都应事先了解清楚,以便做好相应的接待准备。

(2)外宾的饮食爱好、宗教信仰以及是否有其他特殊的生活习惯等也可事先向对方探询,必要时还可向对方索要来访者的血型资料。

(3)拟订来宾访问日程。应向对方了解清楚抵离的日期和时间、交通工具和路线、对参观访问的具体愿望等。访问日程一般由东道国提出,日程草案拟订后,可先将主要内容告知对方,以便听取对方意见,并使对方有所准备。

(4)安排食宿。要根据上述了解到的情况做好安排。在商务活动中,很多公司在一些国家的大城市都有固定的住宿宾馆,不需接待方安排,这就比较省事。如果不是这样,就要根据对方的身份或要求进行安排。

3. 迎送安排

在外宾抵达时,由适当的人员前往机场、车站迎接,表示欢迎,并妥善安排各项礼仪程序和活动。这是外宾进入国门后的第一项正式活动,各国对此都十分重视。在外宾结束访问离开时,则要给予热情欢送,使访问得以圆满结束。在外宾进行访问期间,还可能到国内各个城市参观访问,也都要有迎有送。所以,迎送不仅是一般的迎来送往,而是对外交往中一项重要的礼仪活动。

4. 着装要求

参加迎送仪式的所有人员,着装要郑重其事,要穿着正装。

(二)涉外迎送仪式的工作程序

1. 确定迎候人员

本着身份对等的原则,参加涉外迎送仪式的有与主宾身份相当的主人以及随从人员，还要有翻译。

2. 准备迎宾的物品

如果双方互不相识，则需要准备一块牌子，上书来访团体的名称或主宾的名字，用对方能看得懂的文字，书写工整。如果决定献花，一定要用鲜花，不可以用黄白两色的菊花或百合花。献花人应为年轻的女性。要按照来访团体的人数和主宾的身份决定接客人的车辆。

3. 见面讲究礼节

双方见面以后，主人一方的秘书先把自己这方的主要人员介绍给主宾，然后由主宾或他的秘书把客人一方的主要成员介绍给东道主。双方握手互致敬意。有的国家来宾习惯先行拥抱礼、合十礼、鞠躬礼等，我方均应做出相应表示，不可表现出勉强的态度。献花人献上鲜花，然后主人马上引领客人上车。秘书要注意关照客人的行李，提醒客人检查行李，不要有遗忘。

如果出现客人的行李丢失问题，秘书或其他随从人员应该留下来向航空公司方面交涉，而让客人先行。

4. 送行前的拜访

在拜访前秘书应该打电话给对方的秘书，告知将去拜访的时间和主要人员的身份，提醒其做好准备。虽然这个环节在做计划时已经列上，但是提醒和确认也是必要的。

5. 安排送行仪式

客人如果是乘坐飞机，特别是国际航班，一定要至少提前3个小时出发，因为路上可能遇到交通拥堵，办理登机手续和安全检查都需要不少时间。所以送行人员一定不能迟到。

主陪人可以在客人下榻的宾馆与客人道别，而由副职代替到机场或火车站送行。当然，主陪人如果一直把客人送到机场或车站则表现出更为重视双方的关系。

同外宾告别后，要等他们走出我们的视线之外或火车、轮船开起来以后再离开。

项目 3　办公室日常事务

任务 1　接 打 电 话

在现代社会，电话已经成为不可或缺的通信交往手段。电话是不见面的交往，打电话的好坏，直接影响交往的成败。在秘书的日常工作中，电话更是起着举足轻重的作用。因此，秘书在接打电话时一定要按规矩办事。

实训 1　接打电话的基本礼仪

一、实训目标

通过本实训项目掌握接打电话的基本礼仪。

二、实训背景

王晨是宏达公司新聘的总经理办公室秘书，具体负责电话接打、文件处理和档案管理。今天一大早，总经理安排王晨通知各部门经理本周四的例会取消。过了一会儿，总经理又来电话，告诉王晨，凡是找他的电话，一律不要转给他，他有重要事务处理。9:30 左右，王晨接了 3 个电话，一个是董事长的电话，一个是投诉电话，还有一个是总经理夫人的电话。

三、实训内容

按照打电话的基本礼议拨打、接听各种电话。

四、相关知识

接听电话要遵守四个基本要求。第一，态度礼貌、友好。要尽量使用礼貌用语，及时向对方问候。第二，声音积极自然。要微笑着接打电话，语速、音量适中。第三，通话简洁、高效。一般通话尽量控制在 3 分钟之内。第四，熟悉业务。接听电话时要熟悉业务，以便能够在最短时间内解决问题或找到解决问题的方法。

接听电话的基本礼仪包括以下几点。

（1）注意口齿清楚，而且不忘附和。

（2）不要随便岔开对方所说的话题，但也不要有什么问题就直截了当地问对方；一定要在听对方讲完之后，自己才能开始发表意见。

（3）自己说话时，如果说得太长，就要不时停顿一会，听听对方的反映。总之要替对方考虑，不要只顾着自己说话，也要给对方提问的机会。

（4）不管什么人打电话过来，都要认真接听；即使客户的投诉电话打到你这里，也应用冷静而尊重的态度与人家说话。

（5）一般来说，谁拨电话谁先挂机，但是，如果对方比自己的地位高，那就应该等对方挂机后自己才能放下电话。

实训2　接听电话的技巧

一、实训目标

通过本实训掌握接电话的技巧。

二、实训背景

这天上午王晨接了四个电话，一个是客户咨询电话，一个是推销电话，一个是找总经理的电话，一个是投诉电话。

三、实训内容

按照接电话的规范步骤来接听电话。

四、相关知识

在秘书的日常工作中，接电话看似简单，但其中也有一定的方法、步骤和技巧。只有掌握了接电话的技巧，秘书才算真正会接电话，才能更好地为领导做好服务。

1. 接电话的步骤

接电话的步骤主要包括以下几步。

（1）电话铃响三声之内应拿起话筒，即"铃响不过三"。但是只响一声甚至一声都没有响完马上就接也不合适，对方心理多半没有准备，而且电话也可能还没接通。在响两到三声的时候接起来是最正常的。如果电话已响了四五声才拿起来，就算接迟了，此时应该说的第一句话就是："对不起，让您久等了！"最好是铃响两声接听。

（2）在规定时间内接起电话，应对的第一句话应该是问候语——"您好"或"早上好"、"下午好"，然后"自报家门"。 如果接听的是内部电话，要通报自己的姓名和工作部门（必要时要通报职务）。例如："您好！总经理办公室。""您好！总办，张娜。"如果接听的是外部电话，应首先通报公司名称，例如："您好！宏达公司。"避免说"喂！"之类的话，因为这是浪费时间也无助于打电话的人得到必要的信息。接到找上司的电话时要礼貌地问清来电者的身份及来电事由，再根据情况做出正确的处理。

（3）弄明白对方身份和来电意图。应该认真听对方的话，及早弄明白对方的身份和来电意图。同时，在对方说话时，要给以反馈信号，适时回应，如"是的""好，我明白了""对不起，我没听清，您能再说一遍吗？"等。

准备好必要的物品，如电话号码簿、电话记录本和记录用笔，以便查询或记录有关事项。不要总是在需要时告诉对方："请等等，我去拿纸和笔。"这样既拖延了通话的时间，也是不礼貌的行为。当需要打电话者等候以便询问有关事项或收集一些材料时，应该说"我去查看一些情况，请稍候一下好吗？"然后等待对方的回答。再拿起电话时，应该向对方道歉；但是如果需要较长时间才能弄清楚情况时，最好请对方先挂断电话再回打过去；如果因其他的原因需要对方等候，可以说"对不起，您可以稍等一下吗？"看看对方的反应再做处理。

（4）如果电话掉线，应把电话机挂上等待。在这种情况下，主动拨打电话的一方应该再次重拨。

2. 针对不同的情况作出恰当的处理

（1）正好是找本人。如果所接电话要找的正好是接话者本人，接话者应该再次问候对方，接着问明对方何事，在自己职权范围内处理好此事。

（2）找上司或同事。分为两种情况：

① 上司或同事正好在，秘书应该首先问明打电话者的身份以及来电意图，然后请对方等待转接，此时，秘书应征询上司或同事的意见是否接这个电话，上司或同事如同意接，就将电话转过去；如上司或同事不同意接，就告诉对方要找的人不在，请对方留下联系方式或留言。

② 上司或同事不在，此时秘书应这样应对：

第一，向对方抱歉上司不在。可以笼统地说"对不起，某某现在不在"，或者"他出差了"。不必说得很具体，以防无意中泄露秘密。

第二，让对方了解自己的职责，主动承担转达的责任。询问对方能否等上司回来后再给对方打电话，如果可以还要问对方的联系方式。

第三，负责地为上司或同事转达电话。代替上司听取重要的事情时，将对方的意思（包括电话号码）复述一遍并记录下来。这需要填写电话记录单。填好记录单后，把它背面朝上放在上司或同事的办公桌上，要有替别人保密的意识。

电话记录单的设计，要突出这几个要素，即何人、何时、何地、何事、何因、如何处理，用英文来表示就是"5W+1H"，即 WHO / WHEN / WHERE / WHAT / WHY / HOW。电话记录单如表 3-1 所示。

表 3-1　电话记录单（来电）

第　　号

来 电 者		受话者	
对方单位			
电话内容			
紧急程度	□紧急	□正常	
处理意见			
记 录 人		记录时间	

第四，如果是上司的熟人、朋友或亲属打来的电话，要注意措辞说"总经理现在出去了"等，让对方决定怎么做。

（3）正在通话时，又有来电需要接。对这种情况，秘书要掌握以下几个要领：

① 请正在交谈的一方稍等，告诉他有电话打进来，需要马上处理。

② 迅速接听另一部电话，快速处理完，赶快回到第一个电话上。

③ 如果第二个电话一时不能处理完，也不属于紧急内容，则应该告诉他还有一个电话没有结束，建议一会儿再给他回电话；然后马上回到第一个电话上。如果第二个电话是紧急的事情，则要马上向第一个来电者道歉，建议他先挂上电话稍等或快速处理完第一个电话。无论怎样，回到第一个电话时，都要向来电者致歉。

（4）如果打来的电话是找上司的，而上司正在开会，秘书接听电话时应注意以下几点。

① 要坚持原则。如果客人来电话找上司，只要不是很急的事，就不要让上司来接电话，散会之后再说。

② 不能简单拒绝对方。秘书要选择适当的理由拒绝对方，以免引起误解。如果这样回答对方："某总正在参加董事会，估计会议要到 5 点钟才结束。回头我们再给您打个电话，您看可以吗？"就有可能让对方产生误解。秘书较好的回答方式应该是这样："实在对不起，某总刚散会，您有急事找他吗？"然后，秘书通过适当方式去向上司汇报，听取他的指示。秘书可以利用送材料或倒茶的时机，把事先写好的纸条悄悄放到上司面前，由上司决定应该如何处理。如果他认为事情不急，不愿意去接电话，那么，秘书可以这样回答对方："实在对不起，这会儿不知某总上哪儿去了，回头见着某总，我们就给您去个电话，您看这样可以吗？"这样对方就能谅解。

（5）接到打错的电话时，应该说"这是某某公司，电话是××××××，您是不是打错了？"，而不应该说："您打错了"，就"啪"的一声挂上电话。

3. 接听电话时的注意事项

（1）接听姿势要正确。姿势不但是一种无声的语言，对办公效率也至关重要，尽量用左手拿听筒，这样可腾出右手做记录。

（2）保证工作时间内秘书的工作状态。接听电话时不但要在语言上注意电话礼仪，语调语气适中，回答问题热情耐心，对打错的电话也要宽容，不可"啪"的一声马上挂断电话，而且在办公室内也要注意工作仪表，因为你松懈的工作状态会通过语言传达给对方。即使在快午休或下班时，接听电话也应热情地接听。如果知道来电人的姓名身份，在与他谈话时，要亲切地称呼他为某某先生或某某经理等。

（3）如果办公室里秘书正在接待客人，就尽量不要接电话。这种情况很常见，但却很少人意识到。这时接电话一来会让客人感到自己被怠慢，二来如果是关于公司重要工作的电话也不利于信息的保密。如果你是在等一个非常重要的电话，必须接听，应该让客户知道你为什么接这个电话，比如说"我正在等老板的电话"。若意识到电话内容涉及公司商业秘密则要做出正确处理，如找合适的理由先挂断电话再回打过去。

实训 3　拨打电话的方法

一、实训目标

通过本实训掌握拨打电话的方法。

二、实训背景

星期一向来都是比较忙碌的。这天一大早，王总经理的秘书王晨就忙着打电话。她要通知各部门经理本周四下午要开一个临时会议，还要通知公司的大客户李总经理本周五和王总经理的会晤取消，还要帮王总经理预订一张本周六去北京的飞机票。

三、实训内容

按照实际情况演练拨打电话的方法。

四、相关知识

在日常工作中，秘书经常需要打电话。同接听电话一样，打电话也有一定的方法、步骤和技巧，秘书人员只有事先做好准备，在合适的时候拨打电话，并控制好通话时间，才是真正地会打电话，才可能提高工作效率。

1. 秘书拨打电话的基本方法

拨打电话的基本方法一般有以下几种。

(1) 提高效率。最好把一天之中需要拨打的电话集中在一起,选择适当的时段拨出。

(2) 适时拨出。非紧急电话,一般不要选择上班后半小时、下班前半小时及午餐时间打出。

(3) 写下要点。内容比较复杂的电话,应该先把要点记在纸上,以免通话时遗漏。

(4) 控制时间。尽量把一次通话时间控制在 3 分钟之内。如果由于内容较多,预计将超出 3 分钟,则应该先与对方商量:"可能会占用您比较长的时间,您现在方便吗?"

(5) 自报家门。电话接通以后,应该马上清晰地报上自己的姓名和单位,即使是熟人也要如此。不要让对方猜测来电话者到底是谁。

(6) 熟练运用 "5W+1H" 原则。"5W+1H" 原则见表 3-2。

表 3-2 "5W+1H" 原则

5W	WHO	何人(自报自己的姓名、身份、职务等)
	WHEN	何时(选择合适的时间并询问对方是否方便通话)
	WHERE	何地(选择合适的通话场所及地点)
	WHAT	何事(想好并记录自己的通话内容)
	WHY	何因(以简明清晰的语言表述通话的主要理由)
1H	HOW	如何做(注意拨打电话的礼仪)

(7) 以问候开始,以感谢结束。因为占用了对方的时间,所以要在通话结束时向对方表示感谢:"占用了您宝贵的时间,非常感谢您对我们的理解和支持!"、"谢谢您支持我们的工作!"等。

(8) 对录音电话的应对方法。要像对其本人一样,以问候始,以感谢终。简要说明事情,留下自己的姓名和电话号码。

2. 向国外拨打电话的方法

首先要查明正确的国家及地区代码和对方的电话号码并记下这些号码,同时要记住每个国家的时差。

拨打电话时,要确保主话机具有国际直拨功能。国际直拨电话号码的组成如下:国际字冠+国家代码+地区代码+对方电话号码。拨号时应连续拨号,中途不要停顿。拨完后稍等片刻,若听到回铃音表明电话已接通,则对方一摘机即可通话;如听到忙音,则需稍候再拨。

例如：要拨日本东京的某电话号码"23237934"的用户，应拨："00+81+3+23237934"。

3. 打电话要找的人不在时

秘书在电话拨通之后，对方告诉你要找的人不在，这时要根据不同的情况作不同的处理。一般来说，如果事情不急，秘书可以等对方回来之后再挂一个电话。如果事情很急，秘书可请接话人帮你转达。如果秘书想请接话人转达，就一定要弄清他的姓名（可能的话要弄清他的职务）之后再决定是否请他转达，在征得对方同意的情况下，把需要转达的内容向对方说清楚，请对方重复无误即可。

实训4 为上司进行电话预约

一、实训目标

通过本实训掌握为上司电话预约的要点。

二、实训背景

宏达公司和超凡公司就某项业务达成了初步的意向。王总经理打算约超凡公司的李总经理作进一步的商谈。这天一上班，王总经理就交代秘书王晨，让她尽快电话预约此次会谈。

三、实训内容

按照实际情况演练为上司约见客户。

四、相关知识

秘书在为上司安排约会时应注意以下几点。

1. 配合上司的时间表

在以下这些时候不要为上司安排约会：

（1）上司快要下班的时候；

（2）上司出差刚回来；

（3）节假日过后上司刚刚上班；

（4）上司连续召开重要会议或活动；

（5）上司的身体状况不是太好的时候；

（6）如果安排了这次会谈，上司进入下一项预定的工作的时间将十分紧迫。

2. 分辨轻重缓急

秘书为上司进行电话预约，要分清楚事项的轻重缓急，应将重要的急需办理的事项放在前面。

3. 酌留弹性

秘书在跟上司电话预约安排时，每个约会之间要预留时间。

4. 处理好变更的约会

一旦约会确定变更后，应立即做好有关善后工作，例如，确定下次约会的具体时间、地点、通知对方、说明理由、主动道歉等。

任务2　日常资料、文件处理

上司每天都要收到大量的来信和文件资料，它们既有客户发来的传真、电子邮件等，也有各部门和分公司送上来的汇报材料和简报；另外，还有各种公开发行和不公开发行的报纸杂志等。对于这些形形色色的东西，秘书必须及时做好处理。

实训1　给上司送文件的顺序和时机

一、实训目标

通过本实训掌握每天给上司送文件资料的顺序和时机。

二、实训背景

星期一照例是个忙碌的日子。刚上班，前台就给总经理秘书王晨送来一大堆邮件报纸和其他资料。王晨打开电脑，里面有十几封给总经理的电子邮件。她刚把电子邮件打印出来，又有人送来几封传真。当她正在整理这些邮件时，电话铃声响了。电话是市政府办公室打来的，通知总经理下午两点去市政府办公室开一个紧急会议。王晨应该怎么办呢？

三、实训内容

按实际要求对送给上司的各种材料进行分类，并选择恰当的时机送给上司。

四、相关知识

1. 送材料的时机

秘书每天都会收到许多寄给上司的材料，并不是一收到材料就要马上送给上司，一般是急件才马上送到上司办公室。一般的公司规定每天给上司送3次文件，早晨上班时一次，上、下午各一次。

一般来说，传真、电子邮件的内容都是比较急的，因此，收到传真、电子邮件后，应该立即送给上司。如果上司正在开会或者出差在外，也应想方设法把它转送到上司手中。

2. 给上司送材料的顺序

给上司送材料的先后顺序如下所示。

（1）电话留言、传真、电子邮件、快递、挂号信。

（2）私人信件。

（3）一般信函。

（4）公司内部通知。

（5）杂志和样本等。对于邮寄来的新杂志和样本，只有在上司比较空闲的时候才能送给他看。如果是上司不感兴趣的东西和太浪费时间的东西，就不要送给上司，一般来说，作为秘书应该了解上司对什么东西感兴趣和不感兴趣。

实训2 确定文件的保存期限

一、实训目标

通过本实训掌握确定保存文件期限的方法。

二、实训背景

王晨是宏达公司总经理的秘书，公司又聘来一个秘书王玲做李副总的秘书。一天，王玲向王晨诉苦，她每天都要收到分公司和公司各部门送来的各种销售简报、行业动态及各种请示。由于不知道如何确定文件资料的保存期限，她什么东西也不敢销毁，只好都存着，所以，她的办公桌上的文件资料多得没地方放，而且经常是需要的文件又找不着。她向王晨请教，应该如何确定文件应该保存还是不保存，应该保存多长时间。

三、实训内容

根据实际情况在送给上司的各种资料上用铅笔注明保存期限，也可以写在便笺上再贴到文件资料上面。

四、相关知识

秘书应保存的资料大致可以分为两种：一种是秘书部门共用的；一种是秘书个人专用的。

1. 秘书部门共用的资料

秘书部门共用的资料主要包括政府法律和公司内的各种规章制度、各种规定和标准、各种业务手册等。

2. 秘书个人专用的资料

秘书个人专用的资料主要包括上司指示的记录、上司的资料、秘书个人的资料。

在确定文件的保存期限时应注意以下几点。

1. 听取上司的意见

对于那些没有永久保存意义但又不能看过之后立即销毁的材料,到底保存多久,一般都要听取上司的意见,上司说保存多久就保存多久。把上司说的保存期限用铅笔写在材料上或写在便笺上贴在材料上,时间一到就销毁。

2. 自己提出建议

很多材料的保存期限上司也说不准,遇到这种情况,秘书可以根据自己的经验,提出保存期限的建议,让上司最后定夺。具体做法可以是这样:

给上司配两个文件夹,一个是红色的,标明是"待阅文件夹";一个是绿色的,标明是"已阅文件夹"。对于那些应交给上司批阅的文件,在交给上司之前,秘书在文件上用铅笔写清文件编号和保存期限,保存期限的长短依文件的重要程度而定。在确定文件编号与保存期限之后,将它们放入上司的"待阅文件夹"中。

事先与上司约好,每过一段时间,上司把批阅过的文件放进"已阅文件夹"中。如果上司对文件标明的期限没做任何修改就返回来,那就表明他同意你的意见;如果上司不同意,他就会改动你标注的期限。秘书一开始就注明保存期限,就是为了得到上司的确认,减少文件的往返,提高工作效率。如果上司看完之后返回给秘书,秘书再决定保存期限,那就浪费时间了。

每过一段时间秘书就把上司看过的文件从"已阅文件夹"中取出来,按照自己之前写好的文件夹编号,将文件整理好,并在保存期限到来之后将材料销毁。由于没用的文件能及时处理,这样,秘书就对自己存放的文件都胸中有数,上司什么时候要它什么时候就能找出来。

实训 3 让上司急件急批

一、实训目标

通过本实训掌握让上司对一些急件进行快速批阅的技巧。

二、实训背景

技术部主管拿着一份文件来找总经理秘书王晨求助,他说:"王秘书,麻烦你尽快请总经理给这份文件批了,有急用。"王晨心里感到非常为难,因为她知道总经理正为和超凡公司谈判的事着急上火,如果此时进去请总经理批阅无疑是火上浇油，可是如果现在不拿给总经理批阅误了事怎么办呢？王晨应该怎么做呢？

三、实训内容

根据实际情况演练让总经理批阅急件的过程。

四、相关知识

对于一些需要上司紧急批阅的文件，秘书应注意以下问题：

（1）不管用什么方式让上司批阅急件，一定要事先与上司约定好；

（2）一般在急件上贴张红色便笺，以向上司表明此为急件，需要紧急处理，并把它放到红色的"待阅文件夹"的最上面，以便让上司优先处理；

（3）即使上司未能快速批阅，作为秘书也不应有任何怨言，也许上司有他自己的想法。

实训4　整理名片

一、实训目标

通过本实训掌握整理名片的一般方法。

二、实训背景

宏达公司王总经理工作繁忙，几乎每天都能收到好多名片。作为总经理秘书的王晨，由于经常陪同总经理出席各种会议和活动，也收到不少名片。于是，整理名片就是王晨经常要做的工作。

三、实训内容

根据实际情况为上司整理名片。

四、相关知识

（一）名片的保存范围

不管是上司还是秘书自己收到的名片，只要是与组织业务或办公室业务可能会有联系的人员的名片都应当保存。秘书负责保存的名片50%以上可能是客户名片，但其他名片也需要保存。总体上，秘书负责保存的名片主要包括：上级领导的名片、公司所有员工的名片、重要客户的名片、订票公司名片、旅游公司名片、咨询公司名片、法律事务所名片、报刊订阅联系人名片、办公设备售后服务中心名片、办公用品公司名片、上司喜欢的餐饮公司名片、市内星级酒店名片、物流公司及快递公司名片、的士司机名片等。

（二）秘书在整理名片时的注意事项

（1）在收到名片后，可以在他人名片上随手记下可供日后参考的资料，使其充当客户信息的记事簿，又是一份很好的公关手册，也有利于日后进行客户资料加工时参考。对于重要人物，如果名片上记不下，则可以另附卡片，与名片夹在一起保存。这种记录的主要目的是为了对一个人或一个单位了解得更加深入。秘书可以根据组织的需要记录这些信息。

可在名片上或名片后附上记录的客户信息有以下几项。

① 收到一张新名片时的具体情况：包括收到名片的地点、时间、是否与对方亲自交换以及其他特殊情况等。如在名片上要记上收到的日期，如2009年12月6日，就可以记成"20091206"，如果可能，还写上"与上司是某某关系"等。

② 交换名片者个人的资料。例如：性别、年龄、生日、相貌特征、籍贯、职位、职称、学历、经历、著作、专长、嗜好、特殊贡献、特殊荣誉等。这既可备忘，也可充作资料。如将客人的一些外貌特征"细高"和"肥胖"等记在上面，这样就可以加深对客人的印象，在下次接待时能给客人留下一个亲切的印象。

③ 与他人相关资料。例如：他与某单位的某人是兄弟，与某人是师生，与某人是亲人或眷属等。

④ 交换名片者在交换名片后变化的情况，例如单位、部门的变化，职业的变动调任，职务、学衔的升降，联络方式的改变，等等。

⑤ 一般往来记录。如你送了什么礼物、对方回赠什么礼物；什么时候请对方便餐，谈了什么主题。

⑥ 业务往来记录。这个项目对业务人员特别重要，要记载拜访的次数、每次拜访的要点、成交项目、付款情况等，记载得愈详细，对客户的掌握就会愈准确。

搜集一些重要人士的这些信息是相当有用的，这时这张名片已经超出了一般名片的基本意义，它就是一份由秘书自己建立的周详的公关资料。所以，一旦知道对方有任何变动或有任何新资料，应该立刻更动或记录，因为公关运作是不容许有失误的。

（2）记录好必要的客户信息后，秘书就可以把名片归类存放起来了。名片的分类方法可根据行业类别、公司类别、部门类别、职位类别先分大类，然后依个人往来疏密程度、笔画多寡、汉语拼音或英文字母的顺序、职位高低等排列。还应将私人关系的名片和工作有关的名片分开存放。

（3）分好类后，要将名片作为公司资料存放在名片册中。可以根据需要选用不同大小的名片盒、名片夹、名片册等。

（4）如果收到某人联络方式或职务变动的通知，应立即在其名片上注明。

（5）也可以应用具有名片管理功能的软件对名片进行整理和管理，或者应用具有扫描与识别功能的电子工具如名片扫描仪等对名片进行整理和管理。

任务3 邮件处理

实训1 处理收到的邮件

一、实训目标

通过本实训掌握处理收到邮件的程序和方法。

二、实训背景

宏达公司是一家大公司,每天都会有大量的文件、邮件需要处理。王晨是这家公司总经理的秘书,她每天都要帮助上司整理和处理很多的文件和邮件,略为粗心就会产生疏漏,因此她上班前,要对自己工作中例行处理的问题和可能遇到的问题做一个简单的记录,并在工作结束后进行整理。这天一上班,前台就给她送来了一大摞邮件,她马上开始处理。

三、实训内容

按照实际要求演练处理邮件的过程。

四、相关知识

处理收到邮件主要有以下几个步骤。

(一)签收邮件

公司邮件的送达一般有以下四种情况。

(1)收领邮件。传达室或收发室收到邮件,再送到秘书办公室。秘书在这种情况下,应注意邮件到达自己办公室的时间规律,尽量不要在邮件到达时离开办公室;如不能避免,应请人代领。要当面点清邮件总数,并在"信件接收单"上登记,特别要写清楚机要邮件、经办人等项目,如有污损应当面指出,以分清责任,并在邮件上注明:"邮件收到即如此。"

(2)取回邮件。邮件送到单位信箱,由秘书开启,取出邮件带回办公室。秘书每天的开箱次数应该和邮局投递的次数一致,并尽可能与送达时间相合拍,才能提高邮件的处理效率。

(3)专人送达。由专人送达需要签收的邮件,如特快专递等。这类邮件在一天之内随时可能到达,由秘书负责签收、处理,或者分发给其他部门及有关人员,这类邮件一般较为重要或紧急,秘书一定要及时交予收信人,并请收信人签收。

(4)电子邮件。现代秘书到达办公室的第一件事应是检查计算机里的电子邮箱和传真机等设备，看有无最新信息，如电子信箱有些信息需要告知领导或相关人员，秘书可将信息全部或部分打印出来，然后与其他信件一并交给领导，并做好登记工作。

如果外部送达的邮件是由单位的收发部门负责的，当邮件到达办公室时，秘书应从其中挑选出必须交给领导的邮件，公务往来的邮件需记录在"信件接收单"上，见表3-3。

表3-3　信件接收单

信件接收单							
年　　月　　日							
收件编号	收件日期	邮件种类	发件对象	邮件名称	收件对象	收件人签名	备注

（二）初步分拣

对于信件的初步分拣有以下几种方式。

（1）按照收件人分拣。只适合于人数较少的公司或部门。

（2）按照收件部门分拣。按一个部门一类的方法进行分类，如果邮件上写的部门本单位没有设置，则把它归入与此相近的部门，如写明"教育处"收的，可以归入本公司的"培训中心"。这种方法还可以与第一种方法结合起来用，先按收件部门分拣，然后根据姓名归类。

（3）按照收件的重要性分拣。秘书可以在两个方面判断出邮件的重要性：一是来信人的姓名或重要来信单位的名称；二是信封上出现的挂号邮件、保价邮件、快递邮件、机要邮件和带回执邮件等特殊的邮寄标记。此外，电报、电传和传真等邮件也是比较重要的。

各个单位可以根据自己的情况设置重要性，大体分为以下几类：电报、特快专递、航空信等急件；政府部门或上级公司文件；业务往来公函；写明领导亲启的信函；汇票、汇款单；包裹、印刷品；报纸、杂志；同事的私人信件。但各行各业的邮件分拣标准应有自己的特点，按重要性分拣标准可以与按收件人、部门名称分拣标准相结合的方法，先根据重要性分拣，然后再按其他标准分拣。

如果你所在的公司还有其他种类的邮件（如订单或者收据等），你应该使用一些分类工具，如分类架和分类盘等。

（三）及时拆封

邮件的拆封在许多人看来是非常简单的事情，可是，如果你在拆封时没有注意到邮件的安全和邮件拆封的权限，可能会引起不必要的麻烦，因此，哪些可以开封，应事先和上司达成协议。除此之外，以下几点应注意。

（1）不能拆开有"亲启"、"保密"等记号的邮件，除非上司授予你这样的权力。

（2）如果无意中拆开了不应该拆的邮件，应该立即在邮件上注明"误拆"字样，并签上自己的名字，封上信口，把信件交给领导的时候向他道歉。

（3）拆邮件时，你要在邮件底部轻轻敲击几下，使邮件内的物件落到下部，以免在拆封时遭到损坏。一般用剪刀拆信封右侧。

（4）公务信件是不允许用手撕的，如果需要拆封的信件很多，可以用手动或自动拆封机，并仔细检查里面的物件是否全部取出。

（5）邮件上注明的附件，必须核对清楚。如果缺少附件，你应该在邮件上注明，最好将附件用环形针或订书钉固定在邮件上。

（6）信封不能丢掉，也不能损坏信封上的文字、邮戳和其他标志。应该用回形针把它与信纸或附件等附在一起，以供以后查阅、佐证之需，这也是归档的要求。

（7）信件拆封后，首先要取出里面的所有东西，然后检查信封、信纸上的地址、电话是否一致。假如不一致，应打电话询问正确的，再把错误的划去，这样才能保证寄信人及时收到回信。

（8）信件里有时会附有货单、发票、支票等，检查这些附件时，应该一一对照信纸上提到的部分。如发现名称或数量不附，应该在信封上写上缺少的附件的名称和数量，接着应及时打电话或写信与寄信人联系，争取事情妥善解决。信件里的证件、现金等要专项登记和保管。

（9）秘书应该把邮件分成最急件、次急件和普通件。那些属于"优先考虑"、"紧急"的信件尽快呈送给领导，如紧急商务信函、国际性电传、传真、电报或特快专递等；而一般的公务性信函可以经秘书处理后呈送。

（四）如实登记

最好为邮件建立一个登记簿，建立登记簿进行登记的目的有两个：收发邮件有误的可以作为核对依据；可以作为回复邮件的提示条。

（五）分发传阅邮件

1. 邮件的分发

邮件经过分拣后，基本上可以分成两大类：需要呈交上司的邮件；需要交给他人的邮件。

上司亲收件应立即呈送；应归不同部门办理的文件、信函要及时送交各相关部门，需由多人阅办的文件可按常规程序传阅或分送复印件；同事的私人信件可放入指定信袋或顺便送交；报纸杂志则分别上夹或上架。

秘书阅看文件、信函应仔细、认真。重点部分可用红笔画出，以提醒上司注意，如注意参阅某日来信、某某文件等；内容复杂的长信应做摘要，甚至提出拟办意见置于信前。

每份信笺、信封及附件等应平整装订在一起，然后分送上司或有关部门处理，以便于办理完毕后保管备查。

（1）呈送给上司的邮件。

① 应尽量赶在上司进办公室之前把收到的邮件和电子信件准备好；

② 如果以前保存在档案中的邮件与手头上的邮件有很大关系，要把两者放在一起；

③ 要询问你的上司是否要你把收到的亲笔信打印几份；

④ 根据重要程度整理上司的邮件，最重要的放在最上面。由于广告商也经常使用快速传递手段，因此必须把广告商的这些材料与特别紧急的信件分开；

⑤ 征询上司的意见是否使用不同颜色的文件夹存放不同种类的邮件；

⑥ 征询上司的意见是否需要你对邮件进行评述。

（2）交给他人的邮件。秘书人员应该把办公室因没有得到通知或没有别人帮忙而无法处理的邮件以及应该转交给其他人的邮件分开放好。你可以用自动粘贴、可移动的提示条写上你希望某人采取什么样的行动，如：为你提供信息；征求你的意见；请交回；请存档；要你采取措施；请提意见；请你和我一起审核。

检查你要采取的行动，把提示条贴在收到的邮件上，把邮件交给应该转交的人。

2. 邮件的传阅

如果邮件要给几个人看，使用标准传阅顺序提示条或者按表 3-4 的方法设计一个传阅顺序提示条。

表 3-4　传阅顺序提示单

序号	传阅人	阅信人签名	年　　月　　日 阅信日期
1	销售部李玲经理	（签名）	
2	市场部魏冬经理	（签名）	
3	公关部王华经理	（签名）	
4	生产部赵强经理	（签名）	
请签上姓名、日期后，传给下一个人，最后请交还秘书王晨。			

（六）回复邮件

1. 信件的回复

以上司、秘书或公司、部门的名义寄发出的邮件，在打印完毕，寄发之前，要做好以下几件事：

（1）根据信件的重要程度，发出之前，请领导确认。把有关信件复印、存档。

（2）写好信封，检查核对收信人的姓名、地址，确保准确无误。

（3）检查邮寄标记是否准确，如挂号信、保价信、机密信等的特殊标记。

（4）信件中如有附件，应对照信纸上列出的附件名称和数量，一一予以仔细检查，确保准确无误。

2. 电子邮件的回复

电子邮件是一种以计算机为基础的信息传递形式，信息被编成程序并且可以在任何时候传递给任何一个有接受计算机的人，信息可以同时传送到好几个目的地。作为一种快速、经济的传递方式，其优势表现在比长途电话、快信便宜，比电传更精确。

3. 传真的回复

在传真过程中，文件被转换成信号，可以通过电话线传送到一个接收终端，在目的地，传真机又把信号转换成一种与原件一致的可读形式。无论是什么样的文本和图表几乎都能通过传真发送，对传送手工制作的图表和手工签名的文本尤其有优势。传真的另一个优点即是快捷。

实训 2　寄发邮件

一、实训目标

通过本实训掌握寄发邮件的程序和方法。

二、实训背景

宏达公司是一家大公司，每天都会有大量的文件、邮件需要发出。王晨是这家公司总经理的秘书，她每天都要寄发大量的邮件。

三、实训内容

按照实际要求演练寄发邮件的过程。

四、相关知识

寄发邮件的程序：邮件的签字、查对地址、查对邮件标记、查对附件、邮件的折叠和装封、汇总邮件、选择寄发方式。

1. 邮件的签字

请上司在邮件上签字时应该注意以下三点：

（1）在邮件发出之前请上司签字时，要把你或者其他人撰写的所有邮件和需要上司签字的邮件区分开来，以提高工作效率；

（2）送邮件给上司签字时，要根据上司的喜好决定是否将邮件和附件一起给他，这样可省去不必要的麻烦；

（3）在原邮件写好而没有修改和签字之前一般不要复印，这样就不会在修改原信件的同时还要修改复印件。

2. 查对地址

收信人姓名、地址必须与邮件所寄的收信人姓名、地址一致，以减少发生误差的几率，加快邮递过程。

3. 查对邮件标记

有两类邮件标记需要打印在邮件上：邮件性质标记，如"私人"或"保密"；邮寄方式标记，如"挂号信"或"特件"。

4. 查对附件

作为秘书，一定要注意查对邮件后面所注明的全部附件是否齐全，这是非常重要的。可以用醒目的标记标在邮件的附件说明上，提醒阅信者参阅附件；一定要注意把所有的附件和原件附在一起，因为对收件人说，没有收到附件和收到错误的附件的信都是无益的。查对附件时应注意以下两点。

（1）如果附件比邮件小得多，可以把它订在邮件的左上角；如果附件不能订，则可以用胶带黏在一张卡片上，或者放在一个有标记的小信封里，然后把卡片或小信封和信订在一起；如果有两个以上的附件，则把最小的放在最上面。

（2）如果附件比邮件大，比如说小册子、说明书等其他印刷材料或其他物品，则不能使用一般的商业信封，而应使用较大的信封。

5. 汇总邮件

在传统邮件的邮寄或电子邮件发送前的一道工序是汇总工作，检查每封信是否备齐以下内容：

（1）通过传统方式或电传邮寄的邮件是否已签字；

（2）是否所有附件都已放进邮局或者经专人投递的邮件中；

（3）邮局或专人投递的邮件中信封上的地址或邮寄标签是否与收件人的地址一致；

（4）上司进一步修改后是否需要你加进原件或复印件。

6. 邮件的折叠和装封

纸笺及附件折叠时应小于信封周边各 1 厘米左右，不可撑满，以免对方拆封时损坏。

7. 发送方式的选择

发送邮件时，一般可以选择邮政服务机构邮寄、快递公司投递、托运等方式。具体发送方式可以根据邮件大小、紧急程度、公司规定等进行选择。

任务4 零用现金管理

由于用支票来支付小额费用难于实行，一些企业办公室中常设立一笔零用现金（或称作备用金），以支付本市交通费、邮资、接待用茶点费、停车费和添置少量的办公用品。它通常是由企业领导和财务负责人批准后由秘书保管和支出的现金，也是一笔周转使用的现金。它的数额根据企业的规模和平时小额支出的次数多少来确定，秘书取得现金后，应将现金锁在保险箱内，并负起保管和支付备用的责任。

实训 管理零用现金

一、实训目标

通过本实训掌握管理零用现金的方法。

二、实训背景

为了增强行政管理效能，宏达公司最近为各部门都配备了一名经理助理，主要承担行政事务工作，总经理要他的秘书王晨给这些部门经理助理介绍一下零用现金的使用和管理方法。

三、实训内容

根据实际情况演练零用现金的使用和管理。

四、相关知识

秘书在使用和管理零用现金时，应做到以下几点。

（1）必须建立一本零用现金账簿，清楚注明收到现金的日期、收据编号、金额；支出现金的日期、用途；零用现金凭单编号、金额、余额等。有时还需要在账目上进行分析，以了解花销的情况和去向。

（2）内部工作人员需要使用领取零用现金时，应填写"零用现金凭单"（如表 3-5 所示），提交花销的项目和用途、日期、金额。

表 3-5　零用现金凭单

零用现金凭单	编号
项目和用途	金额
申请人签名	日期
审批人签名	日期
账页编号支付	日期

（3）秘书要认真核对零用现金凭单，经授权人审批签字后，方可将现金支付给需用者。

（4）秘书要认真核对领取者提交的发票等证据上的用途、内容、金额是否与零用现金凭单上填写的完全一致，然后将发票等证据附在零用现金凭单后面。

（5）每当支出一笔现金，秘书均须及时在零用现金账簿上记录。

（6）当支出的费用达到一定数额后或月末，秘书再到财务部门报销并将现金返还到零用现金箱中进行周转。

任务 5　差旅费报销

企业工作人员国内外出差的费用，经常由秘书办理或协助办理。因此，秘书要事先做好准备，熟悉办理信用卡、旅行支票、快汇等的方法。当工作人员回到企业后，秘书有时还需代上司整理出差费用记录，转交会计人员报销有关费用。

实训　帮上司报销差旅费

一、实训目标

通过本实训掌握报销差旅费的一般方法。

二、实训背景

王经理最近要到北京出差，出发前，王经理叫秘书王晨从财务科借出 20 000 元现金。回来后，王经理把支付现金的发票和 600 元结余现金以及所有的票据交给王晨，让她帮助办理报销手续。

三、实训内容

根据实际情况帮上司报销差旅费。

四、相关知识

一般商务费用报销的工作步骤是：

（1）申请人提交费用申请报告或填写费用申请表，详细说明需要经费的人员、时间、用途和金额等情况，并签字；

（2）该报告或该表必须经过组织确定的授权人审核同意，并签字批准；

（3）一种情况是将获得批准的费用申请报告或费用申请表提交财务部门，领取支票或现金借款；一种情况是先由申请人垫付，完成商务工作；

（4）在进行商务工作中，无论是使用支票，还是使用现金，都要向对方索取相应的发票，其内容中填写的时间、项目、费用等应与使用者实际用途相符，并应盖有出具发票单位的财务章；

（5）商务工作结束，申请者应将发票附在"出差报销单"后面，并签字提交财务部门，由财务部门把先前领取的现金数额和支出情况进行结算。如果是先由申请人垫付的，在提交票据和"报销凭单"后，方可返还现金；

（6）如果实施商务工作时，计划的费用不够，需要超出时，应提前向有关领导报告，在得到许可和批准后，超出的部分才可得到报销。

任务6　办公用品的购置与管理

企业在运营中需要大量的办公用品、消耗品、小型办公室设备，一般由秘书负责日常办公用品的采购工作。办公用品的订购、接收、管理看似不复杂，但如果管理不好也会带来很多麻烦。进行库存控制是办公用品管理的重要方法。秘书必须认真管理办公室里的设备和各种用品，以保证工作的需要。

实训1　办公用品的购置

一、实训目标

通过本实训掌握购置办公用品的方法和程序。

二、实训背景

宏达公司需要购置一批办公用品，清单如下：货架1个，储藏文件柜1个，打印纸5箱，打印墨盒10个，信封500个，横格笔记本100个，稿笺纸200本，铅笔、圆珠笔、签字笔各 120 支，大头针、曲别针各 50 盒，订书机 5 个，碎纸机 2 台，备忘录 100 个，锁 10 把。秘书王晨应该怎么做好这项工作？

三、实训内容

根据实际情况演练办公用品的购置过程。

四、相关知识

1. 办公用品的订购方式

办公用品的订购一般有以下几种方式。

（1）电话订购。大多数的日常办公用品都是通过电话从供应商处订购。

（2）传真订购。有些设备和办公易耗品的订购，需要给供应商发传真，详细列出订购的货物名称、数量、类型、送货时间等细节，这样才能让供应商清楚订购需求。供应商在接到传真后，会按要求送货上门。

（3）填写订购单。有些单位有正规的货物订购单，在订购时需要将订购单填写好，邮寄或传真给供应商，这样供应商会根据订购单上面的要求送货上门。

（4）互联网服务。通过访问互联网，利用电子商务来为本单位的采购服务。如通过网上广告了解新的办公设备或者本单位所需要的办公用品的信息，进行价格的比较，从网上商店购买，进行电子贸易，运用电子银行、电子货币等方式进行货款支付。高级秘书应能够通过网上购物实现办公用品和耗材的采购。但是在网上购物应该慎重，挑选好所购买办公用品和耗材的质量、价格、型号等多项质量指标，再确定购买与否。

2. 办公用品的订购程序

办公用品的订购程序一般有以下几项程序。

（1）了解办公用品需求。秘书应根据办公用品购置计划，定期检查办公用品库存记录和使用记录，按照库存控制的标准适时添置办公用品。应注意要科学管理办公用品的存量，不应积压，也要避免供不应求。办公用品如有购置需求，秘书应及时记录下来所需购置办公用品的名称、种类、数量及要求。

（2）提出购买申请。由需要购买设备（用品）的人或部门填写《办公设备（用品）申购表》，并由部门领导签字，说明需要该设备的理由及具体的型号、数量等内容。

（3）初审购置单。秘书应将购置单交本部门负责人，审核购置。本部门负责人审核的重点是购置物品的必要性，物品数量、规格等。单中所列物品确有必要，本部门领导签名表示同意购置。

（4）财务审批。秘书将购置单交财务部门负责人，审核是否符合财务管理规定，是否有经费保证，然后签署意见。经财务部门负责人审核，确认有相应经费项目余额，就签字表示同意。

（5）终审购置单。秘书将财务部门签署同意的购置单交单位主管领导人，审核是否经过了全部审批程序，各级审核意见是否一致，是否符合单位经费开支计划，然后签署意见。这是最后一道审核关。

（6）照单购物。秘书将单位主管领导人签署同意的购置单交本单位专门负责物品采购的部门或人员，按购置物品程序购置。批量和大额物品需招投标，符合政府采购标准的物品应由政府集中采购。

（7）物品验收。秘书根据逐级批准的购置单验收已购物品，二者相符后，填写验收单，并且经手人签名。填写购置单时应确认当时的市场价格，避免价格不实。

（8）物品登记。秘书将物品逐一登记入库后，就可以领用了。物品登记项目要齐全，不要有疏漏。

3. 购置办公用品的注意事项

购置办公用品时应注意以下三点。

（1）选择供应商。选择办公设备及用品供应商时要在价格和费用、质量和交货、服务和位置以及安全和可靠性等几方面对其进行比较。

（2）选择订购方式。不论采用哪种订购方式，秘书人员一定要保留一张购货订单，收到货物时，要将实物与订单一一核对，以防出错。

（3）办理进货手续。在收到货物后，应准确办理进货手续，保证办公设备和办公用品准确无误地入库、登记、检验、核对，衔接好办公设备和耗材采购、进货、发货和使用的中间环节。在接收货物时，一定要确保送来的货物与所订购的货物，无论是数量上还是型号上都完全一致，并做好记录。

实训 2　办公用品的发放

一、实训目标

通过本实训掌握发放办公用品的程序。

二、实训背景

星期五上午 9 时，销售部新进人员赵东需要领取 5 个笔记本、5 支圆珠笔、6

个文件夹、6本稿纸和两盒订书针,他先到王晨处请教怎么领取办公用品。王晨告诉赵东领取办公用品的程序,并按程序将办公用品发放给赵东。

三、实训内容

根据实际情况演练办公用品的发放过程。

四、相关知识

1. 办公用品发放的相关要求

(1)指定人员发放。办公用品不可随便交给别人代为发放,或者由员工们随意领取办公用品,因为如果不进行适当的控制,势必会引起混乱,甚至出现意想不到的某些用品的短缺。秘书对于办公用品发放的情况应该做到心中有数,并制作需求单。

(2)按单位的有关制度规定发放时间。例如可以把每月的前几天定为发放办公用品的固定时间。这样就需要合理估算相应周期内办公用品的一般使用量,然后进行合理发放。

(3)清点、核实发放的办公用品。对于分发了什么办公用品、都发给了谁,秘书人员应该留有一张发放清单,这样即使是很长时间以后也能够清楚地知道谁领走了什么东西,什么时候可能用完。另外在物品的包装纸上也可以做一些记号,将一个月里领走的办公用品的数目划掉,在包装上记下新的余数,这样在月底将包装纸上的余数记在备案清单上即可。

(4)提醒使用部门和人员注意办公用品的节约利用。办公用品发放以后,可以采用监视控制的方法,监视办公用品的使用情况,定期检查,同时控制办公用品的发放数量,严格管理办公用品,防止办公用品流失或者用于非办公项目。同时,要教育工作人员节约利用办公用品。

2. 办公用品发放的程序

(1)填写领用单。领用物品的员工需首先填写两联办公用品领用单,两联领用单要装订成册,连续编号,填写项目要齐全。

(2)审批领用单。领用物品的员工将填写完的领用单交所在部门负责人审批,所在部门负责人若同意则在领用单上签名。

(3)领用单盖章留底。领用物品的员工将领导签名的领用单交本部门秘书,在两联骑缝处盖本部门公章,撕下一联交还员工用于领物,另一联留底,用于对账。秘书要确认领用单内容是否符合规定。

（4）登记领物。领用物品的员工将领用单交库房保管员，并在物品库存分类记录上登记，领取物品。

任务7 印信管理

印章和介绍信是企业对外联系的标志和行使职权的凭证管理。

现代印章是指代表机关、组织、单位和个人权力的图章。秘书部门掌管的印章主要有三种：一是单位印章（含钢印）；二是单位领导人"公用"的私章；三是秘书部门的公章。其中单位印章是单位对外行使权力的标志。

介绍信是用来介绍被派遣人员的姓名、年龄、身份、接洽事项等情况的一种专用书信，具有介绍和证明双重作用。严格按规定使用印章和介绍信是秘书部门和秘书人员的重要职责。

实训1 印章管理

一、实训目标

通过本实训掌握使用印章的一般原则。

二、实训背景

作为公司的秘书，王晨负责公司印章（包括总经理的私章）的使用和保管。这一天，销售部的小陈来找王晨在一份文件上盖上公司的印章。

三、实训内容

按照实际情况演练使用和保管印章。

四、相关知识

1. 印章的管理与使用要求

印章的管理应该做到以下三点：第一，专人负责。第二，确保安全。印章应选择安全保险的地方存放和保管，如机要室或办公室的保险箱内。如存放在办公桌的抽屉里，则应当装配牢固的锁。经管人员不得将锁存印章的钥匙委托他人代管，也不得将钥匙插入锁孔后离去，以免印章被人盗盖，造成严重后果。第三，防止污损。使用印章要注意轻取轻放，避免破损。同时要注意经常洗刷，防止印泥和其他脏物将刻痕填塞。要保持图案和印文的清晰。

印章的保管，必须要有严格的制度和纪律，保管人员接到印章后，必须进行登记，登记项目包括印章名称、颁发机关、收到枚数、日期、领取人和保管人姓名、启用时间等——登记清楚（如表 3-6 所示）。

表 3-6　××××（单位名称）印章保管登记表

印章名称		颁发机关	
收到枚数		收到日期	
领　取　人		启用日期	
印章图样			
保管人姓名		批　准　人	
备　　注			

2．印章的使用程序

印章的使用程序主要有以下三个步骤。

（1）申请用印。盖用单位公章，用印人必须填写"用印申请单"（如表 3-7 所示），经本单位的主要负责人或经主要负责人授权的专人审核签名批准。一般证明用印可由办公室主任批准，或遵循上司所确认的用印惯例。

表 3-7　××××（单位名称）用印申请单

文件标题			
发往机关		份　　数	
用印日期		用印申请人	
批　准　人		备　　注	

（2）正确用印。用印时，如有不明确的情况，应请示上司核准后，方能用印。盖用职能部门的印章，也必须由本部门的主要负责人审核签名批准。正式公文只在文本落款处盖章。带存根的公函或介绍信、证明信要分别盖骑缝章和文末落款章。用印时，应当使实际盖印的文件数量和"用印申请单"上的份数完全一致。

（3）用印登记。用印后应当进行用印登记。登记的项目有：用印目的、文件名称、编号、签发人、领用人、盖印人等。一般有专用的用印登记表，如表 3-8 所示。

表3-8　××××（单位名称）用印登记表

顺序号	用印日期	文件标题	发往机关	份　数	用印人	批准人	备　注

实训 2　介绍信管理

一、实训目标

通过本实训掌握使用介绍信的一般原则。

二、实训背景

作为公司的秘书，王晨负责公司介绍信的使用和保管。这一天，销售部的小陈来找王晨开一张介绍信。

三、实训内容

按照实际情况演练使用和保管介绍信。

四、相关知识

1. 介绍信的管理

介绍信在管理时注意以下几点。

（1）介绍信的管理有明确规定，要指定专人负责管理。

（2）介绍信的保管应同印章保管一样，牢固加锁，随用随开，用毕锁好，以防被盗、丢失。

（3）管理介绍信的人员在使用介绍信时，要在存根上加以记载，涉及重要事项的要请批准人在介绍信存根上签字。属于口头批准的，要在存根上记下批准人姓名，有批条的要将批条粘贴在存根上。介绍信要按编号顺序使用。

（4）对于开出后未用的介绍信，管理人员应及时催回，粘贴在存根上。

（5）介绍信持有者如将介绍信丢失，应及时报告单位或部门负责人，并告知介绍信管理人员，涉及重要事项的还应通知前往办事的单位，以防冒名顶替。

2. 介绍信的使用

介绍信在使用时应注意以下几点。

（1）严格履行批准手续。使用单位的介绍信，要经上司或办公室负责人批准。

（2）介绍信内容要明确具体不能含糊笼统。

（3）要填写有效时间。

（4）管理人员要对开出的介绍信负责，应检查无误后方可用印。

（5）一份介绍信只能用于一个单位，不能用于两个单位。

（6）要填写持信人的真实姓名和身份，不能为达到目的而随意提高持信人的地位和身份，不准弄虚作假。持信人不能将介绍信转借他人使用。

（7）介绍信的存根内容要同介绍信的正文内容相符，与持信者姓名相一致。

（8）介绍信书写要工整，字迹要清楚，不能随意涂改或涂抹，如有涂改需在涂改处加盖公章，否则视为无效。

（9）填写介绍信要用毛笔或钢笔，禁止用铅笔、圆珠笔或红色墨水书写。

任务8 值班管理

值班管理是秘书部门的工作之一。值班人员在规定的值班时间内，必须做到坚守值班岗位、认真处理事务、做好值班记录、热情接待来访者以及加强安全保卫等工作。秘书人员在值班室，应该掌握相关方法与技巧，从容地处理好每一件事。

实训 值班管理

一、实训目标

通过本实训掌握值班工作的相关方法技巧。

二、实训背景

星期一上午刚上班，宏达公司销售部经理就接到总经理的电话，总经理在电话中很生气，说有个老客户昨天打电话到公司销售部咨询，可是接电话的值班人员一问三不知，过了一会儿再打过来，就没人接了。这个客户很生气，将这个情况反映给了总经理。总经理让销售部经理尽快查清此事。销售部经理叫秘书王晨马上去调查此事，并制订出严格的值班制度。

三、实训内容

按照实际情况演练值班管理的过程。

四、相关知识

1. 值班管理的工作程序

值班管理的具体工作程序是：制订值班制度与值班规定—编制值班安排表—通知并给领导班子发放值班表—值班人员做值班记录—重大事件做值班报告—值班结束交接班。

2. 值班实务处理的方法与技巧

（1）做好公务接洽工作，并做好公务接洽记录（见表3-9）；

（2）掌握汇报情况的技巧；

（3）处置突发事件、紧急情况。

表3-9 公务接洽记录本

来电来人单位		姓　　名		职　　务	
接洽时间		年　　月　　日		接洽人	
洽谈事项					
经理意见					
处理结果					
备　注					

3. 值班安排表的制作

值班表（见表3-10）一般包括值班的具体时间、地点、内容，领班人及其电话，值班人，值班任务，注意事项等。值班安排好以后，要事先通知有关部门及人员，并将值班表发到每位领班人及值班人员手中，让其做好准备。

表3-10 值班表

时　间	值班人			带班人	
	姓　名	所在单位	电话	姓　名	电话
月　日— 月　日					
月　日— 月　日					
月　日— 月　日					
月　日— 月　日					

4. 值班内容的记录

秘书人员要做好值班管理的一个必要环节,就是做好值班记录工作。值班记录主要包括:值班日志(见表3-11)、值班报告(见表3-12)、来人登记与接待记录(见表3-13、表3-14)、电话记录(见表3-15)等。

表3-11 值班日志

编号:

时 间	日 时 分— 日 时 分	值 班 人	
记 事		待办事项内容	
承办事项		接班人签字	
处理结果			

表3-12 值班报告

编号: 值班人:

报告事项					
来人、来电、来函单位			时 间		
姓 名		职 务		电 话	
内容摘要:			拟办意见:		
			经理批示:		
处理结果:					
报告单位:					

表3-13 外来人员登记表

序号	姓名	性别	单位	乘坐车辆	携带物品	办理事项	进入时间	出门时间	备注

表 3-14　接待记录表

来访人姓名										
接待时间	年	月	日	时	分至	年	月	日	时	分
内　　容：										
拟办意见：										
经理意见：										
处理结果： 　　　　　　　　　　　　　　　　　　　　　值班人签字：										

表 3-15　电话记录专用记录本

编号：　　　　　　　　电　话　记　录		
时间：　年　月　日　时　分至　时　分		
来　电　单　位		发 话 人 姓 名	
来电单位电话号码		值班接话人姓名	
通话内容摘要：		
经理意见：		
处理结果： 　　　　　　　　　　　　　　　值班人签字：		

5. 交接班

值班结束后，应有完备的交班手续，注意以下几点：
（1）必须当面交接，不能委托他人；
（2）交清值班记录，说明在班内出现的问题及处理方法；
（3）值班人在值班记录上签名，确认记录内容。

任务9 保密工作

实训 信息保密

一、实训目标

通过本实训掌握信息保密的方法。

二、实训背景

超凡公司计划就收购同行业一家公司的事项召开新闻发布会,为此召开了几次关于这次发布会的筹备会,总经理秘书张娜参与了相关文件资料的准备工作并筹备会议做会议记录。张娜应如何做好保密工作呢?

三、实训内容

根据实际情况演练新闻发布会信息保密的过程。

四、相关知识

信息的保密是秘书人员基本的和重要的职责之一,是保证企业利益的起码要求。从载体上分,信息的保密工作包括口头信息的保密、纸面信息的保密和电子信息的保密。

要做好信息的保密,对不同信息载体应该采用不同的措施,如表3-16所示。

表3-16 不同载体信息的保密措施

信息载体	表现形式	保密措施
口头信息	语言、电话	1. 员工在岗前培训时就应该被告知不要在企业内部或外部谈论有关单位的保密信息,包括对其他工作人员、客户、朋友或亲属 2. 在没有确认电话对方身份和是否被授权获得信息之前,不要通过电话、手机、答录机给出保密信息 3. 只向来访者提供组织允许提供的信息。若超出范围,应向上司汇报 4. 遵照会议的要求传达会议信息
书面信息	纸张、各种胶片等物质作为载体的文字、表格、图形	1. 接收任何保密文件、资料等都要签收并登记 2. 文件或其他纸面保密信息只发给或传阅到被授权的人员,并要求签收 3. 在传递保密文件或资料时,要放在文件夹、盒中携带,以防失密或散落丢失 4. 所有保密的信息应归类在专用文件夹中,并清楚标明"机密",保存在带锁的、防火的柜子里 5. 离开办公室时,不把机密信息和文件留在办公桌上,应锁入抽屉或柜子,并锁好门窗

（续　表）

信息载体	表现形式	保密措施
书面信息		6．用邮件发送保密信息时，信封要贴封口，并标记"秘密或保密" 7．为了确保安全，高密级信息可以由工作人员亲自送交收件人 8．复印完成后应将保密原件取走，不要留在玻璃板上 9．当传真保密信息时，需使用具有保密功能的接收设备或要求接收人等在传真机旁即时收取 10．极为重要且不常使用的纸面信息可以制成缩微胶片，保存到银行保险柜里 11．不再需要的保密文档要粉碎
电子信息	主要指计算机信息	1．计算机显示器应放置在他人看不到屏幕的地方，如果来访者走近，应迅速滚动页面或关闭显示器 2．计算机打印保密材料要人不离机，负责保存和传递 3．在提交电子信息给他人之前，应向上级核对，不能给未被授权的人 4．每一个使用者应该有自己的识别码，密码必须保密，经常更换 5．应该使用密码来保护计算机数据，并定期更换 6．计算机必须经常进行查毒、杀毒，并为了安全，不要安装借来的程序 7．重要的文件要设置密码，并做备份，并存储在安全、加锁的地方，但要记住磁盘不能保存在过热和过冷的地方 8．有保密信息的移动存储设备不应该带出单位，以防止数据落到不应得到这些信息的人手上 9．如有条件计算机应该安装警报系统，防止信息被盗

任务10　时　间　管　理

时间管理是指在同样的时间消耗的情况下，为提高时间利用率而进行的一系列控制工作。人们通过时间管理，可以做到科学、有效地安排和利用时间，创造更大的价值和效率。秘书进行有效的时间管理是协助上司合理有效地利用时间的需要，也是秘书提高自身工作效率的要求。因此，管理好时间不仅有利于上司的工作，也有利于秘书自己的工作。

实训1　制作和管理工作日志

一、实训目标

通过本实训掌握制作和管理工作日志的一般方法。

二、实训背景

宏达公司王总经理秘书王晨对工作非常负责,每个周五下午下班前她都要把总经理下周一的工作日志制作出来,并参照总经理的工作日志,结合自己的工作职责,把自己的工作日志也制作好。这个周五下午,王晨统计了一下,王总经理下周一有如下活动:

上午10:15—11:15　召开董事会,所有的经理都要参加;
上午11:30—12:00　给参加员工培训课的新员工讲话;
中午12:00　与超凡公司的董事长张成及其夫人共进午餐;
下午14:00—15:00　前往海天公司拜会市场开发部经理赵东;
下午15:45　会见王朝公司的销售部经理杨天。

王晨应该怎么制作王总经理和她自己的工作日志呢?

三、实训内容

根据实际情况演练制作和管理工作日志的过程。

四、相关知识

工作时间表是管理时间的一种手段。它是将某一时间段中已经明确的工作任务清晰地记载和标明的表格,是提醒使用人和相关人按照时间表的进程行动,有效管理时间、保证完成任务的简单方法。

(一)制作工作日志的程序

1. 了解上司工作活动信息

秘书要提前了解清楚上司第二天的工作和活动信息:主要工作任务有几项,每一项工作任务的具体时间、地点、具体工作内容、需要注意事项等,同时要把上司第二天的工作活动信息准确、完整地记录下来。

2. 确定和补充信息

秘书应向上司和有关单位核实其工作活动有无变化,确认后再制作工作日志。秘书一般应在当日下班前或次日一早对上司的工作和活动信息进行确认,如有变化要及时调整,并通知有关人员。

3. 填写或输入信息

将有关信息填入制作好的工作日志中。在填写工作日志时,要特别注意以下事项。

项目3 办公室日常事务

（1）填写或输入的信息要清楚、准确、完整。工作日志应至少包括日期、时间、具体工作内容、备注等项。

（2）保持上司和秘书自己的工作日志信息的一致性，注意及时检查更新。

（3）秘书自己的日志除了活动内容外，要着重注明为活动要做的准备工作及其他外围工作。

（4）要根据上司的工作、生活习惯以及约会时间的长短具体安排各项工作的时间。

上司的工作日志样例一，如表3-17所示。

表3-17　×××工作日志　　　×年×月×日　星期×

时　间	内　容	备　注
9:00		
10:00		
11:00		
12:00		
13:00		
14:00		
15:00		
16:00		
17:00		

上司的工作日志样例二，如表3-18所示。

表3-18　×××工作日志　　　×年×月×日　星期×

时　间	内　容	地　点	备　注
9:00			
10:00			
11:00			
12:00			
13:00			
14:00			
15:00			
16:00			
17:00			

秘书的工作日志样例一，如表 3-19 所示。

表 3-19　×××工作日志　　　　　　×年×月×日　星期×

时　　间	内　　容	准备事项	备　　注
9:00			
10:00			
11:00			
12:00			
13:00			
14:00			
15:00			
16:00			
17:00			

秘书的工作日志样例二，如表 3-20 所示。

表 3-20　×××工作日志　　　　　　×年×月×日　星期×

时　　间	内　　容	地　　点	资料物品准备	备　　注
9:00				
10:00				
11:00				
12:00				
13:00				
14:00				
15:00				
16:00				
17:00				

4. 随时更新日志

有时会因预想不到的事或对方的原因而必须改变日程安排，如果是我方原因变更安排，会造成一些有形无形的影响，甚至会影响企业的信誉和双方的信赖关系。因此，秘书要随时关注上司工作活动的变化，如果上司的活动确有变更，应尽量想办法将日程安排的变更限制在最小的范围，及时更新上司和自己的工作日志，并做好有关善后工作。

调整日程安排应注意以下几个方面。

（1）安排的活动之间要留有 10 分钟左右的间隔或适当的空隙，以备活动时间的拖延或新添临时的、紧急的情况。

（2）进行项目的时间调整、变更，仍应遵循先重急后轻缓的原则，并将变更的情况报告上司，慎重处理。

（3）确定变更后，应立即做好有关善后工作，如通知对方、说明理由、防止误解等。

（4）再次检查工作日志是否已经将变更后的信息记录上，不要漏记和忘记修改。

（二）制作工作日志的方式和使用方法

对于手工填写的工作日志通常要准备两本，一本为上司使用，一本为自己使用。使用时的工作方法是：

（1）提前了解上司工作和活动的信息，并在两份日志上填入，并于当日一早再次确定和补充；

（2）提前在自己的日志上清楚标出自己当日应完成的工作；

（3）输入或填写的信息要清楚、方便阅读，保持日志整洁，最好先用铅笔填写，确认后，再用水笔正式标明，还可以使用不同色彩以示区分；

（4）输入或填写的信息要完整，标明各项活动的时间、地点、联络人姓名等必要信息；

（5）输入或填写的信息要准确，当日出现情况变化，应立即更新日志，并告知上司出现的变化；

（6）在上司日志变化的同时，应更改自己的日志，并做好变更的善后工作；

（7）在自己的日志上要清楚标出为上司的有关活动所做的准备，并逐项予以落实；

（8）协助或提醒上司执行日志计划，在需要时能帮助上司排除干扰。

（三）管理上司的工作日志

秘书的一项重要责任就是节省上司的时间，保证上司高效率的工作。工作日志就是秘书协助上司通过与各方协商，对自己和上司的一天活动作出合理安排，并予以实施的辅助工具。无论手工填写日志还是电子工作日志，填写的信息内容应相同。

上司的日志内容通常包括：

（1）上司在单位内部参加的会议、活动情况，要记录清楚时间、地点、内容；

（2）上司在单位内部接待的来访者，要记录清楚来访者的姓名、单位详情、约会时间；

（3）上司在单位外部参加的会议、活动、约会等情况，要记录清楚时间、地点的确切细节、对方的联络办法等；

（4）上司个人的安排，如去医院看病等，以保证秘书不会在这段时间安排其他事宜；

（5）上司私人的信息，如亲属的生日，以提醒上司购买生日卡或礼物。

秘书的日志内容除包含上司的日志内容外，还需要有：

（1）上司的各项活动需要秘书协助准备的事宜，例如，为上司某某会议准备发言稿、会议议程、订机票；为上司的××会谈草拟合同和订餐等；

（2）上司交办自己的工作，例如，为签字仪式联系地点、媒体等准备工作；

（3）自己职责中应做的工作、活动，例如撰写半年工作总结，参加值班等；

管理上司的工作日志的注意事项如下：

（1）秘书应确保上司日志信息的保密，只给上司授权的人查阅；

（2）要保持两本工作日志信息一致和准确，若上司有了新安排，应立即补充，并且每天要进行检查和更新；

（3）秘书应熟悉上司工作习惯和约会时间的长短，每天最早和最晚可安排约会的时间，以便安排的约会符合要求；

（4）秘书应熟悉上司用餐和休息的时间，以便安排约会避开上司的休息。

实训 2　制订不同形式的日程安排表

一、实训目标

通过本实训掌握制订年度、月内、周内以及当日工作日程表的具体方法。

二、实训背景

公司总经理办公室决定元旦上班之后，由小燕给公司王总经理做专职秘书，以替代即将出国留学的小李的工作。而每年年末，公司都要制订下一年度的工作计划，在制订年度工作计划的同时，还要制订月内工作计划、周工作计划以及当日工作计划，小燕作为公司王总经理的专职秘书，她应该怎么做呢？

三、实训内容

请按照实际情况演练为王总经理制作四种日程表。

四、相关知识

日程安排表是一定时间内上司工作的一个大概的安排。上司的日程安排表分为年度预定日程表、月内预定日程表、一周工作日程表以及当天工作日程表。秘书在为上司制订日程表时要以提高效率为原则，在时间上要留有余地，要注意内外兼顾，还要注意为上司活动的安排进行保密。

为上司制订日程表的一般方法如下所示。

1. 年度预定日程表

年度预定表一般是在前一年年底前制订。这个表不要做得太细，只要把年度内一些固定的重大活动，如董事会、全国经销商大会等重要活动记在这个表内就行。

2. 月内预定日程表

月内预定日程表，主要是根据年度预定日程表进行安排，上面注明上司出差、开会等重大事项，每个月连续制订。一般当月的日程表在上一个月的月底之前完成。

3. 一周工作日程表

将上司一周之内的主要活动，如开会、外出拜访客户、听取汇报等记在这个表内，这是上司一周之内具体工作安排的基本依据，一般是在上一周的星期五完成。表做完之后，要送给上司审阅，请上司确认。

4. 当天工作日程表

这份表是根据每周工作日程表制订出来的。把当天工作的一些注意事项记在上面，交给上司，提醒他不要忘了约会等一些重要工作。这张表必须在前一天就让上司确认；当天早晨上班后，复印一份让上司再次确认；对于经常外出的上司，还要复印一份让上司自己带在身上，把对方的电话号码等一些注意事项记在上面。

日程表制订好并打印出来后，要给上司本人一份，给秘书部门负责人或其他综合部门负责人一份，再就是给有关部门和汽车司机复印几份。

给职能部门和司机的日程表，内容不能太详细。比如上司某月某日出差，在这前一天的上午与大客户赵总的见面，只有秘书自己和上司本人手中的日程表才允许这么详细，因为日程表送得越多，泄密的可能性就越大。因此，在制订日程表时要使用一些表示特定工作内容的符号，但是，这些符号所代表的内容在单位内要统一，不仅负责制订日程表的秘书要明白，而且要让其他秘书也能看得懂。

实训3　调整工作日程表

一、实训目标

通过本实训，要求学生掌握调整上司工作日程表的方法。

二、实训背景

老总这几天日程安排得满满的，今天上午 10 点与天津的客户谈判，今天下午 3 点到市环保局向汪局长介绍公司节能新产品；明天上午九点半在长城饭店与美国 QEC 公司的代表谈合作,明天下午 2 点公司召开司务会……11 点钟,美国 QEC 公司的总经理秘书于雪来电话,说由于特殊原因,他们必须于明天中午乘飞机回国,所以,希望能将谈判时间改在今天下午,否则,会谈将无限期推迟。

三、实训内容

按照实际情况演练调整上司的日程表。

四、相关知识

如果确实有必要调整上司的工作日程,那么,秘书要能根据具体情况,随机应变,采取相应的措施:

(1)如果原定的工作日程变了,那么,秘书就要及时修改自己手中的日程表。修改好自己手中的日程表之后,交给上司审核一下,如果他同意,也就将他那份日程表更改过来,这样,就可以迅速通知有关部门作相应的调整。

(2)如果是在年度预定或当月预定这种时间范围比较长的预定期间内出现新的情况,秘书应根据这种突发事件对其他事件的影响,及时提醒上司注意;如果实在不能避免,要及时与对方和有关部门联系,对日程表进行修改,并请上司审核确认。

(3)如果能够对预定的日程安排作相应的调整,比如对会场、旅馆、交通工具等,应与有关方面进行联系。

(4)如果领导听取某部门的汇报时间延长,影响后面的工作安排,秘书就要用便笺等告诉上司,听取上司的指示。

(5)如果是拜访客户的话,在拜访的前一天,秘书用电话与对方再次确认见面的时间和地点。这样做虽然要花些时间和精力,但能提醒对方秘书别忘了做些前期准备,这样,既能让对方能够感到你们重视这次拜访,也等于提醒对方别忘了拜访的时间。

(6)当预约发生变更时,首先应修改秘书用的预定表,在向上司汇报后,再将上司的预定表也修改过来。并且还要联络持有旧预定表的相关单位。

(7)接到客户方更改预定的请求时,要和上司商量后再调整日程,修改预定表。如果是自己一方希望更改预约,在向对方说明情况且道歉之后,应和上司商量好,把上司希望的时间向对方提出来。

(8)当上司在客户单位预约的事情和其他预约有冲突时,不要因为是上司亲自决定的,就随意排优先顺序,改变原来的预定。这种情况,应将和原来的预定发生了冲突一事告知上司,请求指示。

项目 4　办公室非日常事务

任务 1　制订工作计划

实训　制订工作计划

一、实训目标

通过本实训掌握制订工作计划的一般方法。

二、实训背景

宏达公司定于 6 月 16 日召开生产会议，时间为 2 天，参会人员预计 45 人，需要使用公司大会议室。会上要给每人发放一套会议文件，包括产品介绍、价格表和宣传材料等，并要准备会间的小点心及饮料。生产部经理要求秘书王晨制订一份从 6 月开始的会议筹备计划表。

三、实训内容

根据实际情况演练制订工作计划的过程。

四、相关知识

1. 制订工作计划的方法

计划不仅是实现目标的起点，它应贯穿于实施的整个过程中，在制订工作计划时，不但要科学地安排时间，还要考虑其他一些因素，以保证制订的计划能顺利实施，达到目标。通常将制订的工作计划用表格的方法显现出来，使计划更为清晰。制订工作计划表的方法如下。

（1）根据组织确定的工作目标和期限要求，一项项列出本团队要完成的所有任务。可以使用专门制作好的任务表格，将要做的工作内容列出，也可以将工作任务逐项写下。

（2）区别重要的任务和紧急的任务，根据工作的重要程度和紧急程度，安排好工作的优先次序。

（3）按照工作的轻重缓急和逻辑顺序用数字编号标记出任务完成时间的前后顺序，对需要花时间的工作留出充足的时间量。

（4）列出完成每一项任务所需的资源和相关信息，包括人力、财力、物力等。

（5）明确完成每一项任务的各个阶段指标和估算的时间要求。

（6）指明每一项任务的负责部门或承担人以及负责人。

（7）从最终完成的时间期限向前推算各阶段工作应何时完成，确定后，逐项将其填入工作计划表中。

（8）明确工作进展的情况和出现的问题向谁报告、何时报告，确保计划的顺利实施。

（9）明确工作进展的情况和质量如何监督和管理。

工作计划表示例见表4-1。

表4-1　销售会议准备工作计划表　　　　　　　2010年6月30日

筹备工作期限要求：2010年7月19日前完成 制表人：王晨 达到进度，完成工作后请打勾					
第一周 7月1日—7月5日 任务/责任人/完成时间	工作进度	第二周 7月8日—7月12日 任务/责任人/完成时间	工作进度	第三周 7月15日—7月19日 任务/责任人/完成时间	工作进度
草拟会议文件（产品介绍、价格表，宣传材料） 销售部　王玲 7月1日　星期一		印制资料各60份 宣传品用重磅纸 拟定会议通知 秘书　王晨 7月8日　星期一		落实会议所需设备（投影仪、黑板、音响） 落实大会议室 秘书　王晨 7月15日　星期一	
与销售部讨论会议文件的内容 王玲及销售人员 7月3日　星期三		确认参会人员名单 打印会议通知 办公室　李红 7月9日　星期二		整理会议文件袋和宣传材料 销售部　王玲 7月16日　星期二	
最后修改会议文件并送交主管审核签发 销售部　王玲 7月4日　星期四		取回会议文件 发放会议通知 秘书　王晨 7月11日　星期四		购买饮料点心 做好后勤准备和布置会场 办公室　李红 7月17日　星期三	

有关费用详见销售会议预算。

2．工作计划的内容与要求

工作计划是用于管理时间和工作任务的文件，经常用在接受某一项目或团队某一阶段工作任务之前制订，并用其进行管理，工作计划可以写成文字材料，也可以用表格显现。

工作计划与时间表虽然都从起始时间、阶段时间和最终期限上对任务做了要求，但是行动计划或计划表还必须指明所管理的项目或团队工作的其他一些重要方面，包括：

（1）每一项任务的具体目标，如编制一套会议资料共五种；

（2）每一项任务的数量要求和质量要求，如编制的会议资料内容的审核、用纸要求和数量要求；

（3）每一项任务所需的资源，如所需的费用；

（4）每一项任务所分配的负责部门或承担人以及负责人；

（5）在计划的文件中还写明如何监督工作进展和质量。

3. 制订工作计划的程序

制订工作计划的程序为：估量机会—确定目标—确定计划工作的前提条件—拟订可行方案—评价备选方案—选择方案—拟订分计划—编制预算。

（1）估量机会。对机会的估量，要在实际的计划工作开始之前就着手进行，它是计划工作的一个真正起点。其内容包括：对未来可能出现变化和预示的机会进行初步分析，形成判断；根据自己的长处和短处搞清自己所处的地位；了解自己利用机会的能力；列举主要的不肯定因素，分析其发生的可能性和影响程度；在反复斟酌的基础上，下定决心，扬长避短。

（2）确定计划工作的目标。计划工作的第一步是在估量机会的基础上，为组织及其所属的下级单位确定计划工作的目标。在确定目标这一步工作上，要说明基本的方针和要达到的目标，说明制订战略、政策、规则、程序、规划和预算的任务，并指出工作的重点。

（3）确定计划工作的前提条件。计划工作的前提条件就是计划工作的假设条件。负责计划工作的人员对计划前提了解得越细越透彻，并能始终如一地运用它，则计划工作也将做得越协调。

按照组织的内外环境，可以将计划工作的前提条件分为外部前提条件和内部前提条件；按可控程序，可以将计划工作前提条件分为不可控的、部分可控的和可控的三种前提条件。外部前提条件多为不可控的和部分可控的，而内部前提条件大多是可控的。不可控的前提条件越多，不肯定性越大，就越需要通过预测工作确定其发生的概率和影响程度的大小。

（4）拟订可供选择的行动方案。调查和设想可供选择的行动方案，这一步工作需要发挥创造性。但是，方案也不是越多越好。即使我们可以采用数学方法和借助电子计算机的手段，还是要对候选方案的数量加以限制，以便把主要精力集中在对少数最有希望的方案的分析方面。

（5）评价各种备选方案。评价实质上是一种价值判断。确定目标和确定计划前提条件的工作质量直接影响到方案的评价。它一方面取决于评价者所采用的标准；另一方面取决于评价者对各个标准所赋予的权数。在评价方法方面，可以采用运筹学中较为成熟的矩阵评价法、层次分析法，在条件许可的情况下可采用多目标评价方法。

（6）选择方案。选择方案是很关键的一步，也是决策的实质性阶段——抉择阶段。可能遇到的情况是：有时会发现同时有两个可取的方案。在这种情况下，必须确定出首先采取哪个方案，而将另一个方案也进行细化和完善，并作为后备方案。

（7）拟订分计划。总计划要靠分计划来保证，分计划是总计划的基础。

（8）编制预算。计划工作的最后一步是把计划转化为预算，使之数字化。预算实质上是资源的分配计划。预算工作做好了，可以成为汇总和综合平衡各类计划的一种工具，也可以成为衡量计划完成进度的重要标准。

4. 制订与实施计划中应注意的问题

制订与实施计划中应注意的问题有以下几个。

（1）制订计划要实事求是，不要设立不切实际的工作目标，明知完不成，还要许诺；

（2）善于授权，明确分工，不要卷入他人的任务中而完不成自己的工作；

（3）定期检查所需的资源是否保证和满足，不至于供应不足影响进度；

（4）及时与同事沟通工作进展和出现的问题，让大家都知道工作进度和达标情况；

（5）在实施计划过程中，应进行监控，发现问题，要及时应变。

任务2　调查研究

实训　为公司的企业文化建设进行问卷调查

一、实训目标

通过本实训掌握调查研究的一般程序和方法。

二、实训背景

为进一步做好公司企业文化建设工作，完善和提炼为公司广大员工所认可的企业核心价值观，形成宏达独具特色的企业文化，总经理办公会责成企业文化部对公司的企业文化建设进行调查。企业文化部吴经理让秘书王晨使用问卷调查法进行调查，并写出调查报告。

三、实训内容

根据实际情况演练调查研究的过程。

四、相关知识

秘书要进行调查研究，必须首先掌握调查研究的类型和方法、调查研究的内容以及调查研究的程序和步骤。然后，根据具体任务的目的、性质选取合适的调查方法进行调查。调查结束后，要对调查所得的材料分析研究，最终写出翔实的调查报告。

（一）调查研究的一般方法

调查研究过程中，根据不同的调研课题、调查内容和调查对象，要采取不同的调查方法。

1. 座谈会

座谈会就是把调查对象召集在一起，进行询问式、讨论式的调查。好处是对象集中，各种意见相互比较，最终可以得到比较满意的调查结果，不足之处是难以保密，难以得到精确的数据或资料。

2. 个别访问

个别访问，就是分头找各种各样的人个别谈话，分别了解某个问题的全貌或细节的一种调查研究方式。个别访问能对问题进行深入细致的了解。

3. 问卷调查

问卷调查也叫书面调查，就是用卷面形式调查情况的一种方式。卷面应是根据调查的目的和要求设计而成的调查表。调查表发给被调查者，要求其认真以文字或符号自行填写，然后进行集中统计、分析。

问卷调查的优点是调查面广，可以同时进行，而且所费人力、物力、时间较少，周期较短，调查的标准化程度高。不足之处在于调查双方不见面，回答的问题可能失真，而且问卷的回收以及问卷的质量难以保证。

4. 民意测验

这是目前世界上十分通行的一种社会调查方法。它不同于一般的问卷调查，主要是就某个问题了解民众意见或态度时，让民众简明表达的一种调查方法。一般由调查者提出一些问题或制成一张表格，让被调查者回答，然后对答案进行统计和分析。

5. 实地考察

实地考察，即调查者深入事件现场进行有计划的、周密细致的考察，以便得出准确的判断。常言道，"百闻不如一见"，调研人员亲自到现场进行实地考察，可以获得第一手材料，可以得到生动直观的鲜明印象，丰富自己的感性认识。实地考察是一种常用的和重要的调查方式。特别是对灾情（旱灾、水灾、火灾、虫灾等）的考察，对事故和犯罪现场的调查等，非到现场进行实地考察不可。

6. 专家论证

专家论证，即召集有关方面的专家、学者，对重大的决策性问题或技术性问题进行咨询、论证。专家论证是一种通过召开特殊的座谈会，进行调查研究的方式。这种座谈会具有研究性、探讨性，要求与会专家开怀畅谈、自由争论。在选择参加会议的代表时，要注意多样化。对某一问题进行论证，不能仅请本领域的专家参加会议，还要请相关学科、领域的专家参加会议。

7. 网络调查

网络调查是指按照行政或经济区域设网，大网联小网，把分散的调查力量组织起来，围绕一定任务开展调查研究的方式。通过在纵横方向上布点，各地之间建立起固定的、经常的沟通渠道，统一要求，协调步骤，可以大面积地进行调查研究。

8. 查阅文献资料

在当今社会中，各种文件、简报、报刊、资料很多，它们构成了信息的海洋、知识的宝库。从这些信息中，可以分析、归纳出很多精华，发现重要动态，学到重要的知识，从而为决策提供参考依据。因此，调查研究也可通过查阅各类文献资料来完成。

9. 电话调查

电话是当今社会的重要通讯工具，它方便、普及、迅速。电话调查，就是利用电话调查了解应该查知的事项。一般说来，电话调查往往用于对一些简单事情的快速调查，电话调查的双方一般应是互相熟悉的人，电话调查通常只作为调查的辅助手段。

10. 经常性调查

经常性调查是指随着调查对象的不断变化而连续不断地调查登记统计资料，如对产品产量、主要原材料、燃料动力的消耗量等。这些指标数据的变动很大，必须以经常性调查为基础，才能满足管理和决策的需要。调查中要系统登记原始资料记录，按月、按季度或按年度取得资料，以了解动态，检查、监督、控制决策计划执行的情况，有效地实施管理。

（二）调查研究的程序

秘书进行调查研究必须有科学的程序，这是做好调查研究的前提和基础。调查研究的一般程序为：准备阶段—调查阶段—研究阶段—形成结论。

1. 调查前的准备

（1）明确调查研究的任务。无论是上司交给的任务，还是自行安排选定的题目，都要明确目的、对象、范围，弄清主要应了解什么情况，解决什么问题。目的明确了，调查时就会心中有数，针对性强。

调查研究的课题必须既是"必要的"，又是"可行的"。否则，调查研究就会徒劳无功，白白浪费人力、物力。秘书必须深刻领会课题的重要性和必要性，领会领导的意图，即调查研究的目的和要求，才能把意图变为现实。

（2）认真学习有关方针、政策。秘书人员在调研前要认真学习有关的方针、政策、法规以及上级有关文件、规定、部署、要求，了解有关的业务知识。这样，调查时才能把握分寸，分清主次，掌握真实材料。

（3）注意研究已有的情况，阅读已掌握的资料。主要是研究情况简报、工作计划、总结，以及统计报表等材料，必要时还可调阅有关档案、史料、账册等，从中加以选择摘录；还可邀请了解情况的员工先介绍一下情况，这样有助于利用已有的材料，形成初步印象；再通过调查、补充、核实，掌握全面情况。

（4）根据调查任务，确立调查的对象、类型和方式。秘书要根据具体的调查任务，确定调查的范围大小，对象的多少，应该找哪些单位、部门、人员，才能确定用何种类型、何种方式去调查和研究。方式、方法得当，就会取得事半功倍的效果。

（5）规定调查的时间和地点。调查时间一是指调查研究所需要的时间，包括开始的时间和完成的时间；二是指调查内容、项目中的时间限度。

地点也是调查的一个重要因素。我国地域辽阔，东西南北中发展很不平衡，各地区之间差异很大，调查者应注意到地区特点。

（6）制订调查研究计划。秘书在明确了上述要素后，便要着手制订调查研究计划。计划一般包括调查研究的主题、目的、内容与要求；调查的对象、范围、方法；调查的步骤与时间安排；调查研究的人员和组织安排，以及经费和物质保证等。

计划不宜太紧，要适当留有余地，以应付各种预想不到的情况。

2. 问卷调查的设计和实施

（1）问卷的结构

① 卷首语。卷首语是问卷调查的自我介绍信。卷首语的内容应该包括：调查的目的、意义和主要内容，选择被调查者的途径和方法，被调查者的希望和要求，对填写问卷的要求、方法和注意事项等的说明，回复问卷的方式和时间，调查的匿名和保密原则，以及调查者的名称等。为了能引起被调查者的重视和兴趣，争取他们的合作和支持，卷首语的语气要谦虚、诚恳、平易近人，文字要简明、通俗、有可读性。卷首语一般放在问卷第一页的上面，也可单独作为一封信放在问卷的前面。

② 问题和回答方式。问题和回答方式是问卷的主要组成部分，包括调查询问的问题、回答问题的方式以及对回答方式的指导和说明等。

问卷中要询问的问题，大体上可分为四类：一是背景性的问题，主要是被调查者个人的基本情况，它们是对问卷进行分析研究的重要依据；二是客观性问题，是指已经发生和正在发生的各种事实和行为；三是主观性问题，是指人们的思想、感情、态度、愿望等一切主要世界观状况方面的问题；四是检验性问题，为检验回答是否真实、准确而设计的问题。这类问题，一般安排在问卷的不同位置，通过互相检验来判断回答的真实性和准确性。这四类问题中，背景性问题是任何问卷都不可缺少的，因为，背景情况是对被调查者分类和不同类型被调查者进行对比研究的重要依据。

设置问题的方式有两种：开放式和封闭式。

开放式问题就是调查者不提供任何可供选择的答案，由被调查者自由答题，这类问题能自然地充分反映调查对象的观点、态度，因而所获得的材料比较丰富、生动，但统计和处理所获得的信息的难度较大。问题的回答方式可分为填空式和回答式。

封闭式问题就是问题的后面同时提供调查者设计的几种不同的答案，这些答案既可能相互排斥，也可能彼此共存，让调查对象根据自己的实际情况在答案中选择。它是一种快速有效的调查问卷，便于统计分析，但提供选择答案本身限制了问题回答的范围和方式，这类问卷所获得的信息的价值很大程度上取决于问卷设计自身的科学性、全面性的程度。问题的回答方式可以是选择式和回答式。

③ 编码。就是把问卷中询问的问题和被调查者的回答，全部转变为 A，B，C…或 a，b，c…等代号和数字。

④ 其他资料。其他资料包括问卷名称、被访问者的地址或单位（可以是编号）、访问员的姓名、访问开始的时间和结束的时间、访问完成情况、审核员的姓名和审核意见等。

（2）进行问卷调查的步骤

进行问卷调查有如下几个步骤。

① 设计问卷。

② 试用和修改。问卷设计出来后，可进行小规模试用，从中发现问题，进行修改，以保证收集到高质量信息。

③ 选定问卷调查方式。问卷制好后要确定调查形式。问卷调查的形式有：

- 报刊问卷：在报纸和刊物上公布问卷；
- 邮政问卷：通过邮局把问卷寄出，对方回答完后按指定地址寄回；
- 发送问卷：把问卷直接分发，对方立即填写，调查者直接回收问卷。

（3）对信息进行统计分析

任务3 督查工作

实训　帮上司完成督查事项

一、实训目标

通过本实训掌握督查工作的一般程序和方法。

二、实训背景

最近，宏达公司出台了一个新政策，就是在全国各家分公司同时推出打造"阳光形象"的活动。"阳光形象"计划开展了一个多月后，总经理王宏想了解各分公司履行新政策的情况，就选定了几个部门经理还有他的秘书王晨，分派到全国各地，对各分公司履行新政策情况进行督查。王晨被派往海南，她立即做好各项准备工作，开始进行督查。

三、实训内容

根据实际情况演练督查工作的过程。

四、相关知识

督查，从本义上讲，是督促、检查、监督的意思，是在办事、办文中的一项经常性的工作；从秘书工作的角度讲，是协助上司进行工作，为上司进行科学管理服务，即把看到、听到、查到并经过核实的一些无人过问或被忽视的一些重大问题，按照上司的批示，交有关部门检查办理，并催促落实，是促进组织的各项方针政策落到实处，解决实际问题，为了解情况提供决策依据，促进工作正常运转的重要环节。督查既是决策执行的重要环节，又是秘书的一项重要任务。因此秘书要围绕中心，突出重点，根据上司的工作习惯和重视程度来确定督查工作任务。

（一）督查工作的方法

1. 书面督查

书面督查一般有两种形式：一是下发文件，将已经集中立项的督查内容印发给有关单位，明确主办单位和协办单位的责任，明确办理的要求与时限；二是下发督查通知单（可以是督查卡片、督查函或便条），要求承办单位进行办理，并按要求的时限反馈办理情况。书面督查一般适用于常规性的工作，并且立项比较多，时间比较集中，涉及的单位也比较多。书面督查的内容比较重要，形式比较规范，权威性比较强。

2. 电话督查

电话督查即用电话说明督查事项，通报上司批示要求，核实处理内容，提出上报期限等。这种方法主要用于情况比较紧急而内容比较简单的督查事项。在进行电话督查时，督查秘书要做好通话记录，把接电话人的姓名、通话时间、答复记下，以便备查、催办和销办。

3. 专项督查

对上司批示或交办的重要事项，一般应列入专项督查。对于此类督查事项，秘书一定要跟踪催办，及时掌握办理情况。有的要直接下去了解情况，指导办理，面对面地进行督查。要按照要求和规定的时限上报办理结果。特殊情况需要延长办理时间的，必须提前请示或报告。

4. 会议督查

用会议形式进行督查的，一般有两种情况：一是涉及督查的事项比较多，这样把相关单位的人员集中起来，听取办理情况的汇报，集中进行指导，统一提出要求；二是督查的事项情况比较复杂，涉及的单位也比较多，有的还牵扯部门利益，这样把主办单位和相关单位的负责人召集在一起，听取汇报，分析原因，沟通协调，调整利益关系，明确主办单位和相关单位的责任，分别提出要求，以利于问题的解决。

5. 调研督查

调研督查是推动决策落实的重要手段之一，是高层次的督查工作，主要是围绕企业的中心工作开展调研，围绕决策实施的运行过程开展调研，围绕促进决策贯彻落实的机制和体制问题开展调研。

（二）督查工作的程序

凡是需要督查的事项，可以按这样的程序操作：交办→立项→通知→转办→承办→催办→检查→办结→办结回告→审核→立卷→归档。

1. 交办

上司向有关督查人员授权交办。交办的方式可分为批示交办、口头交办、文书和文件式的交办、会议交办；集体交办、个别交办；向督查部门交办、向督查人员个人交办；公开交办、单独交办。

2. 立项

立项是对查办内容进行筛选的过程。一个公司尤其是大型公司发生的问题很多，不必对所有的事情都查办，原则上要查处那些事情比较重大、性质比较严重、久拖不决或无人过问的问题。有关单位已经注意的问题，一般不提出查处。

立项的基本要求是坚持可操作性原则。所谓可操作性原则，就是要把握领导的意图，把比较抽象的任务变为具体明确的指标，使查办项目看得见、抓得住。具体包括以下两个方面的内容。

一是量化指标。把领导那些大而全的决定、决议、会议报告，进行归纳论证，列出条目，逐项研究细化指标。这样可以突出重点，避免"眉毛胡子一把抓"。

二是定标定责。就是把细化出的具体指标分解落实到有关部门和部门负责人头上，使有关单位、有关领导一开始就有压力，有明确的工作目标，避免相互推诿扯皮。查办立项要弄清查办的内容、目的、单位并填入查办单（见表4-2）。立项后，一定要认真查办，回复领导。

表4-2 查办单

领导者决定事项主题	决定事项摘要	主办单位或个人	查办情况
1. …………			
2. …………			
3. …………			

3. 通知

查办立项后，秘书要认真领会领导指示精神，学习有关政策和法规。然后，把所要查处的问题和领导的批示告知负责查办的单位，请他们核实情况，在规定时限内予以处理。通知的方法有发文通知、电话通知、派员通知、会议通知四种。

4. 转办

交办事项并不是件件都由督查人员亲自办理，很大一部分是转交各有关职能部门、单位或下属人员具体承办。在这种情况下，督查人员的职责是负责催办、督查与检查，有的还需下去协助承办单位或承办人员办理落实。凡属转办的事项一般应有正式的转办通知单，并注明交办的事项、交办的意见要求，以及办结回告的时限等。

5. 承办

有些交办事项是由上司指导督查人员亲自承办的，又称为"自办"。这类事项多系上司个别口头交办、单独交办的，往往带有一定保密性质的。或者是上司个人的某些需要办理的一般事项，由于上司工作太忙，顾不过来，或者是不宜出面等，就委托某个督查人员去直接协助办理。有的是因为保密关系，无须他人知晓，而单独交某个督查人员去办理。督查人员在承办这类交办事项时，一是要积极认真去办；二是要按上司要求去办；三是要按有关规定政策去办，切不可给上司帮"倒忙"；四是遵守办事纪律、尊重上司的感情和信任，不应让他人知道的绝不可外传，办完了只给交办上司回告即可。

6. 催办

催办是对那些上司交办后又转交他人、他单位承办的事项而言的。催办的方式有发放正式催办通知单、电话催办、口头催办、下到承办单位当面催办等。催办事项应在转交办之后的一段时间，即在办理时限结束之前进行，或已到办结时限未报办结回告的，要及时催办。

7. 检查

督办人员对转交办事项，要深入下去对承办单位、承办人办理的情况、办理的结果和实际效果进行检查。不仅要听取承办人员的口头汇报和文字回告，还要查看实际效果。督查人员对转交办事项的督促检查，在时间上一是在承办单位或承办人办理过程中进行，二是在办理完毕之后进行。前者是检查其办理的行动、进展状况，后者是检查评估其办理结果和实际效果。

8. 办结

办结是指上司交办事项办理完毕。凡办结的事项必须向交办上司报告办毕的结果，呈报办结汇报。

9. 办结回告

承办单位或承办人在办理上司交办事项完毕后，向交办上司回报反馈办理结果的报告。办结回告的方式有书面的，也有口头的，应视交办上司的要求而定。

办结回告的内容一般有：上司交办的时间，交办的问题或事项内容，办理的过程以及办理过程所采取的方法与措施，办理的结果与实际效果，办理过程中和办理完毕后存在的问题，今后或下一步改进的建议、意见或措施等。办结回告一定要真实地报告办理结果，切不可弄虚作假，也不能回避存在的问题和矛盾。还要对存在的矛盾和问题提出积极的建议和意见。

10. 审核

对办结回告进行审查评估。如果是转交承办，那么督查人员应先行初步审核，并签署意见，然后再呈送交办的上司审核。

对承办者呈报办结回告的审核，一是要认真审核其办结回告的内容；二是听取承办者口头汇报的情况；三是下去查看办结的实际效果；四是对办结的结果做出评估；五是对存在的问题提出改进的意见和建议。

11. 立卷

办结回告经交办上司审核认可之后，将上司交办事项的原则和办结回告按有关规定规范装订在一起，装入有关卷宗，以保证领导交办事项从交办到办理完毕过程的全貌及有关资料的完整性。

12. 归档

立卷完毕，按有关规定及时存入档案或移交有关档案室或档案馆，以便备查。

项目 5　会议组织和管理

在现代企业管理中，企业领导人常常以召开会议的形式来解决生存和发展中的问题，因此，开会是公司领导人的一项非常重要的工作。同样，会务工作是职业秘书日常工作中的一个重要组成部分，秘书只有了解会议工作相关知识，掌握会前准备、会中服务和会后扫尾三个方面的知识和技能，才能做好会务工作。

任务 1　会 前 准 备

一次会议的成功与否，会前的准备工作十分重要，可以说，准备工作是否充分能直接影响到会议效果的好坏。

会前准备工作主要的要素和环节有：拟订会议的议题→确定会议名称→选择布置会议场所→拟订会议议程和日程→确定与会者名单、制发会议通知→安排会议食宿→准备会议资料、会议用具→会议经费预算→会场布置及会场布局→检查设备。

实训 1　制作并发送会议通知

一、实训目标

通过实训，要求学生掌握会议通知的一般写作方法。

二、实训背景

宏达公司经理办公会决定于 12 月 22—24 日召开公司中层管理人员会议，要求各地区分公司经理和总公司各部门主管参加，主要内容是总结 2009 年度工作，制订 2010 年公司工作目标和计划。总经理要求秘书王晨抓紧时间制作会议通知并发送出去。

三、实训内容

根据实际情景，演示制作和发送会议通知的过程。

四、相关知识

会议通知是向与会者传递召开会议信息的载体，是会议组织者同与会者沟通的重要渠道。

（一）会议通知的类型

会议通知的类型各种各样，主要有口头通知、电话（传真）通知、书面通知、电子邮件通知等。

（1）口头通知。这种方式最突出的优点是快捷、省事，适合于参加人员少的小型会议。

（2）电话（传真）通知。大多数会议都采取这种方式通知。以电话（传真）为媒介传递信息，快捷、准确、到位，一般情况下，成本也不高。当然，以这种方式传达通知时，会务人员必须作通知情况书面记载。

（3）书面通知。书面通知是一种传统的方式，适合大型会议。由于书面通知在传递过程中需要一定的时间，所以要提前准备，如果在预定的时间里对方没有收到，还需要及时采取补救措施。

（4）电子邮件通知。它是信息时代的产物，综合了上述三种方式的优势——快捷、准确、低成本，而且内容清楚，一目了然。目前，通过电子邮件传达会议通知的情况越来越多。

（二）会议通知的写法和格式

会议通知的主要内容一般包括：会议名称、主办单位、会议内容、起止时间、参加人员、会议议题、会议地点、联络信息、报到事宜及相关要求、会议相关材料、会议地点、交通工具路线等。

制发带回执的会议通知一般有以下五大部分。

1. 标题

标题的写法一般有两种：

（1）主办单位名称+会议名称+通知，这种结构一般用于重要会议；

（2）只写"会议通知"或"通知"，这种结构一般用于事务性或行政性会议。

2. 通知对象（可以是单位也可以是个人）

3. 正文

正文的内容包括：会议的目的和主题，会议时间，包括报到时间和结束时间；会议地点，包括报到地点、会议地点、住宿地点、路名、门牌号等，必要时可以附上简要地图；参加对象，如发给单位，要写明参加人员的基本职务、性别，参加会议的人数；其他事项，包括费用、联系方式、报名方式等。

4. 落款和日期

5. 回执

（三）会议通知的发送

1. 确定会议通知的发送对象

选择恰当的与会者是会务工作中比较困难而又重要的工作，是会议成功的重要因素之一。秘书人员应根据领导的指示和要求，综合考虑，查对后提出与会人员名单，并请领导审定。

确定与会者的要点有以下几方面：

（1）参加对象的职务或级别，即明确会议必须要担任什么职务和级别的人员才能参加；

（2）参加对象的身份，即明确一个对象是按照正式成员、列席成员、旁听成员、特邀成员等几种身份的哪一种来参加会议；

（3）参加对象的代表性；

（4）参加会议的总人数。

2. 会议通知的发送方式

会议通知的发送方式多种多样，有通过邮局挂号信邮寄、通过邮局特快专递、通过快递公司快递，也可通过传真、电子邮件发送会议通知扫描文本等。

会议通知发送方式的选择，应该根据与会者的要求，和公司的实际情况选择。一般情况下，多以通过邮局挂号信邮寄的方式发出。

3. 发送会议通知的注意事项

发送会议通知时应注意以下几项。

（1）人员名单确定后，对于要发送会议通知的对象在正式发送之前送交上司审核，最终根据上司确定的名单发送会议通知。

（2）对书面通知的地址、邮编等要填写正确。

（3）装信封和邮票时要注意，不要装错、漏装，信封上要写明"会议通知"字样。

（4）落实发送的回复环节（比如发送对象有没有及时收到通知，可以通过电话、口头询问、电子邮件等方式检查通知是否落实）。

（5）在会议前夕，最好能和所有发出通知的人员联系，进一步确认是否能够到会，以便安排食宿，代客户订购回程车票等。

（6）对于一些经常参加会议的客户信息应用电脑打印出来，制作成名条，以便下次发通知时利用。

带回执的会议通知示例见表 5-1。

表 5-1　带回执的会议通知

会　议　通　知

尊敬的客户：

　　为了进一步加强与贵公司的合作关系，听取客户对我公司产品和售后服务的意见和建议，我公司定于××××年×月×日上午 9：00 点至下午 5：00 在和家宾馆召开客户联谊会，敬请回复及光临。

　　附：会议日程及路线图

××公司
××××年×月×日

回　　执

请于×月×日前将此回执寄至××公司××部小钟收，邮编：100100，电话：12345678。
□我公司参加此次会议，参加人数：_____。
□我公司不参加此次会议。

××公司
××××年×月×日

实训 2　拟订会议议程和日程

一、实训目标

通过实训，要求学生掌握拟订会议议程和日程的方法。

二、实训背景

宏达公司经理办公会决定于 12 月 22—24 日召开公司中层管理人员会议，要求各地区分公司经理和总公司各部门主管参加，主要内容是总结 2009 年度工作，制订 2010 年公司工作目标和计划。总经理要求秘书王晨抓紧时间拟订会议议程和日程。

三、实训内容

根据实际情景，拟订会议议程和日程。

四、相关知识

（一）拟订会议议程

1. 会议议程

会议议程是为完成议题而作出的顺序计划，即会议各项议题按照一定的原则和顺序编排起来并以文书的形式确定下来的大致安排。会议主持人要根据议程主持会议。议程所涵盖的除了足以实现会议目的各种议案之外，还包括与会者姓名、会议时间以及会议地点等项目。

拟定会议议程是秘书人员的任务，通常由秘书拟写议程草稿，交领导批准后，复印分发给所有与会者。大中型会议的议程一般安排如下：开幕式；领导和来宾致辞；领导做报告；分组讨论；大会发言；参观或其他活动；会议总结，宣读决议；闭幕式。

2. 编制会议议程的原则

秘书在编排会议议程的时候，应遵守以下两个原则。

（1）缓急轻重的原则。即紧要的事项应排在会议议程的前端处理，不紧要的事项则应排在议程的后端处理。这样做的一个好处是：就算在预定的会议时间内无法将全部议案处理完毕，但起码较紧要的议案已被处理过。那些较不紧要的议案，则可另择时间处理，或是并入下次会议中再予处理。

（2）明确时间原则。即每一个议案应预估所需的处理时间并明白地标示出来。假如能这样做，则秘书可让某些人只参与与他们有关的某些特定议案的讨论。这即是说，假如议程中明示几点几分到几点几分被分配于探讨某一议案，则秘书可以故意让某些人迟到（即令某些人在涉及他们的议案被讨论之前几分钟才进入会场），也可以故意让某些人早退（即令某些人在涉及他们的议案被讨论过之后离开会场）。这样做，显然可以节省与会者的时间。不过，会场的秩序难免会受到干扰，因此，秘书只能有限度地容许迟到或早退。

3. 会议议程的结构和写法

会议议程由标题、题注、正文、落款和制订日期组成。

（1）标题。标题由会议全称加上议程二字组成，如"华荣公司2009年年终表彰大会议程"。

（2）题注。法定性会议应当在标题的下方说明会议通过的日期、会议名称。

一般企业或者单位会议议程可以没有题注。

（3）正文。简要说明每次议题和活动的顺序，并冠以序首，将其清晰地表达出来，一般不用标点符号。

（4）落款。由会议组织机构确定的议程应当标明制订机构的名称，如"秘书处"。由会议通过的议程不用标写落款。

（5）制订日期。无须大会通过的议程要标明制订的具体日期。

4. 会议议程示例

宏达公司销售团队会议议程表

公司销售团队会议将在6月16日星期一上午9:00在公司总部的三号会议室举行。会议议程如下：

1. 宣布议程
2. 说明有关人员缺席情况
3. 宣读并通过上次会议的记录
4. 通信联系情况
5. 东部地区销售活动的总结
6. 销售一部经理关于加强团队沟通问题的发言
7. 公司销售人员的招聘和重组
8. 销售二部经理的人选
9. 下季度销售目标

宏达公司总经理办公室
二〇一〇年五月三十日

（二）拟订会议日程

会议日程是指会议在一定时间内的具体安排，如有说明可附于日程之后，一般情况下在会前发给与会者。

1. 会议日程的格式

会议活动日程多以表格形式出现，会议日程的要素包括：时间、地点、内容、参加人、负责人等栏目。将会议时间分别固定在每天上午、下午、晚上三个单元里，使人一目了然，如有说明可附于表后。

2. 会议日程编排的原则

编排会议日程要遵循两个原则：一是要精简、高效、科学、合理；二是要松弛有度，劳逸结合，符合人体的生理和心理规律。

3. 会议日程示例

表 5-2 会议日程示例

××公司新产品销售展示会					
时间：2010 年 8 月 8 日 地点：员工餐厅和公司会议厅			参加人员：销售主管和所有工作人员 目的：使员工对公司新产品有所了解		
	8:30	报到	地点	参加人员	备注
上午	9:00	销售主管作介绍	员工餐厅门厅	所有员工	
	9:50	休息	公司会议厅	所有员工	
	10:00	新产品展示——技术总监主讲和演示	公司会议厅	所有员工	
	11:00	销售活动录像	员工餐厅三层	自由参加	
	12:00	自助午餐	员工餐厅二层	所有员工	
下午	13:30	员工自由观看和动手操作新产品	员工餐厅三层	所有员工	
	14:30	销售部人员讲解广告宣传单	公司会议厅	所有员工	
	15:30	分小组讨论与咨询员工	餐厅三层	自由参加	
	16:30	散会			

4. 拟订会议日程应注意的问题

秘书人员在拟订会议日程过程中应注意的问题有：

（1）会议日程安排秘书人员只能根据实际情况草拟，草拟以后报请主管上司审查，审查通过后可以正式印发；

（2）在草拟会议日程安排时，秘书人员要有得体谦虚的态度，多向办公室其他同志请教。

实训 3　选择会议地点

一、实训目标

通过实训，要求学生掌握选择会议地点的一般方法，了解选择会址的注意事项。

二、实训背景

宏达公司决定于 6 月 12 日在公司总部所在地上海召开客户联谊会，总经理要秘书王晨选择一个合适的商务酒店作为开会地点。

三、实训内容

根据实际情景,演练选择会议场所的过程。

四、相关知识

会议所在地的选择对于会议成功与否有着较为重要的作用,同样,在选择了会议所在地以后,就必须根据会议的主题和参加人数,以及会议费用等因素,选择合适的会议场所。选择具体会议场所应考虑以下几个因素。

(1)应考虑交通便利。会场位置必须让领导和与会者方便前往。一般应选择在距领导和与会者的工作地点均较近的地方;若是在外地,则要选择在大部分与会者方便到达的地点。

(2)会场的大小应与会议规模相符。一般来说,每人平均应有 2～3 平方米的活动空间比较适宜。同时应考虑会议时间的长短,时间长的会议,场地不妨大些。

(3)场地要有良好的设备配置。桌椅家具、通风设备、照明设备、空调设备、音像设备要尽量齐全。同时应该根据会议的需要检查有无需要租用的特殊设备,如演示板、电子白板、放映设备、音像设备、录音机、投影仪、计算机、麦克风等。

(4)场地应不受外界干扰。应尽量避开闹市区。同时,"外界干扰"还包括室外的各种噪声,打进会场的电话,以及来访和参观等。因此在场外应挂起"会议正在进行中,谢绝参观"的牌子,并要求与会者关闭手机。会场内部也应具有良好的隔音设备,以保证会议能在安静的环境中顺利进行。

(5)应考虑有无停车场所和安全设施问题。大型会议应该考虑到一部分与会代表自行驾车前往,这些车辆的停放,加上参与接待的公司车辆的停放等,所以选择会场的同时要考虑到该会场能否有与会议规模相符的停车场。大型会议,还必须考虑到会场有无消防、防盗等安全设施。

(6)场地租借的费用必须合理。场租费用是选择会场时所必须要考虑的一个重要因素,会场租借费用必须在会议经费预算范围之内,或者必须符合公司相关规定。

(7)会议场所周围有没有必要的餐饮和娱乐设施。会场的选择还必须考虑到与会人员的餐饮、娱乐活动等,尤其是大型会议,会场周围最好能有容纳与会人员餐饮、娱乐的场所设施。

实训 4 会场布置和会场布局

一、实训目标

通过实训,要求学生掌握布置会场的方式方法。

二、实训背景

公司即将召开客户联谊会，开会之前，总经理王宏让秘书王晨对会场进行布置和整理，以便会议正常进行。如果你是秘书王晨，应该如何去布置会场。

三、实训内容

按照要求演练布置会场和选择会场布局的过程。

四、相关知识

布置会议场所也是会议前期准备的重要工作。布置会场主要包括会场布局、座次的排列、会场的装饰等。会场布置是否合理，对于会议的成功与否具有很重要的作用。

（一）会场布局

会场的布局可以有多种形式，要根据会议的性质、规模、需要等来选择和安排。常见的会议布局形式有礼堂式、教室式、弦月式、方形中空式和"U"形等。

1. 礼堂式

礼堂式也叫剧院式，即面向房间前方摆放一排排座椅，中间留有较宽的过道。特点是在留有过道的情况下，最大限度地摆放座椅；但观众没有地方放资料，也没有桌子可用来记笔记。

2. 教室式

教室式布局是指房间内将桌椅安排端正摆放或成"V"型摆放，按教室式布置房间根据桌子的大小而有所不同。特点是可针对房间面积和观众人数在安排布置上有一定的灵活性。

3. 弦月式

弦月式布局是指房间内放置一些圆形或椭圆形桌子，椅子只放在桌子的一面，以便所有观众都面向屋子的前方。

4. 方形中空式

方形中空式布局是指将会议室里的桌子摆成方形中空，前后不留缺口，椅子摆在桌子外围，通常桌子都会围上桌布，中间通常会放置较矮的绿色植物，投影仪会有一个专用的小桌子放置在最前端。此种类型的摆桌常用于学术研讨会一类型的会议，前方设置主持人的位置，可分别在各个位置上摆放上麦克风，以方便不同位置的参会者发言；此种布局方式容纳人数较少，对会议室空间有一定的要求。

5. "U"形

将桌子连接着摆放成长方形，在长方形的前方开口，椅子摆在桌子外围，通常开口处会摆放放置投影仪的桌子，中间通常会放置绿色植物以做装饰；不设会议主持人的位置以营造比较轻松的氛围；多摆设几个麦克风以便自由发言。

（二）会场布置

会场布置主要有以下几个方面的内容。

1. 会场环境布置

会场环境布置的基本要求是庄重、美观、舒适，体现出会议的主题和气氛，同时还要考虑会议的性质、规格、规模等因素。会场的环境布置包括整个会场色调的选择、会场的装饰、会场内座位的布置。

2. 主席台布置

（1）主席台布置

一般情况下，大中型会议的会场，应设主席台，主席台与代表席成面对面形式。主席台的设置有利于体现会议的庄重气氛，便于会议主持者主持会议。主席台要精心布置，一般情况下主席台前或者正中央要摆放鲜花，桌上摆放话筒、水杯或者矿泉水等。

（2）主席台座位安排

主席台必须排座次、放名签，以便领导对号入座，避免上台之后互相谦让。

主席台座次排列，领导人数为单数时，主要领导居中，2号领导在1号领导左手位置，3号领导在1号领导右手位置；领导人数为双数时，1、2号领导同时居中，2号领导依然在1号领导左手位置，3号领导依然在1号领导右手位置（如图5-1所示）。

图 5-1　主席台座位安排

秘书实训指导与案例分析

几个单位的领导人同时上主席台,座次通常按单位排列次序排列,可灵活掌握,不生搬硬套。如对一些德高望重的老同志,也可适当往前排,而对一些较年轻的领导同志,可适当往后排。另外,对邀请的上级单位或兄弟单位的来宾,也不一定非得按职务高低来排,通常掌握的原则是:上级单位或同级单位的来宾,其实际职务略低于主人一方领导的,可安排在主席台适当位置就座。这样,既体现出对客人的尊重,又使主客都感到较为得体。

对上主席台的领导同志能否届时出席会议,在开会前务必逐一落实。领导同志到会场后,要安排在休息室稍候,再逐一核实,并告之上台后所坐方位。如主席台人数很多,还应准备座位图。如有临时变化,应及时调整座次、名签,防止主席台上出现名签差错或领导空缺。还要注意认真填写名签,谨防错别字出现。

任务2 会中服务

如果说会前准备是基础的话,那么会中服务就是关键。会前一系列的准备工作都已经就绪,秘书在会中服务得不好或者是做的不到位,也同样会影响会议预期效果。

会中服务主要有以下环节和要素组成:接站工作→报到、签到工作→会议记录→收集会议信息→搞好对外宣传→编制会议简报→传接电话→送饮料→做好会议的值班工作与保密工作→医疗卫生服务→照相服务。

实训1 会议接站和报到

一、实训目标

通过实训,要求学生掌握会议会前检查的内容、方法和要求。

二、实训背景

6月14—15日是宏达公司客户联谊会报到的日子。秘书王晨已经提前做好了各项准备工作并安排好工作人员。6月14日一大早,所有相关人员都开始忙碌起来。

三、实训内容

根据实际情景,演练会议接站和报到的过程。

四、相关知识

（一）接站工作

会议接站是会议报到工作的第一步。一般而言，只有跨地区的会议接待才有接站工作。对于中型会议，参会人数较多，因此，秘书要充分重视并对接站工作做相应的准备。会议接站的步骤如下。

1. 组成接待小组并完善接站信息

对于参会人员比较多的会议，为了保证接站不会出现错漏的情况，要专门成立相应的接站的小组，有专人负责，形成统一的指挥调度系统，并安排好信息、车辆、人员分工的工作。

（1）完成接站信息。在完善接站信息的工作上，要根据与会代表的回执，查找相应飞机、火车、轮船抵达的准确时间，将其编制成一目了然的表格，并要掌握与会代表的联络方式，拟定《会议代表接站安排表》，注明代表姓名、单位、职务、联系方式、车次/航班、到达（出发）时间、随行人数、接站司机和车号、接站工作人员、接站领导、接站出发地点和时间。

（2）确保车辆安排。在车辆安排上，要根据单位车辆的实际情况（或外租车辆的情况），以及参会代表的参会时间，合理进行分配。

（3）完善人员分工。在人员安排上，要根据会议筹备小组的分工，并结合嘉宾、与会者到达的方式，进行必要的调整和安排，保证各项工作顺利进行。

（4）提供详细路线图。对于无需接站，自行参会的本地以及外地与会人员，要事先制作详细的报到路线图，通过邮件、传真或打电话的形式告之。

2. 接站工具

准备好车辆、会议代表接站安排表、手提式扩音器、工作证、胸卡、醒目的接站条幅和接站牌等接站标识物品，还要有一张急救电话号码表，应包含主要航空公司、出租车公司和会议有关方的电话号码。

接站牌有两种最基本的形式，一种是为团体和一般客户接待所准备的接站牌；一种是为重要客户单独准备的接站条幅。

准备车辆时，要根据参会人员身份、职务级别的高低，在坚持平等原则的前提下，适度有所区分。对一般或团体客户，可提供商务车或面包车接站；对重要客户或者嘉宾，则必须提供轿车，最好有一定级别的领导参与接站。

3. 接站

接站时，要注意把握以下几个方面。

（1）对提前预订远道而来的客人，应主动到车站、码头、机场迎接。一般要在班机、火车、轮船到达前 15 分钟赶到，这样会让经过长途跋涉到达目的地的客人不会因等待而产生不快。在出口处比较醒目的地方，高举接站牌等待客人到来，客户一出站就能看到接待牌。

（2）服饰穿着要整齐、大方，体现出公司的形象与风貌，不可过于随意。

（3）接到客户后，首先核实客户身份，以免错接。在确认客户身份以后，指引或者带领客户在休息地点先休息，或者带领客户上车。

（4）做些力所能及的事。与到站的嘉宾简短寒暄后，应主动帮嘉宾把行李搬上汽车，车辆返途中，可以选择合适的话题跟嘉宾交流。

（二）会议报到

欢迎与会者并帮助他们进行报到是会议殷勤待客的重要表现。会议报到一般以签到的方式进行报到，会议签到主要有以下几种形式。

（1）秘书点名，即由秘书在预先拟好报到册上点名，做记号。会议报到册应包括序号、姓名、工作单位、职务、备注等栏目。这种方法适用于单位内部的小型会议和工作例会，秘书对人员比较熟悉。

（2）本人签到，即由与会者本人签名报到，签名应用钢笔或签字笔，签到本上。这适用于邀请性会议，亲自签名还有纪念意义。

（3）凭证件报到，即与会者凭会议通知报到，换取出席证或代表证报到，然后进场。这适合大中型会议。

（4）电子签到，即与会者经磁卡出席证，在进入会场时插入专用机签到，与此相连的电脑在签到结束后能立即统计出出席人数和缺席人数，这种方法适用于与会人数较多的大中型会议。

实训 2　制作会议记录

一、实训目标

通过实训，要求学生掌握做会议记录的一般方法和要求。

二、实训背景

宏达公司客户联谊会召开了。会议按照议程正常进行。总经理要求秘书王晨做好会议记录。

三、实训内容

根据实际情景，演练做会议记录的过程。

四、相关知识

会议记录在方法上常用的有详细记录和摘要记录两种。这两种记录，采用哪一种，要根据会议的性质和内容来定。不管哪种方法，会议记录应包括以下内容：

（1）记录会议的组织情况，它包括会议的名称、开会的时间、开会的地点、出缺席和列席人员、主持人的姓名、记录人的姓名；有些会议还要写清楚会议的起止时间（年、月、日）；

（2）记录会议的内容，它包括发言人的姓名、发言的内容、包括讨论的内容、提出的建议、通过的决议等；

在做会议记录时，应注意以下几点：

（1）会议记录的重点应放在记录讨论的观点、决议、决定；

（2）即使要求详细记录，也不是有言必录，对于一些与会议主题无关的发言可以不记；

（3）如果当时漏记了内容，可事先做出记号，然后对照录音磁带修改。

一般性会议记录格式如下所示：

××公司客户联谊会会议记录

时间：××××年×月×日×时

地点：××××

参加人员：××（主持人姓名）、××、××、××、××、××（记录人姓名）

主持人：××（职务或职称）

记录人：××（职务或职称）

主要内容及发言情况：

1. 发言

××：×××××××××××××。

××：××××××××××。

2. 决议

（1）××××××××××。

（2）××××××××××××。

3. 会议于×时×分结束。

主持人：×××（签名）

记录人：×××（签名）

实训3　制作会议简报

一、实训目标

通过实训，要求学生掌握制作会议简报的一般方法和要求。

二、实训背景

宏达公司客户联谊会召开了。会议按照议程正常进行，总经理要求秘书王晨及时收集会议动态和各方面沟通情况，及时制发会议简报。

三、实训内容

根据实际情景，演练制发会议简报的过程。

四、相关知识

会议简报一般由会议秘书处或主持单位编写，用来交流会议进展情况，记载会上领导的重要讲话或与会代表讨论研究的决策性的问题。这种简报，随开会而用，随会议结束而终止，它密切配合会议的内容，出版速度很快。

简报的结构：报头＋报核＋报尾（见表5-3）。

表5-3　简报格式示例

密级	
××会议简报	
（第　　期）	
×××××××编	××××年×月×日
按语：××××××××××××××××××××××××××××××。	
×××××（标题）	
导语：××××××××××××××××××××××××××××××。	
主体：××××××××××××××××××××××××××××××。	
结尾：×××××××××××××××××××。	
送：×××、×××	共印××份

1. 报头

报头包括简报名称、期号、编印单位和印发日期。

（1）简报名称一般用套红印刷的大号字体。如有特殊内容而又不必另出一期简报时，就在名称或期数下面注明"增刊"或"××专刊"字样。秘密等级写在左上角，也有的写"内部文件"或"内部资料，注意保存"等字样。

（2）期号，写在名称下一行，用括号括上。

（3）编印单位与印发日期，两者在同一行，前者居左，后者居右。

在下面，用一道横线将报头与报核隔开。

2. 报核

报核，即简报所刊的一篇或几篇文章。简报的写法是多种多样的，因此，它的形式也较灵活。大多数是消息，包括按语、标题、导语、主体、结尾和穿插在叙述中的背景材料。除了消息，还有别的文体，所以，不是每篇简报都有这几项内容。

（1）按语，即对整个会议的情况大概的说明。

（2）简报的标题类似新闻的标题，要揭示主题，简短醒目。简报正文标题在报头横线之下居中书写，如果需要，也可以使用副标题。使用两个标题时，正标题是虚题，用以概括全文的思想意义或者内容要点，副标题是实题，用以交待单位及事件，对正标题起补充说明的作用。

（3）导语通常用简明的一句话或一段话概括全文的主旨或主要内容，给读者一个总的印象。导语的写法多种多样，有提问式、结论式、描写式、叙述式等。导语一般要交待清楚谁（某人或某单位）、什么时间、干什么（事件）、结果怎样等内容。

（4）主体用足够的、典型的、有说服力的材料，把导语的内容加以具体化。写作时要注意合理地划分层次，一般来说，主体层次的划分常有两种。一是以时间先后为序，把材料按照事件由发生、发展到结局的过程，逐层予以安排。这种写法多用于典型事件及一次性全面报道某一会议的简报，其优点是时序清楚、一目了然。二是按事物之间的逻辑关系，从材料的主从、因果、递进等关系入手，安排层次。这种写法的优点是便于揭示、表现事物的内在本质，突出主要内容和思想意蕴。

（5）结尾或总结全文内容、点明文旨，或指明事情发展趋势，或提出希望及今后打算。是否要结尾，要根据简报内容表达的需要而定。如果简报内容较多，篇幅较长，读者不易把握，就应在结尾概括一下；如果简报内容单一，篇幅较短，且在主体部位已把话讲完，就不必另写结尾。

（6）背景，即对人物、事件起作用的环境条件和历史情况。背景可以穿插在各个部分。

3. 报尾

在简报最后一页下部，用一横线与报核隔开，横线下左边写明发送范围，在平行的右侧写明印刷份数。

实训 4 会中突发事件处理

一、实训目标

通过实训，要求学生掌握处理会中突发事件的方法。

二、实训背景

6月16日，宏达公司客户联谊会正在进行中，突然会场一片混乱，秘书王晨赶紧到现场了解情况，原来，参加会议的兄弟公司、超凡公司的销售副总晕倒了。出现这种意外情况后，负责客服的王副总经理要求秘书张洁赶快去处理这件事情。

三、实训内容

根据实际情景，演练处理突发事件的过程。

四、相关知识

会议突发事件是指会议过程中发生的无法预料、难以应对的，必须采取非常方法来处理的事件。

（一）突发事件的类型

一般中大型会议的突发事件主要包括以下几个方面。

1. 紧急医疗

对于紧急医疗计划，要看与会者平均年龄、活动范围和过去会议经验，不管如何，紧急事件可能在任何时间发生，但是有些参加会议的人比其他人更容易受伤与生病，比较可能性的病症是心脏疾病、中风和其他有危害生命的病症，有些与会者因为改变饮食、喝酒、睡眠不足、疲劳、面临不熟悉环境、孤独、远离亲人所致，因此要使那些人得到照顾。

（1）紧急医疗系统。会议筹办人经常凭借其经验通过当地观光局或当地主办单位协助成立一个紧急医疗系统，与当地医院联络，一旦有紧急病人立即安排救护车送医院急救。并在会议现场安排医疗人员，在大会手册以及其他资料中印上紧急事件联络电话号码。

（2）会场医务室。如果你是在会议中心举行会议，在合约或保险的同意书中可能要求会议中心雇请一位护士或医务人员在会场，有些会议中心有医务室，可以安排医务人员。先了解医务室的位置、医疗器材，会议筹办人可以评定现场这些设备与人员是否符合紧急医疗计划，如果不足，则要特别安排一位医务人员值勤，医务室中至少要有轻巧的氧气筒、绷带、压舌板、杀菌剂和阿司匹林，大部分会议筹办人会试着放一些医疗用品，但是一定要留意其有效期限。

（3）饭店紧急救护系统。大部分的饭店有自己的医疗人员，但是不能确定这位医务人员是否可以处理紧急服务。大部分医务人员并不住在那里，所以可能无法及时处理紧急医疗，但是各个饭店应该有紧急救护系统，这就是会议筹办人在选择会场时就应该考虑的，先了解会场紧急救护的情形，有些由总机来处理，有些是由警卫来处理，也有些是会议服务人员，要先了解每个会场情形到时候才不会找错对象。

如果同时使用几个饭店，需先了解每一个饭店紧急服务的情况，确定要找哪一个人，留下他（她）们的电话号码。万一发生紧急事故时一定要先通知负责处理的人，很多会场及组织派人接受心肺复生术训练，懂得这种技术可以救助很多人生命，因此每一个组织都应该提供员工进行心肺复生术训练。

2. 卫生问题

卫生问题是筹办会议另一项重大挑战，包括饮食卫生与环境卫生两方面。中大型会议一般都会选择环境良好的地方作为会议与活动的场地，因此环境卫生大致不会有问题。而餐饮卫生是主办单位最大的挑战，特别是上千甚至上万人参加的大型国际会议，更是要慎选餐饮合作对象，万一其中有人因食物不洁而造成腹泻甚至食物中毒，那将造成无法弥补的损失。

3. 火灾

每一个与会者都要知道在活动中遇到火灾的逃生技能，浓烟和惊慌往往比火灾本身造成的死亡还高。饭店有责任提前告知客人逃生步骤，例如紧急逃生口，但是会议筹办人扮演着更重要的角色，应保护与会者并提供这方面足够的资料。很多主办单位印制了防火手册，放在资料袋中一起给与会者参考。

4. 签证问题

签证问题也是紧急事件处理中的一项，通常在会议通知中都会说明签证的细节，但是仍然有些国外与会者忽略这方面的问题。特别对于重要的贵宾，更要再三叮咛签证的问题。曾经有一次国际会议在国外举行，其中有一位重量级的贵宾因为签证问题而延误抵达，他只好在始发地的机场打长途电话通知会议筹办方。虽然最后他顺利地到达会场，但因为他的延误，使大会日程略为变动。

5. 盗窃

与会者在会议当地遇到盗窃事件会留下不良印象，因此在重要国际会议期间，要求地方政府加强警力，避免发生盗窃事件，同时主办单位也应该以书面资料告知与会者尽量减少到人多复杂的地方去。

（二）突发事件的处理要求

处理突发事件的基本要求有以下几点。

（1）赶赴现场协调处理突发事件（事故）。详细了解事件（事故）发生的时间、地点、经过、人员伤亡情况和损失情况，及时报告。

（2）妥善处理善后工作。事件（事故）处理工作结束后，写出事件（事故）处理经过，报领导审阅后归档。

（3）做好赴现场所需物品的保管和日常维护工作。

（4）处理突发事件，既要大胆、果断，又要注意细致、稳妥。

任务3 会后扫尾

会后扫尾工作主要包括引导与会人员安全、有序地离开会场，清理会场，安排车辆，交还与会代表物品，整理会议室，归还会场用品，撰写会议纪要，做好会议总结，整理会议文件，会议经费结算，送感谢信等工作。

作为职业秘书，应该重视会后的扫尾工作，认真做好总结工作，为下次会议的召开积累经验。

实训1 引导与会人员离开会场

一、实训目标

通过实训，要求学生掌握引导与会人员离开会场的方法和要求。

二、实训背景

经过2天的会议、参观和考察，宏达公司客户联谊会圆满结束。12月18日将安排与会人员返程。如果你是公司总经理办公室秘书王晨，请根据实际情况正确引导与会人员离场并合理安排与会人员的返程，并对会场进行清理。

三、实训内容

根据实际情景，演练引导与会人员离场的过程。

四、相关知识

（一）引导与会人员离场

会议一结束，秘书人员就要与会务人员一道引导与会者有秩序地离开会场。在通常情况下，都是主席台上的领导离场后，与会人员再离场。如果会场有多条离场通道，领导者和与会者可以各行其道。大型会议还要注意散会后引导车辆迅速、有序地离场，必要时可派专人指挥。

（二）送别与会人员

会议结束后，与会者要返程，秘书人员要提前摸清情况，谁什么时候走，怎么走。一般情况下有以下四项工作要做。

（1）进行会议费用结算。会议结束时，应协助与会人员对会务费用、住宿费用等进行结算。

（2）对于参加会议的外埠（或外国）人员，应事先登记，并为其提前购买返程机（船、车）票。当机（船、车）票送到会议秘书处后，秘书人员要把票妥善交到订票者手中，并请其在领取单上签字。

（3）组织送别与会人员。与接站工作相同，要掌握与会者各自乘坐的交通工具、时间、车次，制作成表，便于协调安排送站的车辆和时间。与会者离去时，要安排好车辆，将与会者送至机场或车站，身份较高者应由领导亲自到机场或车站送别。

（4）对于个别需要暂留的与会者，要妥善安排好他们的食宿。

实训 2　会议经费结算

一、实训目标

通过实训，要求学生掌握会议经费结算的步骤和方法。

二、实训背景

公司总经理办公室秘书王晨负责会议经费结算工作，包括确认参会单位，做好购买会议所需的办公用品和食品、饮料，打印会议文件资料，租赁会议场地和音响设备等费用的结算工作。假如你就是秘书王晨，请你结合本次会议的具体情况，确定本次会议中各种费用收款和付款的方法。

三、实训内容

根据实际情景，演练结算会议经费的过程。

四、相关知识

会议经费的结算是办会者在会议结束后对整个经费使用情况，即会议开支费用的结算。

五、会议期间发生的费用

广义的会议成本包括时间成本、金钱成本和机会成本。我们统计的会议期间发生的费用主要是指狭义的会议成本,即会议直接经费的支出,主要包括以下几项内容:会场租用及布置费、会议设备租用费、会议邮电通信费、会议培训费、会议交通参观费、会议食宿费、会议资料费、会议宣传交际费、纪念品购置费、水电费、其他符合规定的杂支费等。

六、会议经费结算的方法

1. 收款的方法和时机

会议经费开支主要有两种方式,一种是由会议主办方直接承担全部会议费用,与会人员不需要支付任何费用;还有一些会议是要由与会人员向主办方支付一些必要的费用,如资料费、培训费、住宿费、餐饮费等。对于要向与会人员收取相关费用的会议应注意以下事项:

(1) 应在会议通知或预订表格中,详细注明收费的标准和方法;
(2) 应注明与会人员可采用的支付方式(如现金、支票、信用卡等);
(3) 如用信用卡收费,应问清姓名、卡号、有效期等;
(4) 开具发票的工作人员事先要与财务部门确定正确的收费开票程序,不能出任何差错。另外,如果有些项目无法开具正式发票时,应与会议代表协商,开具收据或证明。

2. 付款的方法和时间

会议结束后,应对会议期间发生的费用进行统计,将应该由公司支付的费用根据公司相关规定,及时支付给对方,会中一般需要支付的费用有场地租借费、设备租借费、场地布置费、专家咨询费、餐饮费等。

实训 3　整理会议文件

一、实训目标

通过实训,要求学生掌握整理会议文件的一般方法和要求。

二、实训背景

宏达公司客户联谊会期间形成了很多会议资料,总经理要求秘书王晨对会议期间的资料进行整理,将有用的资料整理归档,没有利用价值的资料进行销毁。

假如你是公司总经理办公室秘书王晨,你如何对会议期间的资料进行整理?

三、实训内容

根据实际情景，演练整理会议文件的过程。

四、相关知识

（一）会议文件收集、整理的范围

（1）会前分发的文件，包括指导性文件、审议表决性文件、宣传交流性文件、参考说明性文件、会务管理性文件等。

（2）会议期间产生的文件，包括决定、决议、议案、提案、会议记录、会议简报等。

（3）会后产生的文件，包括会议纪要、传达提纲、会议新闻报道等。

（二）收集会议文件的要求

（1）确定会议文件资料的收集范围。会前分发的保密文件要按会议文件资料清退目录和发文登记簿逐人、逐件、逐项检查核对，以杜绝保密文件清退的死角。

（2）收集会议文件资料要及时，确保文件资料在与会人员离会之前全部收集齐全。

（3）选择收集文件资料的渠道，运用收集文件资料的不同方式方法。

（4）与分发文件资料一样，收集会议文件也要履行严格的登记手续。认真检查文件资料是否有缺件、缺页的情况，及时采取措施补救毁损的文件资料。

（5）收集整理过程中要注意保密。

（三）会议文件资料的立卷归档

会议结束后，要及时做好会议文件的立卷归档工作。会议文件资料的立卷归档是指会议结束后依据会议文件的内在联系加以整理、分门别类地组成一个或一套案卷，归入档案。这是将现行会议文件转化为档案的重要步骤，是档案工作的基础。

实训4　撰写会议纪要

一、实训目标

通过实训，要求学生掌握撰写会议纪要的一般方法和要求。

二、实训背景

宏达公司总经理秘书王晨全程参加了2009年度客户联谊会，并做了详细的会议记录，会后总经理要求王晨尽快将会议纪要印发给各分公司、各部门。

三、实训内容

根据实际情景,演练撰写会议纪要的过程。

四、相关知识

会议纪要是根据会议的主旨,用准确而精炼的语言综合记述其要点的书面材料;是在会议记录的基础上,分析、综合、提炼而成,用来概括反映会议精神和会议成果的文件。作会议记录的秘书,一般要负责写会议纪要。写会议纪要的时间不能拖得太长,它应当简短扼要、观点鲜明、事实清楚,不必发表议论和交代情况。并非所有会议都要产生会议纪要。

(一)会议纪要的类型

会议的类型主要有以下两种。

(1)例行会议纪要,如经理办公会议纪要、厂长办公会议纪要。这种类型的会议纪要是将会议形成的决议下发,或让上级了解会议的精神,因此要求简明扼要。

(2)工作会议纪要,是指各机关、部门或地区就重大工作问题召开专门会议,交流情况,统一认识,研究政策措施之后,需要整理出会议纪要,上报下发,或请求上级批转。

(二)会议纪要的格式和内容

会议纪要由标题和正文组成。在结构格式上不用写主送单位和落款,成文时间多写在标题下方,也可写在文章最后。

1. 标题

通常由"会议名称+会议纪要"构成,例如:"××公司第五届职代会会议纪要"。

2. 正文

会议纪要的正文由导言、主体和结尾三部分组成。

(1)导言。导言主要用来记述会议的基本情况,包括:召开会议的名称、时间、地点、主持人、主要出席人、会议主要议程、讨论的主要问题等。导言不需写得太长,应简明扼要,让人们对会议有个总体的了解。

(2)主体。主体是会议纪要的核心部分,会议的主要精神、会议议定的事项、会议上达成的共识、会议上布置的工作和提出的要求、会议上各种主要的观点等,都在这一部分予以表达。主体的写法一般有以下四种。

① 分类标项式。这种写法适用于篇幅较长的会议纪要。有的会议开的时间很长,研究的问题很多,需将会议讨论的内容依其内在联系和逻辑关系等归纳成几

个方面，分项撰写并冠以合适的小标题。

② 新闻报道式。这种写法有点类似于新闻写作中的消息写作，适用于办公会议等日程工作例会的纪要。内容包括会议进行程序、会议概况、会议议题、讨论意见、决定事项等，依次写出即可。

③ 记录摘要式。这种写法就是对会议记录的摘要整理，其特点是平直易写，有点像流水账。这种写法可以使每个人的意见得到比较明确、充分的表达，便于事后查考，有些为解决纠纷而召开的协调会会议纪要可采用这种写法。

④ 指挥命令式。这种写法主要用于写会议决定事项，会议情况应一笔带过，简练明快，多用于安排部署重要工作的会议。一般都这样写："会议决定：……"，"会议同意……"，"会议通过了……"等。

（3）结尾。结尾一般写对与会者的希望和要求，也有的会议纪要不写专门的结尾用语。

（三）撰写会议纪要的注意事项

1. 纪实

纪实就是实事求是，忠于会议实际。为此，必须以会议记录为依据。对与会者的发言可以进行概括、归纳、提炼，但绝不能增添与篡改内容。

2. 纪要

纪要就是抓住要点，对会议的中心议题和围绕议题所做的决定进行集中概括，去粗取精，集中归纳最有说服力的典型事例，引用最精彩的情节和语言，使全文突出重点。

3. 条理清楚

会议纪要要条理清楚、层次分明，使人一目了然，切忌层次混乱。

实训 5　进行会议总结

一、实训目标

通过实训，要求学生掌握总结的写作方法。

二、实训背景

宏达公司客户联谊会后，总经理要求秘书王晨根据本次会议举行的情况和会议期间出现的种种问题，对此次会议及时进行总结。

三、实训内容

根据实际情景，演练会议总结的过程。

四、相关知识

为总结会务工作经验，不断改进会议的组织服务工作，会议结束后还应及时进行会务工作总结。

（一）会议总结工作的目的

进行会议总结的目的主要有以下几个方面。
（1）检查会议目标的实现情况；
（2）检查各个小组的分工执行情况；
（3）将员工自我总结和集体总结相结合；
（4）以总结经验、激励下属、提高工作水平为目的。

（二）会议总结的内容和方式

会议结束后，秘书要对会务工作进行及时、认真的总结，一方面总结经验、肯定成绩、表彰先进；另一方面发现问题、找出不足、分析原因，为以后的会务工作提供借鉴和动力，不断提高办会水平。

1. 会议总结的主要内容

会议总结的主要内容有：
（1）会议准备工作情况；
（2）会议方案所制订的各项会议工作的准确性和全面性；
（3）会务工作部门之间的协调状况以及会务工作人员的工作状态；
（4）与会人员数量的合理性、信息交流的有效性；
（5）会议目标的实现情况；
（6）在提高会议效果方面需要改进的地方。

2. 会议总结的方式

会议总结的方式主要有：
（1）会务工作人员个人书面总结；
（2）各会务工作部门分别进行小组总结；
（3）由领导组织有关人员进行总结；
（4）必要时进行大会交流、总结、表彰；
（5）有质量的书面总结可以用简报的形式散发并收集、整理、归档。

（三）对会议效果进行评估

要做好会议的总结工作，则首先对会议进行评估。会议评估程序如下：
（1）明确会议评估对象，主要包括对会议总体管理工作、对会议主持人和对会议工作人员的评估三个方面。

（2）确定会议评估因素：

① 会议总体管理工作评估覆盖会议工作的方方面面，包括会议目标、会议方案、会场情况、时间、与会者范围、食宿安排、会议经费、会议文件资料和其他各项活动内容。秘书应根据会议的性质和类型决定评估问题的内容。

② 会议主持人评估，主要侧重于对主持人的主持能力、修养、业务水平、工作作风、会议进程的控制能力和引导会议决议形成能力的评估。秘书可请与会者记录填写事先设计好的表格。

③ 会议工作人员评估，主要侧重于对工作人员的行为表现、工作态度、业务水平和工作效果的评估。

（3）设计评估表格，收集评估数据。设计评估表格应注意表格的长度、问题的相关性、提问的方式、填写的难易程度、分析数据的方式等。

（4）分析数据、得出结论。秘书应根据会议的类型和分析的目的，去获得分析数据并得出结论，以形成分析报告。采用科学的数据分析方式，与会者较多时，可采用计算机分析数据，并以显易的方式整理和展示会议评估所获得的数据，如柱形图、饼形图、散点式图等。

（四）撰写总结汇报

秘书在编制会议总结报告时，应将评估数据和分析结果写入总结报告中去，并将形成的分析报告递交上司审核，形成备忘录。撰写会议总结必须了解总结的格式，了解各部分的写作要领、写作方法和写作的注意事项。

项目 6 商 务 活 动

作为一名职业秘书,在工作过程中不可避免地要经常涉足商务活动,因此,掌握必要的商务活动知识、能够在商务活动中自如地处理事务,成为职业秘书重要的基本素质。

任务 1 商务会见、会谈

会见与会谈是商务活动的重要事务之一。通过会见、会谈,可以广结朋友,扩大单位在社会上的影响,是单位进行各项工作的基础。作为秘书,要了解会见、会谈的程序、礼仪,更好地为工作服务。

实训 会见、会谈的工作程序

一、实训目标

通过本实训,让学生掌握会见、会谈的过程中秘书的工作程序。

二、实训背景

宏达公司决定于月底和中天公司举行会谈,商讨有关产品销售的问题。秘书王晨根据经理要求,全力以赴安排好此次会谈活动。

三、实训内容

根据实际情景,演练会见、会谈中秘书的工作程序。

四、相关知识

会见,也叫礼节性会晤,一般时间较短,通常是半小时左右,属于礼貌性的应酬。会谈,也称谈判,是指双方或多方为各自利益,就某些实质性问题交流情况、交换意见、达成协议等。会谈的内容比较正式,而且专题性较强。

会见与会谈在程序安排和礼仪要求上一致,区别在于谈话的内容与时间不同而已。通常会谈比会见的时间长,内容也较为正式。

(一)会见、会谈对秘书的要求

安排会见、会谈时,秘书应该充分了解双方的情况,准备工作要落实到位;

会谈会见时要做好记录,对客人提出、领导许诺的问题,会后应负责落实,做好后续工作。

(二)会见、会谈的工作程序

会见、会谈的工作程序如图 6-1 所示。

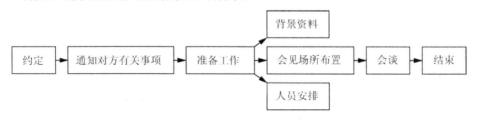

图 6-1 会见、会谈的工作流程图

1. 约定

会见、会谈一般均经双方事先约定,"不速之客"通常是没有的。宾主双方均可提出会见要求,东道主和来访者权利平等。

从礼仪的角度出发,东道主应根据来访者的身份、来访目的,在来访者抵达的当日或次日,安排与本单位相应的领导人和部门负责人会见。来访者也可根据双方关系及本人身份、业务性质、来访目的,主动提出拜会东道主的某些领导人和部门负责人。

首先提出会见要求的一方应将本方出席人员的姓名、职务,以及会见什么人、会见的目的等情况告知对方。接见一方即主方应尽早给予答复。因故不能满足对方要求应婉言解释。

2. 通知对方有关事项

主方应主动将会见、会谈的时间、地点、本方出席人、具体安排及有关注意事项通知对方。前往会见的一方,则应主动向对方了解上述情况,并通知有关人员出席。

3. 准备工作

(1)了解背景资料。与客户会见会谈,应了解对方的背景资料、可能提出的问题,以及习俗禁忌、礼仪特征等,把这些形成文字材料,呈送上司(主见人)及其他与会人员。有提供外方参阅的,还要准备好外文资料。如果并非第一次交往,秘书还应把以前会谈的文件、协议找出来,做出摘要提供给上司(主见人)及与会人员。

(2)会见会谈的地点选择、布置与检查。在我国,一般公务性会见大多在会客室进行。会见时,座位安排通常为半圆形,主人主宾并排而坐。会谈时,一般用长条形桌子，宾主相对而坐。

会客室是交谈的场所，第一，必须创造有利于交谈的环境，调节好充足且适宜的光线是重要的一环；第二，会客室应充分考虑色彩对人们心理的影响，选择能够对人们的心理产生温暖、柔和、温馨感觉的颜色；第三，会客室都应有冷暖空调和取暖设备，18℃～21℃的温度和40%～60%的空气相对湿度比较适合人体，要检查空调运转是否正常；第四，会客室应有较好的隔音和抗噪声干扰设施，为防止回响，墙壁内应装有消音设备；第五，会客室应保持卫生与清洁。如果会客室是大理石地面应打上石蜡以防滑，高档次的会客室应铺上地毯，沙发、家具要清洁、明亮，窗帘、窗户要整洁、干净，所有水具、烟灰缸要干净、卫生；第六，会客室应布置合理并有一定的艺术品位；第七，检查扩音器声音是否清晰、电源插座与桌子的距离是否合理（如果用手提电脑的话）等。

座次安排是布置会见会谈场所时一项重要的内容。会见的座次安排，体现着礼仪的规范和对来宾的尊重。会见通常安排在会客室或办公室，席次有时主、宾各坐一边，有时穿插而坐，分别作陪。通常的安排是：主宾席、主人席安排在面对正门的位置，主宾坐在主人的右边；翻译人员、记录员坐在主人和主宾的后面；其他客人按身份高低在主宾一侧就座；主方陪见人在主人一侧就座，如图6-2所示。座位不够时，要在后排加座，根据不同情况也可有其他排法。

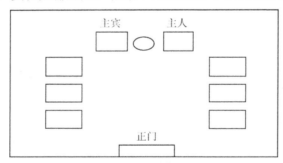

图6-2　会见座次安排

双边会谈通常用长方形或椭圆形的桌子，多边会谈采用圆桌或摆成方形。双边会谈时，宾主相对而坐，以正门为准，当会谈长桌平行于正门时，主方背对正门，客方面对正门，主谈人居各自一方的中间，如图6-3（a）所示。中国习惯把译员安排在主谈人右侧，但有的国家习惯让译员坐在后面。一般应尊重主人的安排。主客双方的其他陪谈人员按次序左右排列。记录员可安排在后面，如参加会谈人数较少，也可安排在会谈桌就座。如会谈长桌垂直于正门，则以进门的方向为准，右为客方，左为主方，如图6-3（b）所示。小范围的会谈也可像会见一样，不用长桌，只有高沙发，双方席位安排与会见安排相同。

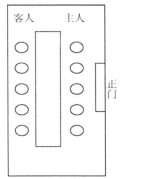 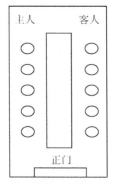

(a) 会谈桌平行于门的座次安排　　(b) 会谈桌横放室内的座次安排

图 6-3　双方会谈座次安排

若与外方人员进行会谈，在排定座次之后，秘书要按双方人员的姓名制作名牌，一面是中文，另一面是对方的文字，按座次摆放在桌子上。中方人员的名牌中文一面朝向就座者，外方人员的名牌外文一面朝向就座者。

（3）人员安排

首先确定参与会谈的人员，一般主谈应该是有较高业务水平，有会谈经验，有决定权的高层领导。其他参与者也是对会谈涉及的业务范围很熟悉的人。

其次确定工作人员，包括翻译、记录员、设备管理人员、服务人员等。

4．迎接客人

主方应准确掌握会见、会谈的时间、地点和双方参加人员的名单。同时主方应先于客方到达会场，客人到达时，主方应迎接。秘书应该在大门处迎接，引领客人抵达会谈地点，主人在此迎接客人的到来。

双方见面后，由客方代表团团长把自己的部下介绍给主人；然后主方领导再把自己这方人员介绍给客人。

合影可安排在宾主见面握手、介绍之后，合影完毕再入座，当然也可以安排在会议结束后。如有合影，主方宜事先选好背景，安排好合影图，人数较多时应准备好供与会人员站立的阶梯架子。合影图一般是主人居中，按礼宾次序，国际上的通行做法是"以右为上"，主客双方间隔排列。第一排人员既要考虑身份，也要考虑能否都摄入镜头，一般来说，两端均由主方人员把边（如图 6-4 所示）。

			5	4	4	4	5			
		5	4	4	4	4	4	5		
	5	4	4	4	2	1	3	4	4	4	5
					6					

图 6-4　合影图

1—主人，2—主宾，3—第二主宾，4—客方人员（或主客插排），5—主方人员，6—摄影师

5. 会见、会谈

合影完毕入座就绪后，双方会谈开始前，除陪同人员和必要的译员、记录员外，一般工作人员即应退出。

会见、会谈过程中，旁人不可随意出入。主客双方可作简短致辞，互赠礼品。礼品不一定昂贵，只要能传达敬意、表达友谊的纪念品即可。

在会见、会谈时，主方应提供饮料。招待用的饮料各国不一，反映着不同的文化和习惯。中国通常只备茶水、矿泉水，夏天加冷饮；如会谈时间较长，可适当上咖啡。对伊斯兰教国家的来访者，不要上带酒精一类的饮料。

6. 送别客人

会见结束后，主人应送客人至车前或门口握手告别，目送客人离去后再退回室内。

任务 2 商务宴请

宴会是盛情邀请宾客宴饮、应邀赴宴的聚会，是人际交往活动中常见的一种社交活动。商务宴请是在商务活动中进行交往、团聚时的活动，它不是随随便便地请客吃饭，而是有一整套的讲究。作为秘书，必须熟悉和了解商务宴请的有关知识，才能更好地服务于工作。

实训 1 制订宴请计划

一、实训目标

通过实训，要求学生掌握制订宴请计划的具体方法。

二、实训背景

为了表示对客户的谢意，公司决定元旦来临之际，宴请一年来公司的重要客户，总经理要求秘书王晨制订一份宴请计划。

三、实训内容

根据实际情景，演练制订宴请计划的过程。

四、相关知识

宴请计划应该包括的内容及要求如下。

（一）宴请前的准备

1. 确定宴请的规格和种类

要根据宴请的目的和宾客的社会地位、职务身份、人数多少确定宴请的规格和种类。

2. 选择宴请的时间和地点

（1）时间的选择要根据活动的实际需要；应避开宾客方的禁忌日。

（2）地点的选择，应选择交通方便、环境优雅、设备齐全、服务优质的场所。

3. 预定菜谱和制发请柬

（1）预定菜谱时应考虑宾客的饮食习惯和口味，考虑宾客的禁忌。

（2）制发请柬：大型宴会、正式宴会一般均要发请柬；要在宴会前的1～2周内发出；对于夫妇两人一般只发一张请柬。

4. 安排桌次、座次

每排桌次、座次遵循的原则是：中间为上、面门为上、右高左低。

（二）宴请中的安排

宴请中应安排的事项有以下几项。

（1）迎客：主人一般在大门口迎接客人。

（2）入席：主人陪主宾进入宴会厅，全体人员落座，宴会开始。

（3）敬酒：主人给客人敬酒，人多时，各桌可派代表回敬主桌。

（4）其他一些活动：比如发言、观看文艺表演等。

（5）散席：客人告辞、主人送至门口。

（三）编制预算

应提前编制预算，计算好安排宴请活动需要的经费。

实训2　安排宴请活动的桌次和座次

一、实训目标

通过实训，要求学生掌握安排桌次和座次具体方法。

二、实训背景

宏达公司为了表示对客户的谢意，准备在新年来临之际，召开客户联谊宴会。总经理要求秘书王晨安排宴会的桌次和座次。总经理指示，这次宴会共设3桌（圆桌），呈三角形，分别编为1、2、3号，同时要安排好每桌的座次。王晨马上着手制订宴请桌次和座次安排表供总经理参考。

三、实训内容

根据实际情景,演练安排宴请活动桌次和座次的过程。

四、相关知识

1. 桌次

在宴请中,桌次与座位是一个不可忽视的问题。按习惯,桌次、座次安排遵循的原则是:中间为上、面门为上、右高左低。桌次的高低以离主桌位置远近而定,右高左低。桌数较多时,要摆桌次牌。宴会可用圆桌、方桌或长桌,一桌以上的宴会,桌子之间的距离要适中,各个座位之间的距离要相等。团体宴请中,宴桌排列一般以最前面的或居中的桌子为主桌。

餐桌的具体摆放还应与宴会厅的地形条件而定。各类宴会餐桌摆放与座位安排都要整齐统一,椅背达到纵横成行,台布折纹要向着一个方向,给人以整体美感。

宴请一般都要事先安排好桌次和座次,以使参加宴请的人都能各就各位,入座时井然有序,席位的安排也体现出对客人的尊重。宴请桌次的排列方式如图6-5所示。

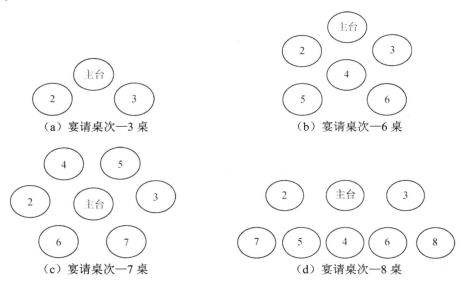

图6-5 宴请桌次图

2. 座次

宾客邀妥后,必须安排客人的座次。目前我国是以中餐圆桌款宴,有中式及西式两种座次的安排。两种方式不一,但基本原则相同。一般而言,必须注意下列原则:

（1）以右为尊。如公司男女领导并座，则男左女右，以右为大。如席设两桌，男女公司领导分开主持，则以右桌为大。宾客席次的安排亦然，即以男女本公司领导右侧为大，左侧为小。

（2）职位或地位高者为尊，高者坐上席，依职位高低，不能逾越。

（3）职位或地位相同，则必须依官职传统习惯定位。

（4）在众多宾客中，男主宾排第一位，其夫人排第二位。但如邀请对象是女宾，而其丈夫官位不显，则必须排在后面。

（5）在宴宾客有政府官员、社会团体领袖及社会贤达参加的场合，则依政府官员、社会团体领袖、社会贤达为序。

（6）欧美人士视宴会为社交最佳场合，故席位采用分座的原则，即男女分座，排位时男女互为间隔。夫妇、父女、母子、兄妹等必须分开。如有外宾在座，则华人与外宾杂坐。

（7）遵守社会伦理，长幼有序，师生有别，在非正式的宴会场合，尤应恪遵。在非正式场合，不能将老师排在学生之下。

（8）座位的末座，不能安排女宾。

（9）在本公司男女领导出面款宴而对座的席次，不论圆桌或长桌，凡是 8、12、16、20、24 人（余类推）座次的安排，必有两男两女并座的情形。这种情形应尽量避免。故理想的席次安排，以 6、10、14、18 人（余类推）为宜。

（10）如本公司领导的宴会，邀请了他的顶头上司，如经理邀请了其董事长，则经理必须谦让其应坐的尊位，改坐次位。

在具体安排座位时，还应考虑其他因素。例如，双方关系紧张的应尽量避免安排在一起，身份大体相同，或同一领域的可安排在一起。中、西餐座次安排如图 6-6、6-7 所示。

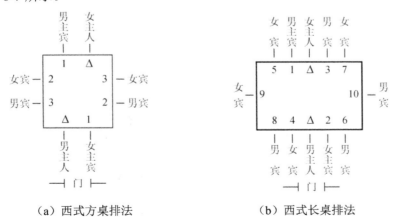

（a）西式方桌排法　　　　　　（b）西式长桌排法

图 6-6　西餐座次安排

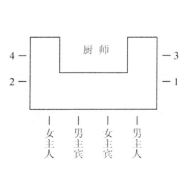
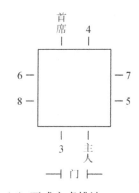

（c）铁板烧桌形排法　　　　　（d）西式方桌排法

图 6-6　西餐座次安排（续）

（a）形式一　　　　　　　　（b）形式二

图 6-7　中餐座次安排

注：陪同人员用 1~10 表示；
　　宴请对象用 a~f 来表示。

任务 3　商 务 庆 典

"庆典"即"庆祝典礼"的简称，包括开幕式（闭幕式）、节日庆典、纪念日庆典等。这些庆典活动对提高组织的知名度、美誉度有很大的作用。秘书人员要经常参与这些活动的组织筹办，因而要了解庆典活动的相关知识。

实训 1　开业典礼的筹备

一、实训目标

通过本实训，使学生掌握筹备开业典礼的过程和方法。

二、实训背景

公司准备于 12 月 12 日在公司所在地隆重举行连锁店开业典礼，届时会有当地的各界商业人士、政府领导及新闻媒体参加。经理要求秘书王晨起草开业典礼的程序方案，在周一召开公司例会前给他。王晨精心起草了开业典礼方案，经理非常满意。到了 12 月 12 日，连锁店的开业典礼举办得非常圆满。

三、实训内容

根据实际情景，演练筹备开业典礼的过程。

四、相关知识

开业典礼的筹备工作和其他庆典活动的筹备一样，首先要弄清楚典礼的时间、地点、典礼的主题，参加典礼的对象等要素；其次是按照庆典方案做好各项筹备工作。秘书人员必须熟知典礼的时间选择、地点选择、具体流程以及整个过程中的礼仪规范。

（一）典礼工作的流程

1. 成立典礼筹委会，专门策划并落实庆典工作

典礼牵涉到方方面面，各项工作相互链接，相互联系，彼此交叉，必须统筹安排，因此，组织、沟通和协调非常重要。通过成立筹委会来及时协调、组织各项筹备工作，能够提高筹备工作效率。

2. 确定典礼活动主题，精心策划活动方案

企业经过一段时间的发展，已经在公众中树立了良好的形象，因此举办方应当根据举办庆典活动的具体目的以及社会环境、人文环境等因素来确定本次活动的主题。主题确定后，组织人员策划拟写庆典方案。方案应从全局出发，紧紧围绕活动主题。

3. 选择时间和地点

（1）时间的选择。时间的选择要考虑：主要嘉宾和领导能够参加、大多数目标公众能够参加。此外还要注意天气变化，尽量避开节假日。

（2）地点的选择。一般来说地点应设在企业经营所在地、目标公众所在地或租用大型会议场所。要考虑场地是否够用，场内空间与场外空间的比例是否合适，交通是否便利，停车位是否足够。

4. 确定活动的对象

（1）要确立邀请对象。邀请对象要尽量全面，并考虑到今后单位的发展。邀

请上级领导以提升档次和可信度；邀请工商、税务等直接管辖部门，以便今后取得支持；邀请潜在的、预期的未来客户是企业经营的基础；邀请同行业人员，以便相互沟通合作。一般来说，邀请的主要人员有：政府领导、社会名流、上级领导、同行人士、员工代表、新闻记者等。

（2）要做好邀请工作。电话邀请，还可以制作通知，发传真，更能够表明诚意与尊重的方法是发请柬、邀请函或派专人当面邀请。出席典礼的人员一旦确定，应提前一至两周内发送请柬，以便对方安排时间，按时赴会。在活动举办前2~3天最好电话核实有无变动，对贵宾宜在活动举办前一天再核实一次。

请柬的印制要精美，内容要完整，文字要简洁，措辞要热情。被邀者的姓名要书写整齐，不能潦草马虎。一般的请柬可派专员送达，也可通过邮局邮寄。给有名望的人士或主要领导的请柬应派专人送达，以表示诚恳和尊重。

5. 做好典礼的舆论宣传工作

（1）企业可以利用报纸、杂志等视觉媒介物和运用电台、电视台等大众媒体等方式进行舆论宣传工作，提高典礼的知名度；同时，在企业建筑物周围设置醒目的条幅、广告、宣传画等也可以起到宣传的作用。

（2）广告或告示的内容一般包括典礼举行的日期、地点、企业的经营范围及特色等。

（3）广告或告示一般宜在典礼前的3~5天内发布。

（4）企业还可邀请一些记者，在典礼仪式举行之时到现场进行采访、报道，予以正面宣传。

6. 场地布置

为显示隆重与敬客，可在来宾，尤其是贵宾站立之处铺设红色地毯；在场地四周悬挂标语横幅，悬挂彩带、宫灯；在醒目处摆放来客赠送的花篮、牌匾、空飘气球等。

来宾的签到簿、本企业的宣传材料、待客的饮料等，亦须提前备好。对于音响、照明设备以及开业仪式举行之时所需使用的用具、设备，必须事先认真进行检查、调试，以防在使用时出现差错。

7. 拟订典礼仪式的流程

8. 制作经费预算

根据周年典礼的规格和规模做出可行的经费预算。一般有租场费、印刷费、会场布置费、茶点费、礼品费、文具费、邮费、电话费、交通费等。

9. 做好接待服务工作

在举行典礼仪式的现场,一定要有专人负责来宾的接待服务工作。除教育本企业全体员工在来宾面前人人都要以主人翁的身份热情待客、有求必应、主动相助之外,更重要的是分工负责、各尽其职。在接待贵宾时,须由本单位主要负责人亲自出面。在接待其他来宾时,则可由本企业的礼仪人员负责。若来宾较多时,须为来宾准备好专用的停车场、休息室,并应为其安排饮食。

10. 做好礼品馈赠工作

举行典礼仪式时赠予来宾的礼品,一般属于宣传性传播媒介的范畴之内。

根据常规,向来宾赠送的礼品应具有三大特征:一是宣传性,可选用本企业的产品,也可在礼品及其外包装上印有本企业的标志、广告用语、产品图案、开业日期等;二是荣誉性,要使之具有一定的纪念意义,并使拥有者对其珍惜、重视,并为之感到光荣和自豪;三是独特性,它应当与众不同,具有本单位的鲜明特色,使人一目了然,或令人过目不忘。

(二)典礼仪式的礼仪要求

典礼仪式的礼仪要求指在典礼仪式过程中举办方和宾客方应该遵循的礼仪规范。

1. 举办方的礼仪

对典礼的组织者来说,整个仪式过程都是礼待宾客的过程,企业每个人的仪容仪表、言谈举止都关系到企业的形象。为此,作为典礼仪式的举办方,应注意如下礼仪。

(1)保持良好的个人形象。仪容仪表要整洁:组织方参加人员,事前应适当修饰。女士化淡妆,男士应整理好发型,面不留须。

服饰要规范:按职业要求,男女都应穿颜色庄重的套服,配饰和谐。

举止行为要文明:典礼过程中,主办方人员要约束自我行为,不得嬉笑打闹,不得做与典礼无关的事。要精力集中,注意典礼每个细节。

(2)准备周全。要做好各项准备工作,按时发放请柬,不得遗漏;安排好礼宾次序,讲求位次,一般按来宾的身份与职务确定。

(3)遵时守约。典礼要严格按规定的仪式起止时间进行,言而有信;企业方每个人员都要准时出席,不得迟到、无故缺席或中途退场。

(4)礼遇宾客。作为主办方,要主动问候,遇到来宾要主动热情问好,对来宾提出的问题予以友善回答。要热情友好,当来宾发表贺词后,应主动鼓掌感谢,不随意打断来宾讲话,更不能向来宾提出挑衅性问题。

2. 宾客礼仪

参加典礼仪式的宾客应尽量做到以下几点。

（1）准时参加，为主办方捧场。如有特殊情况不能到场，应该尽早通知主办方，并表示歉意。

（2）赠送贺礼。在典礼前或典礼时，可赠送贺礼，如花篮、镜匾、楹联等表示对开业方的祝贺，并在贺礼上写明庆贺对象、庆贺缘由、贺词及祝贺单位。

（3）主动交往。见到主人应向其表示祝贺，并说些祝顺利、兴旺的吉利话。应礼貌地与相邻的宾客打招呼，通过自我介绍、互换名片等方式结识更多的朋友。

（4）贺词到位。致贺词时，要简短精练，不能随意发挥，拖延时间，表现要沉着冷静、心平气和，用语要文明，少用含义不明的手势。根据典礼进行情况，做一些礼节性的附和，如鼓掌、跟随参观、写留言等。

（5）礼貌告别。典礼结束离去时，应与主办单位领导、主持人、服务人员等握手告别，并致谢意。

示例

××××公司开业典礼方案

时间：2010年3月12日上午9：00

地点：××××公司

活动名称：××××公司开业典礼

参加人：××、××、××、××、××。

具体安排：

9：00—9：30	礼仪小姐迎宾。
9：30—10：00	典礼开始，领导致贺词、本单位领导致答词。
10：00	揭幕。
10：10—11：30	参观，迎接首批客人。
12：00	在宏达大酒店设宴，宴请各位嘉宾。

实训2　安排公司周年庆典的程序

一、实训目标

通过本实训，使学生掌握公司周年庆典活动的程序。

二、实训背景

8月6日，公司将迎来10周年庆典。为了总结10年发展经验，更好地激励员工，公司决定举行 10 周年庆典活动。按照总经理要求，秘书王晨起草了此次活动的程序方案，经总经理审批后，方案顺利实施。全公司上下精心准备，终于迎来了公司的 10 周年庆典。

三、实训内容

根据实际情景，演练公司周年庆典的过程。

四、相关知识

庆典活动实施的程序：

（1）迎宾。接待人员在会场门口接待来宾，请来宾签到后，引导来宾就位。

（2）典礼开始。主持人宣布典礼正式开始，奏乐，宣读重要嘉宾名单。

（3）致贺词。由上级领导和来宾代表致祝贺词，主要表达对企业的祝贺，并寄予厚望。贺词由谁来讲应事先要定好，以免当众推来推去。对外来的贺电、贺信等不必一一宣读，但对其署名的单位或个人应予以公布。

（4）致答词。由本企业负责人致答词。其主要内容是向来宾及祝贺单位表示感谢，并简要介绍本企业的经营特色和经营目标、历年来取得的主要成绩等。

（5）揭幕（或剪彩等）。如果是开业典礼，需要由本企业负责人和一位上级领导或嘉宾代表揭去盖在牌匾上的红布，宣告企业正式成立。参加典礼的全体人员鼓掌祝贺，在非限制燃放鞭炮的地区还可燃放鞭炮庆贺。

（6）参观。如有必要可引导来宾参观，介绍本单位的主要设施、特色商品及经营策略等。

（7）迎接首批顾客。可采取让利销售或赠送纪念品的方式吸引顾客。也可以邀请一些有代表性的消费者参加座谈，虚心听取消费者的意见，拉近与消费者的距离。

> 示例

××公司十周年庆典活动方案

1. 庆典活动目的

为了总结十年发展经验，广交朋友，更好地激励员工。

2. 成立庆典组织委员会

主　　任：××

副 主 任：××

成　　员：××

3. 庆典时间

8月6日（全天）

4. 庆典活动程序

8:00—9:00	迎宾。
9:15—10:30	召开庆祝大会（穿插文艺表演）。
10:45—11:20	参观十年成果展。
11:30	宴请午餐。
12:30—13:30	自由时间。
13:30—15:30	公司十周年庆典疯狂献大礼活动。
15:30—16:30	观看公司纪录片《十年历程》。
17:00	晚宴。
18:30	放焰火，文艺会演开始。

5. 要求

（1）当天公司的所有员工要穿着统一的服装、佩戴周年庆典标志牌、周年绶带；

（2）公司以红色为主色调，以灯笼、花篮、鲜花、红气球等物品喜庆布场；

（3）礼仪要统一迎宾语、待客语、送客语，规范动作、站姿、走姿等。

6. 广告宣传

（1）场内广告：展架、水牌、灯箱、MC宣传、电脑待机屏保等；

（2）户外广告：户外招牌、宣传单派发、短信平台等；

（3）宣传媒体：报纸、周年礼品袋。

7. 活动费用预算

宣传费：宣传单、海报、报纸广告，礼品袋、绶带、庆典标志牌，共××元。

布场费：××元。

服装费：××元。

嘉宾费：××元。

其他费用：××元。

总费用：××元。

实训 3　安排剪彩活动

一、实训目标

通过本实训，使学生掌握公司安排剪彩活动活动的方案设计。

二、实训背景

公司准备于 12 月 12 日在公司所在地隆重举行连锁店开业典礼，届时会有当地的各界商业人士、政府领导及新闻媒体参加。经理要求秘书王晨策划一个剪彩仪式。

三、实训内容

根据实际情景，演练如何安排剪彩活动。

四、相关知识

1. 助剪者的挑选

助剪者指在剪彩过程中为剪彩者提供帮助的人员，即通称的礼仪小姐。礼仪小姐常由举办方挑选年轻、精干、身材和相貌较好的年轻女职员担任，也可以到专业组织聘请。礼仪小姐确定并做好分工后，要进行必要的培训和演练，让她们熟悉礼节，保证剪彩仪式顺利进行。

2. 礼仪人员的分工

剪彩仪式上礼仪人员的工作主要有：

（1）迎宾者，任务是在活动现场负责迎来送往；

（2）引导者，任务是在进行剪彩时负责带领剪彩者登台或退场；

（3）服务者，任务是为来宾尤其是剪彩者提供饮料等生活关照；

（4）拉彩者，任务是在剪彩时展开、拉直红色缎带；

（5）捧花者，任务是在剪彩时手托花团；

（6）托盘者，任务是为剪彩者提供剪刀、手套等剪彩用品。

3. 剪彩用品的准备

剪彩用品主要有红色缎带、新剪刀、白色薄纱手套、托盘以及红地毯等。

（1）红色缎带。即剪彩仪式之中的"彩"。按照传统做法，它应当由一整匹未曾使用过的红色绸缎在中间结成数朵花团而成。现在为了节约，通常使用长 2 米左右的红色缎带。一般来说，红色缎带上所结的花团，不仅要醒目硕大，而且具体数目往往同现场剪彩者的人数相关。通常，红色缎带上所结的花团数目较现场剪彩者的人数多一个，使每位剪彩者总是处于两朵花之间，尤显正式。

（2）新剪刀。专供剪彩者在剪彩仪式上正式剪彩时使用。它必须是剪彩者人手一把，而且是崭新锋利的，避免因剪刀不好用而让剪彩者尴尬。因此，剪彩仪式前，要逐一检查，切忌一再补剪。在剪彩仪式结束后，举办方可以将每位剪彩者所使用的剪刀包装好，送给对方作为纪念。

（3）白色薄纱手套。专供剪彩者在剪彩仪式上正式剪彩时使用。在准备白色薄纱手套时，除要确保人手一副外，还需使之大小适度，确保手套洁白无瑕，以示郑重和尊敬。

（4）托盘。专供盛放剪刀、白色薄纱手套使用，最好是崭新洁净的，通常为银色的不锈钢制品，为了显示正规，还可以在使用时铺上红色绒布或绸布。在剪彩时，礼仪小姐可以用一只托盘依次为各位剪彩者提供剪刀和手套，也可以为每一位剪彩者各提供一只托盘，后一种方法尤显正式。

（5）红色地毯。主要用于铺设在剪彩者正式剪彩时站立之处，其长度可视剪彩者的人数多少而定，宽度不应在1米以下。在剪彩现场铺设红色地毯，主要是为了提升仪式的档次，营造一种喜庆的气氛。

任务4 签字仪式

签字仪式是组织与对方经过会谈、协商、达成某项协议或约定，相互签署文本的一种活动形式。签约仪式是商务活动中常见的比较隆重的活动，有一套严格的程序，必须依照礼仪规范来进行。签字仪式一般分为双边签约仪式和多边签约仪式两大类。双边签约仪式通常是指参加签约仪式的主体是甲乙双方，参加多边签约仪式通常是指两个以上的组织。

实训 安排签字仪式的程序

一、实训目标

通过本实训，使学生掌握签字仪式的程序。

二、实训背景

公司准备于6月1日在公司所在地隆重举行与澳大利亚一个公司合作的签字仪式，届时澳大利亚公司和本公司的有关人员会出席。总经理秘书王晨起草出签字仪式程序的方案，总经理进行审批。6月1日上午，签字仪式顺利进行。

三、实训内容

根据实际情景，演练签字仪式的过程。

四、相关知识

（一）签字仪式前的准备工作

签字仪式是双方组织最终达成共识的一项重要活动仪式，因此，应予以充分准备，做到万无一失。

1. 准备合同文本

洽谈双方（或多方）经过协商，拟定合同条款后，按惯例，应由举行签字仪式的主方负责准备待签合同的正式文本。主方会同有关各方一道指定专人，共同负责合同的定稿、校对、印刷与装订。

待签的合同文本，通常按大八开的规格装订成册，用高档白纸精心印制而成，封面应一般选择真皮、金属、软木等高档材质印制。

在准备合同文本过程中，应对条款内容进行认真细致的核对；注意遵守相关法律、法规；符合商务交往中的惯例及常识；涉外活动时，要使用官方语言。

2. 布置签字场地

（1）签字厅应布置的庄重、整洁、清静。

（2）签字仪式一般选在宽敞的会议室，室内一般铺红地毯，设有一张长桌，横放于室内，桌上铺设深绿色绒毯，桌后并排放两张椅子。签字人面门而坐（按照国际惯例主方在左，客方在右）。

（3）签字桌上应摆放待签合同文本、签字笔等签字时所用的文具。桌子正中摆放鲜花。涉外签字活动中，签字桌上还应插放相关国家的国旗。

（4）签字桌后墙上可贴上会标，如"××××签字仪式"。

3. 座次安排

（1）签订双边性合同的座次安排

① 应请客方签字人在签字桌右侧就座，主方签字人坐于签字桌的左侧。

② 双方各自的助签人分别站立于己方签字人的外侧，以便随时向签字人提供帮助。

③ 双方其他随员，可以按照一定的顺序在己方签字人的正对面就座，也可以按照职位的高低，一次自左向右（客方）或自右向左（主方）列成一列，站与己方签字人的身后。当一行站不完时，可按照以上顺序遵照"前高后低"的惯例，排成两行或三行。

④ 原则上，双方人员数量应大体一致。

（2）签订多边性合同的座次安排

① 一般仅设一把签字椅。

② 签字时，按各方事先同意的先后顺序依次上前签字。

③ 助签人随之同行，站立于签字人的左侧。

涉外签字仪式时要考虑到各个国家的不同的规定。

4. 要规范好签字人员的服饰

按照规定，签字人、助签人以及随员，在出席签字仪式时，应当穿着具有礼服性质的深色西装、中山装或西装套裙，并且配以白色衬衫与深色皮鞋。男士还必须系上单色领带，以示正规。在签字仪式上露面的礼仪人员、接待人员，可以穿自己的工作制服，或是旗袍一类的礼仪性服装。

（二）签约仪式的程序

签约仪式的时间虽然不长，但其程序必须十分规范、庄重而又热烈。主要有以下几个步骤。

1. 主持人宣布签约仪式开始

签约仪式正式开始,双方人员进入签字厅,主签人按序就坐,双方都应设有助签人员,分立在各自一方的代表签约人外侧,其余人并排站立在各自一方代表身后。

2. 签署文本

签字人正式签署合同、协议或条约的文本。助签人员协助签字人员打开文本,用手指明签字位置。签字人开始签署合同文本,首先签署己方保存的合同文本,然后由助签人员互相交换,最后签署对方保存的合同文本。

3. 交换文本

签字完毕后,文本即已生效,双方签字人应同时起立,交换签署正式的合同文本(而不是助签人交换),彼此握手相贺,并交换签字笔留念。其他随行人员则应以热烈的掌握表示喜悦和祝贺。

4. 共饮香槟酒

交换已签的合同文本后,签字人及相关人员共饮一杯香槟酒相贺,这是国际上通用的旨在增添喜庆色彩的做法。

5. 退场有序

退场时,应由双方最高领导和客方先退场,然后东道主再退场。

整个签约仪式以半小时为宜。

示例

中国加入世贸组织议定书签字仪式程序

会场情况:会场悬挂中英文"中国加入世界贸易组织签字仪式"横幅;会场中间设签字椅,签字台上摆放中国国旗、签字笔、签字文本、鲜花等。

出席人员:中方44人,外方7人。

具体程序:

1. 代表入场;
2. 中方代表×××在文本最后一页签名,签日期,并标注中文"须经批准"字样;
3. ×××离席作简短发言,后请总干事简短发言;
4. 共饮香槟酒祝贺;
5. 代表退场。

任务5　新闻发布会

新闻发布会又称记者招待会，是指特定的社会组织或个人把有关新闻单位的记者邀请到一起，宣布有关消息或介绍情况，利用新闻媒体进行客观而公正的报道的会议形式。它是传播信息、谋求新闻界对某一事件客观报道的行之有效的手段，也是社会组织搞好与新闻界关系的最重要方式之一。

实训1　制订公司新闻发布会的策划方案

一、实训目标

通过本实训，使学生掌握公司新闻发布会的策划方案的制订。

二、实训背景

宏达公司自成立之日起到现在已经整整10年了。为了总结10年发展经验，更好地激励员工，公司决定举行10周年新闻发布会。总经理要求秘书王晨起草出此次活动的策划方案。

三、实训内容

根据实际情景，演练起草新闻发布会策划方案以及新闻发布会的过程。

四、相关知识

新闻发布会常常是组织重视、由领导亲自出面参加的一项重要活动。作为为领导服务的秘书，要熟悉新闻发布会的组织与实施的各项具体事务，掌握发布会礼仪，确保这项重要的传播活动顺利实施。新闻发布会的礼仪规范，主要涉及以下几方面。

（一）新闻发布会标题的选择

新闻发布会一般针对企业意义重大，媒体感兴趣的事件举办。每个新闻发布会都会有一个名字，这个名字会打在关于新闻发布会的一切表现形式上，包括请柬、会议资料、会场布置、纪念品等。在选择新闻发布会的标题时，一般需要注意以下几点。

（1）避免使用新闻发布会的字样。我国对新闻发布会是有严格申报、审批程序的，对企业而言，并没有必要如此烦琐，所以一些时候，可以直接把发布会的名字定义为"××信息发布会"或"××媒体沟通会"即可。

（2）最好在发布会的标题中说明发布会的主旨内容。如："××公司 2010 年新品发布信息发布会"。

（3）通常情况下，需要打出会议举办的时间、地点和主办单位。这个可以在发布会主标题下以字体稍小的方式出现。

（4）有时，可以为发布会选择一个具有象征意义的标题。这时，一般可以采取主题加副题的方式。副题说明发布会的内容，主题表现企业想要表达的主要含义。如：海阔天空——五星电器收购青岛雅泰新闻发布会。

（二）新闻发布会时间的选择

新闻发布的时间通常也是决定新闻何时播出或刊出的时间。因为多数平面媒体刊出新闻的时间是在获得信息的第二天，因此要把发布会的时间尽可能安排在周一、二、三的下午为宜，会议时间保证在 1 小时左右，这样可以相对保证发布会的现场效果和会后见报效果。

（1）发布会应该尽量不选择在上午较早或晚上。部分主办者出于礼貌的考虑，希望可以与记者在发布会后共进午餐或晚餐，这并不可取。如果不是历时较长的邀请记者进行体验式的新闻发布会，一般不需要做类似的安排。

（2）有一些以晚宴酒会形式举行的重大事件发布，也会邀请记者出席。但应把新闻发布的内容安排在最初的阶段，至少保证记者的采访工作可以比较早的结束，确保媒体次日发稿。

（3）在时间选择上还要避开重要的政治事件和社会事件，媒体对这些事件的大篇幅报道任务，会冲淡企业新闻发布会的传播效果。

（三）新闻发布会场所的安排

（1）场地可以选择户外（事件发生的现场，便于摄影记者拍照），也可以选择在室内。根据发布会规模的大小，室内发布会可以直接安排在企业的办公场所或者选择酒店。酒店有不同的星级，从企业形象的角度来说，重要的发布会宜选择五星级或四星级酒店。

（2）酒店有不同的风格，不同的定位，选择酒店的风格要注意与发布会的内容相统一。还要考虑地点的交通便利与易于寻找，包括离主要媒体、重要人物的远近，交通是否便利，泊车是否方便。

（3）发布方在寻找新闻发布会的场所时，还必须考虑以下的问题。

① 会议厅容纳人数，主席台的大小，投影设备，电源，布景，胸部麦克风，远程麦克风，相关服务，住宿，酒品、食物、饮料的提供，价钱是否合理，有没有空间的浪费。

② 背景布置。主题背景板，内容含主题、会议日期，有的会写上召开城市，颜色、字体注意美观大方。

③ 酒店外围布置，如酒店外横幅、竖幅、飘空气球、拱形门等。酒店是否允许布置，当地市容主管部门是否有规定限制等。

（四）新闻发布会的席位摆放

（1）摆放方式：发布会一般是主席台加下面的课桌式摆放。注意确定主席台人员，需摆放席卡，以方便记者记录发言人姓名。摆放原则是"职位高者靠前靠中，自己人靠边、靠后"。

（2）现在很多会议采用主席台只有主持人位和发言席，贵宾坐于下面的第一排的方式。一些非正式、讨论性质的会议是圆桌摆放式。

（3）摆放回字形会议桌的发布会现在也出现的较多，发言人坐在中间，两侧及对面摆放新闻记者坐席，这样便于沟通，同时也有利于摄影记者拍照。

（4）注意席位的预留，一般在后面会准备一些无桌子的坐席。

（五）其他道具安排

（1）麦克风和音响设备，一些需要做电脑展示的内容还包括投影仪、笔记本电脑、连线、上网连接设备、投影幕布等，相关设备在发布会前要反复调试，保证不出故障。

（2）新闻发布会现场的背景布置和外围布置需要提前安排。一般在大堂、电梯口、转弯处有引导指示和欢迎牌，一般酒店有这项服务。事先可请好礼仪小姐迎宾。如果是在企业内部安排发布会，也要酌情安排人员做好引导工作。

（六）新闻发布会的资料准备

提供给媒体的资料，一般以广告手提袋或文件袋的形式，整理妥当，按顺序摆放，再在新闻发布会前发放给新闻媒体，顺序依次应为：

（1）会议议程；

（2）新闻通稿；

（3）演讲发言稿；

（4）发言人的背景资料介绍（应包括头衔、主要经历、取得成就等）；

（5）公司宣传册；

（6）产品说明资料（如果是关于新产品的新闻发布的话）；

（7）有关图片；

（8）纪念品（或纪念品领用券）；

（9）企业新闻负责人名片（新闻发布后进一步采访、新闻发表后寄达联络）；

（10）空白信笺、笔（方便记者记录）。

（七）人员安排

准备新闻发布会时，主办方必须精心做好有关人员的邀请与安排。

1. 邀请对象

根据发布会的主题及媒体的特点,主要邀请当地的权威媒体。

(1) 如果发布会内容涉及全国,可考虑邀请中央及地方相关新闻媒体及记者。

(2) 如果发布会内容只涉及本埠,可考虑邀请当地新闻媒体及记者。

2. 确定主持人

主持人一般要具备以下条件:形象、气质较好;口语流利;反应敏捷;善于把握大局;有丰富的主持会议经验;在组织中担任一定职务。

3. 确定发言人

发言人是新闻发布会主角,通常应由本单位的主要负责人担任。基本要求:在同行业及社会上口碑较好;与新闻界关系融洽;知识渊博;思维敏捷;有较强的记忆力;能得体地应对各种突发事件。

实训 2 做好新闻发布会的善后工作

一、实训目标

通过本实训,使学生了解公司新闻发布会的善后工作。

二、实训背景

2010 年 6 月 16 日,宏达公司举行了 10 周年庆典新闻发布会。发布会结束后,经理让秘书做好新闻发布会的善后工作。

三、实训内容

根据实际情景,演练新闻发布会后善后工作。

四、相关知识

新闻发布会结束后,应在一定时间内对其进行一次认真的评估工作。

1. 了解新闻界的反应

首先核查新闻界人士的到会情况,了解一下与会者对此次发布会的意见和建议,尽快找出自己的缺陷和不足。

2. 整理保存会议资料

主办单位应该认真整理保存新闻发布会的有关资料,包括会议自身的图文声像资料,如文件、图表、录音、录像等。另外还有新闻媒介有关会议报道的资料,如:电视、报纸、杂志上所公开发表的涉及此次新闻发布会的消息、通信、评论、图片等。

3. 酌情采取补救措施

在听取了各方意见之后,对于此次活动的失误、过错或误导,都采取一些必要的对策,对于一些批评性的报道,应通过适当的途径加以解释,消除误解。

4. 加强与新闻媒体的联系

当新闻发布会结束后,记者要有针对性地建立与新闻媒体和其他公众的联系,为以后工作奠定坚实的基础。

任务6 开放参观活动

开放参观活动是树立企业形象、推销产品的重要手段,它不仅欢迎顾客参观,而且应想办法招揽参观者。因此,做好开放参观活动工作就显得很重要了。

实训 制订开放参观活动的策划方案

一、实训目标

通过本实训,使学生掌握公司开放参观活动的策划方案的制订。

二、实训背景

为了让公众更好地了解公司,超凡公司决定组织一次对外开放参观活动。届时,将邀请各级领导、兄弟公司、经销商以及媒体等来到企业,对企业的生产和工作进行参观,以增强和扩大企业的知名度和美誉度。

如果你是公司总经理秘书张娜,请你安排此次开放参观活动。

三、实训内容

根据实际情景,演练开放参观活动的过程。

四、相关知识

所谓开放参观活动,就是企业邀请外部人员或内部员工家属来到企业,对企业的生产和工作进行参观和了解,以达到宣传企业、扩大影响的一种商务活动方式。企业的开放参观活动是件繁杂的工作,但它可以使公众对企业产生兴趣和好感,增强和扩大企业的知名度和美誉度。

(一)确定开放参观活动的主题

主题,即组织通过这一活动所要达到的目的和希望取得的效果。常见的开放参观活动主题有：

（1）扩大组织的知名度，提高美誉度；

（2）促进组织的业务拓展；

（3）和谐组织与社区的关系；

（4）增强员工或家庭的自豪感。

（二）安排开放参观的内容

要根据主题来安排开放参观的内容。参观的内容一般包括以下几点。

（1）情况介绍，事先准备好简明生动、印刷精良的宣传小册子。

（2）现场观摩，让参观者参观现场。如：生产经营设备和工艺流程；厂区环境或营业大厅；员工的教育和培训设施；组织的科技开发（实验）中心；组织服务、娱乐、福利、卫生等设施。

（3）实物展览，参观组织的成果展览室，可以陈列资料、模型、样品等实物。此外，参观的内容确定还要考虑到参观者的需要和兴趣。

（三）选择开放参观的时机

最好安排在一些特殊的日子里，如周年纪念日、重大的节假日、开业庆典、社区节日等。

（四）确定邀请对象

一般性参观经常邀请员工家属或一般市民等；特殊参观经常邀请与本组织有上下级关系、经济利益的团体和公众，如：行政主管部门、同行业领导和专家、媒体记者等。

（五）选择参观路线

应选择有以下特点的参观路线：

（1）能引起参观者的兴趣；

（2）能保证参观者的安全；

（3）对组织的正常工作干扰小。

（六）做好宣传工作

参观前，可准备一份简明的说明书，发给参观者，或放映电影、录像片进行介绍。

（七）做好解说与接待工作

（1）挑选并培训导游或解说人员；

（2）设立接待服务站；
（3）准备特殊的参观用品；
（4）准备礼品或纪念品。

任务7 商务旅行

公司领导人需要经常出差，有时是为了洽谈业务，有时是为了推广新产品，有时则是为了解决与客户之间发生的纠纷。在上司出差前后秘书有很多工作要做。

在上司出差之前，秘书人员的主要工作包括以下几个方面：与上司联系，弄清楚上司出差的目的，为上司草拟出差日程表；准备出差用品；预订飞机或火车票；预定旅馆房间；预借差旅费；与陪同人员沟通；临行前的工作安排等。

实训1 商务旅行的准备工作

一、实训目标

通过实训，使学生掌握商务旅行要做哪些准备工作。

二、实训背景

王晨的上司李总负责公司的产品开发，下个星期三要去上海参加一个新产品的国家标准讨论会，开完会后到成都参观公司一个配套协作单位，出差时间为一星期。陪同李总一起去的还有开发部的孙东。李总请王晨为他作好商务旅行的各项准备工作。

三、实训内容

根据实际情景，演练商务旅行准备工作的过程。

四、相关知识

（一）商务旅行的基本常识

1. 交通方式

常见交通方式有公路、铁路、船舶、飞机，有些旅行可能是几种方式的组合。

不同的交通方式有不同的优缺点（见表6-1），秘书人员可以根据旅行地点、目的进行选择。

表 6-1 不同交通方式的比较

交通方式	优　点	缺　点
汽车旅行	灵活——没有限定的时刻表 直接——能直接抵达目的地 容易得到——大多数人有车或会开车 费用——相对较低	停车困难、停车费较昂贵 有压力——旅行者长途驾驶到达目的地时，会感到疲劳和压力 无法有效利用时间——开车前往目的地同时，不能进行其他工作
火车旅行	费用低——一个人旅行乘火车比乘汽车更便宜 压力较小——旅行者能休息，还可在乘车期间做其他工作 没有寻找停车位等问题	不灵活——要按固定的时间表和路线，热点路线或旺季时的（火车票不好购买） 有时无法直接抵达目的地
乘船旅行	能运输特大件物品——适用于长时间旅行，并可携汽车、行李、样品 有定期渡轮 可选择船种——气垫船、水翼船、渡船	速度慢——乘船旅行经常是缓慢的，在商务旅行中不太受欢迎
飞机旅行	速度——最快的旅行方式 轻松——压力小，提供餐饮 目的地范围广泛	费用——是昂贵的旅行方式 不直接——常需结合其他旅行方法到达目的地 行李限制——必须为较重的行李交付额外的费用

2. 影响交通方式选择的主要因素

秘书在选择交通方式前，先要了解上司出行的一些基本情况，从而做出正确选择，影响交通方式选择的主要因素包括以下几个方面。

（1）上司要去哪里，是国内旅行还是国际旅行。

（2）上司旅行的原因。上司出访可能需要携带样品、材料或信息等。

（3）上司停留的时间长短。对短期停留，需考虑旅行的速度。

（4）是否参加团体旅行。团体旅行可能意味着不同的选择方式。

（5）旅行费用。要受到预算或费用约束。

（6）企业旅行政策。根据公司的规定，不同职级人员出差，可以乘坐的交通方式不同。

（7）上司的个人喜好。了解上司喜欢何种交通方式。

（二）商务旅行的准备工作

秘书在了解上司差旅目的地后，要有针对性地做好下列准备。

1. 订火车票、机票（船票）

（1）预订火车票，包括出发地点、到达地点、日期、车次（开车时间）、座位。

（2）预订机票（船票），包括到达地点、时间、航班（班次）、座位。

（3）取票。拿到机票（或火车票、船票）后，应仔细核对姓名（机票）、日期、航班（车次、班次）、座位、到达地点。

2. 预订客房

秘书要根据公司规定及上司的爱好和习惯来决定预订什么样的房间，掌握订房的基本程序。

（1）获取相关信息。信息主要的来源有：旅行社，旅行手册，可给地方旅馆协会打电话，给目的地城市的商会写信，进入旅行服务数据库查找相关信息等。

（2）预订服务的途径主要有：通过旅行社帮助办好对旅馆的预订；利用网络进行旅馆预订；某些航空公司也可提供旅馆的预订服务。

（3）进行预订。在预订房时应提供的信息：住宿者的姓名，抵达时间及大概离开时间，需预订的房间类型及特殊要求。

（4）确认预订。一定要拿到旅馆确认预订的传真或其他书面形式的证明，并将其附在上司携带的旅行计划后面。

预订客房时要注意以下几个方面。

（1）根据公司规定，弄清上司出差应享受的待遇。

（2）订房时要考虑上司的个人爱好和习惯。

（3）保证预订。如果预订需要有保证或确定，秘书要事先声明，以便旅馆为你保留房间。

（4）了解结账时间。询问旅馆的结账时间，并将其放在上司携带的备忘录里。如果是与某人直接联系，需弄清此人姓名和预订号码，以防万一。

（5）了解房间位置。要根据上司的要求预订，房间尽量不要在一楼。并且最好住有足够安全保障的旅馆，如房门有锁死插销、提供代客泊车业务、电话号码保密服务等。

（6）提前取消预定。如果要取消预定，应在旅馆结账前通知对方，否则就要付当天的费用。

3. 准备必需的文件资料及上司随身携带的用品

临行前，秘书要将文件资料及用品按公与私分别列出清单，请上司过目，避免遗漏。根据准备物品的清单，秘书与上司分别做相应的准备。商务旅行常用物品清单如表6-2所示。

表 6-2 常用商务旅行物品清单

商务活动文件资料 （秘书准备）	差旅相关资料 （秘书准备）	办公用品 （秘书／领导准备）	个人物品 （秘书／领导准备）
谈判提纲	目的地交通图	笔记本电脑	护照
合同草案	旅行指南	光盘或 U 盘	签证
协议书	请柬	微型录音机或录音笔	身份证
演讲稿	介绍信	照相机／摄像机	替换衣物
有关讨论问题的信件	通信录	文件夹	洗漱用品
备忘录	对方的向导信函	笔、笔记本	急救药品
日程表	日历	公司信封及信纸	旅行箱
科技、产品资料	世界各地时间表	手机	车船票、机票
公司简介		名片	现金、信用卡、支票
对方公司相关资料			

4. 预支差旅费

公司一般为出差人员提供预支差旅费，有些公司出差回来后报销。秘书人员要填写申请提取预支差旅费。

差旅费一般包括往返及当地的交通费、住宿费、餐费，以及其他可能的活动经费。差旅费的携带方式可以是现金或旅行支票。

实训 2 制作商务旅行计划

一、实训目标

通过实训，要求学生了解为上司做出差准备应注意的问题。

二、实训背景

宏达公司王晨的上司王总经理负责公司的产品开发，下个星期三要去上海参加一个新产品的国家标准讨论会，开完会后到成都参观公司一个配套协作单位，出差时间为一星期。陪同王总经理一起去的还有开发部的孙东。王总经理请王晨为他制作商务旅行计划。

三、实训内容

根据实际情景，演练制作商务旅行计划的过程。

四、相关知识

1. 商务旅行计划的内容

在制订商务旅行计划前，首先要掌握公司差旅费用、交通、食宿等级标准范围的有关规定及程序等。一份商务旅行计划至少应包括以下内容。

（1）出差的时间、启程及返回的日期、接站安排。

（2）出差的路线、终点及途经地点和住宿安排。

（3）会晤计划（人员、地点、日期和时间）。

（4）交通工具的选择：飞机、火车、轮船、大巴或轿车。要列明飞机客舱种类及停留地的交通安排。

（5）需要携带的文件、合同、样品及其他资料，如谈判合同、协议书、产品资料、演讲稿和与目的地的交通指南等。

（6）上司或接待人的特别要求。

（7）上司旅行区域的天气状况。

（8）行程安排、约会、会议计划、会晤人员的名单及背景、会晤主题。

（9）差旅费用，包括现金、兑换外币、办理旅行支票等。

差旅计划制订完后，要向上司报告，遵照上司的指示进行修改，最后确定旅程计划。

2．制作旅行日程表

安排完订房、订票的工作后，就要着手制作旅行日程表（简称"旅程表"）了。旅程表是按预定的日程表和上司的计划要求、意见而制订的。旅程表的内容一般比旅行计划更详尽，秘书要将每日的日程表打印在纸上，并按时间顺序进行编号，供上司使用。

一份周密的旅程表主要包括以下几项内容。

（1）时间、日期。出发及返回的时间、日期，包括目的地的抵达和离开的时间日期和中转时间日期；开展各项活动的时间日期；就餐、休息的时间日期等。

（2）地点。上司本次出差的目的地（包括中转地点）；旅行过程中开展各项活动的地点、食宿地点等。

（3）交通方式。出发、返回时使用的交通工具；停留地的交通安排等。

（4）事项。商务活动内容，如访问、洽谈、会议、宴请娱乐活动以及私人事务活动等。

（5）备注。记载提醒上司注意的事项，如抵达目的地需要中转的中转站或中转机场，休息时间、飞机起飞时间，以及机场为旅客提供的特殊服务；如在国外，还应提醒在当地需要注意的一些风俗习惯和礼仪等。

旅程表除了旅行计划外，还应将必要的信息尽量详细地写入：旅馆名、所在地、电话号码；当地的联系人姓名、地址、电话号码；会晤者名称、企业名称、所在地及电话号码；海外出差时当地的中国大使馆所在地及电话号码等。

3. 注意事项

（1）旅程表应一式三份（或几份），一份存档，一份给上司，一份给上司家属。
（2）安排日程时，在时间上要适当留有余地。
（3）了解目的地的环境、气候、街道等方面的情况，作为制作旅程表的参考。
（4）对初访地更要具体了解，注意细节。

实训 3　上司出差期间秘书的工作

一、实训目标

通过实训，要求学生掌握在上司出差之后，处理信件和电话以及向上司汇报工作的一般方法。

二、实训背景

公司副董事长到深圳出差拜访客户去了，可每天的信件、电子邮件和电话一点也没减少。董事长办公室秘书王晨每天都及时处理上司出差期间的各种信件和电话，并及时向上司汇报工作。

三、实训内容

根据实际情景，演练上司出差期间秘书的工作。

四、相关知识

上司出差期间，公司会有大量的事务要进行处理，秘书要协助上司的授权人处理公司的日常事务，也要随时和上司保持联系，及时向上司请示、汇报工作。还有一点更重要的，秘书要趁上司出差过程中，进行自学，不断充电。

1. 信件的处理

上司出差期间，秘书应用一个"待阅文件"的专用文件夹，按日期顺序保管好上司出差期间收到的文件和信件；如果秘书收到一些紧急的信件，上司又让秘书尽快给他寄去，就用特快专递等方式邮寄过去，并在信封上写上"亲启"等字样；但是，如果没有特别的交代，一般只寄复印件，把原件收好；如果上司出差的地方收快件不方便，通过传真、电话口头汇报、电子邮件等方式向上司汇报。

2. 电话的处理

在上司出差期间，如果有找上司的电话，秘书就要认真做好电话记录，把电话的时间和内容记录下来。如果事情比较重要的话，就直接打上司的手机进行汇报；如果事情不急，就等上司回来上班后再说。在上司出差之前，最好能与上司约定好，每天在一个固定的时间通电话，向他汇报公司里的工作。一般情况下，没有特殊情况不要在其他时间给上司打电话。

实训 4　与上司一起出差

一、实训目标

通过本实训，要求学生了解在陪同上司出差时秘书人员应做的工作和应注意的基本事项。

二、实训背景

公司王总经理月底要到天津出差，此次出差事务较多，王总经理要求专职秘书王晨陪同他一起出差。

三、实训内容

按照实际情况演练陪同上司出差应做的工作。

四、相关知识

作为公司的秘书，会有很多机会陪同上司一起出差。在陪同上司出差的整个过程中，秘书应该竭尽全力为上司服务，为上司的商务活动服务，以便上司更好地进行决策。

（一）旅途中秘书的工作

1. 负责携带、照看相关物品

与上司一同出差，秘书人员应主动替上司拎包，对于携带的一些文件、机密商函、参考资料、活动资金等，秘书应该谨慎保管，确保万无一失。

2. 听从上司安排，及时与公司保持联系，协助处理相关事务

在商务旅行过程中，单位的一些重要事务需要上司决定，这个时候，秘书应听从上司的安排，保持和公司的联系，了解公司的情况，对于一些重要事件，请示上司以后，根据上司的意图协助单位同事进行处理。

3. 照顾上司饮食起居，确保商务旅行的顺利进行

秘书要了解上司饮食起居的习惯，在商务旅行过程中，应注意食宿卫生、安全等，在出发之前应准备一些药品，如晕车药、清凉油、人丹等，以备急用。

（二）抵达目的地后秘书的工作

（1）抵达目的地后，如果无人接站，秘书一方面要招呼出租车或者引导上司去预订的酒店；另一方面，要检查和带好行李，以防丢失。在一切安排妥当之后，要和对方公司联系人取得联系。

如果抵达目的地之后，对方公司派人接站，此时秘书应自觉地让上司走在前面，并主动为双方作介绍，对于表示感谢等话语，应由上司来说。

（2）如果对于事前预订的酒店对于工作不便，此时秘书要请示上司，得到上司允许后，对酒店进行调整。确保酒店的路程距离、条件等各方面都有利于工作。

（3）一旦在酒店住下后，秘书要迅速了解酒店周围的交通、邮电、医院等情况，已备不时之需。

（4）一切安排妥当之后，秘书要将上司所住的酒店、联系方式等告知公司和上司的家属，以便取得联系。

项目 7　信　息　工　作

信息工作历来就是非常重要的，信息是公司领导决策的依据，在一定程度上，秘书工作就等于接收、变换、传输信息的工作。秘书人员信息工作的好坏，关系着上司决策管理活动的效率。因此，信息工作在秘书辅助上司活动的过程中有着举足轻重的地位。秘书要为上司决策和管理提供高效、优质的信息服务。

任务 1　信息的收集

信息的收集是因实际利用的需要而通过各种渠道和方式获取信息的过程，这是信息工作的首要环节。秘书人员可以通过检索工具、搜索引擎、调查、购买多种方式和渠道来获取信息材料。

实训 1　运用多种方法收集信息

一、实训目标

通过实训掌握信息收集的方法、渠道及要求，能够采用有效的方法收集各类信息。

二、实训背景

宏达公司为了开拓新的市场，拟开发一种节能环保型净水设备生产项目。公司为此专门召开办公会议，讨论开发节能环保型净水设备的优势及可行性。从节省能源和环保的角度看，这种净水设备是很有优势的，但产品应用的可行性和市场前景如何，还须根据有效的市场信息进行综合分析和科学预测，才能做出正确决策。于是，秘书王晨马上着手收集相关信息。

三、实训内容

围绕节能环保型净水设备开发的可行性收集有关信息。

（1）在网上收集有关节能环保型净水设备发展前景的信息，并标出信息来源网址。

（2）设计一份调查问卷，向消费者收集各种家用净水设备的使用意见，并进行统计分析。

（3）向有关部门咨询，了解各类净水设备的使用成本；同时向相关公司的技术开发部了解净水设备的使用成本。

（4）到商场实地调查，收集各类净水设备的销售价格，向商家了解各类净水设备的销量和消费群体，说明信息来源。

（5）写出行业调查报告和信息收集的总结，并作成 PPT；各小组推出一名代表在班上发言，将本小组的调查报告及总结向全班同学汇报。

四、相关知识

（一）信息收集基本方法

（1）观察法。秘书通过到现场，借助听觉、视觉或录音机、照相机、摄像机记录客观事物，获取信息。观察要全面、深入、细致。

（2）阅读法。通过阅读书报、杂志等，从中获得信息。

（3）询问法。通过提问请对方作答来获取信息。询问的方式有面对面询问、书面询问、电讯询问。

（4）问卷法。精心设计问卷并请被问对象对问卷中的问题作答。

（5）网络法。通过计算机通信网络收集信息。网络所提供的信息服务有电子邮件、远程登录服务、文件传送服务、信息查询服务、信息研讨和公布服务等。

（6）交换法。将自己拥有的信息材料与其他单位的信息材料进行交换，特别是与业务相关、往来频繁的企业建立稳定的信息交换网络，在信息上互通有无。

（7）购置法。购置法指通过购买与收集信息目标有关的数据、报刊、专利文献等来收集信息。

（二）信息收集的渠道

（1）深入市场、实地调查。深入市场亲自感受和直接收集第一手资料，通过实地调查，可挖掘出更深层次、更高质量的信息资料。

（2）大众传播媒介。广播、电视、报纸、期刊及其他文献载体，是现代社会获取信息的重要途径。

（3）图书馆。图书馆是高级信息资源所在地。秘书可到企业内部图书室、公共图书馆或大学的图书馆查阅，收集更全面的信息。

（4）数据库。利用计算机网络，进入存储大量信息的联机数据库获取信息。

（5）供应商和客户。从供应商处获取产品信息、广告材料和特定服务的信息；从客户处获取市场信息、服务的反馈信息。

（6）贸易交流会。利用各种贸易交流会，如展销会、交易会、洽谈会以及学术交流会，进行调研，在相互交流中获取信息资料。

（7）信息机构。委托信息机构定向收集相关信息，从而掌握贸易主动权，减少贸易风险。

（8）业务相关部门。同有关的海关、银行、工商、税务、商检、保险、统计等部门的业务往来中，不失时机地了解相关法规、条例，掌握新情况、新动态、新信息。

（三）信息收集的工作程序

（1）明确信息收集范围。工作活动中的信息需求是不断变化的，具有针对性和灵活性。因此秘书要以服务公司的各项工作为目标，确定收集信息的范围，按照工作活动的需要有针对性地收集原始数据信息。坚持调查研究，及时、准确地从大量信息中选取真实、适用、有价值的信息，为工作活动提供可靠的信息支持。

（2）熟悉信息来源。信息的来源非常广泛，秘书可以通过报纸、电视、广播、互联网、杂志、图书馆、档案馆等各种渠道获取信息。从媒体、朋友或个人、广告、信息机构渠道中获得的信息的可信度不一样。秘书要根据工作的目的确定信息来源，选择最佳信息来源。

（3）选择信息收集方法和渠道。

（4）查找信息。根据要查找信息的主题、内容和用途，利用各信息渠道提供的信息介绍、信息目录、信息咨询或其他信息查询途径，找出所需要的信息。

（四）收集信息时的注意事项

（1）要收集各种形态的信息，包括文字、声像等形态的信息。

（2）建立通讯联系索引卡，记载业务往来的单位、个人或客户信息，便于及时进行业务联系。

（3）信息收集要有超前性。超前的信息对制订有效的对策有重要意义，要抢先捕捉信息，迅速加工传递，使信息工作发挥应有的作用。

实训 2　帮新上司熟悉行业情况

一、实训目标

通过本实训了解收集行业信息的一般内容。

二、实训背景

宏达公司最近进行人事调整，新上任的王总经理由于过去不从事业务，对公司的业务及公司所在的行业都不太熟悉，所以，他让秘书王晨帮他收集公司所在行业的详细情况。

三、实训内容

按照实际情况演练收集行业信息。

四、相关知识

行业信息主要包括以下内容：

（1）本行业生产、销售等前10名的公司的名称以及公司所处的位置；

（2）本行业主要产品及主要型号，还有它们的售价；

（3）本行业主要厂商的基本情况，如年销售额、员工人数、主要品种、竞争优势等；

（4）本行业国外竞争对手的基本情况。

任务2　信息的整理

办公室每天都会产生、形成各种信息，日久天长，信息就会堆积如山。秘书应对收集的信息材料进行整理，只有具有价值的信息材料才需要保存起来，没有保存价值的信息就要及时处理掉。秘书对信息的整理就是对原始信息进行分类、筛选、核实，使其成为有价值信息的过程。

实训1　信息的筛选

一、实训目标

通过本实训掌握信息筛选的一般方法。

二、实训背景

秘书王晨平时非常注意信息的收集保存，凡是工作活动中接触到的各种信息材料都收集起来。她不仅注重信息的收集，更注重信息的筛选，将各种不同的信息材料进行筛选、甄别、分类和整理。一天，王总经理要一份市场调查报告，王晨在最短时间内就完成了任务。

三、实训内容

按照实际情况演练对收集的信息进行筛选。

四、相关知识

信息的筛选主要包括以下几个方面。

1. 看来源

不同来源的信息，重要性不尽相同。上级形成的信息带有全局性、综合性和权威性，而平级和下级形成的信息主要起参考作用。秘书要从多种信息来源中把握重点单位、部门和人员的信息。

2. 看标题

信息的标题一般可以反映信息的内容和价值，秘书要认真分析标题，把握信息的主题，根据信息的标题确定信息价值的大小。

3. 看正文

先浏览正文，了解其主要内容，初步确定是全部选用，还是部分选用，甚至不用，即初选。初选后，对拟用信息再认真阅读，判断是否有价值。如果可用，再看有无内容不准确、不完整和表述不清楚的问题。

4. 决定取舍

对信息进行严格的选择，从中挑出能满足需求的信息，对工作具有借鉴、参考作用的信息，舍去虽真实但无用的信息。信息的取舍，一是要突出主题思想；二是要注意典型性；三是要富有新意；四是要具有特点。

决定取舍常常会遇到几份信息反映同一类问题的情况。对此，可采用两种方法：一是选择其重点、特点，综合成一份信息材料；二是择优录用，选择宏观的，淘汰微观的，或是选用典型的，淘汰一般的。

在进行信息的筛选时，还要注意对经过筛选的信息要分别处理。对选中的，分轻重缓急进行信息的加工处理；对暂时不用但可以备查的信息，进行暂存；对不用的信息，按有关规定进行暂存、移交或销毁。

实训 2　信息的整理

一、实训目标

通过本实训掌握信息整理的一般方法。

二、实训背景

宏达公司办公室秘书王晨负责信息的管理工作。公司在生产、经营活动中不断产生着各种各样的信息资料，刚开始的时候，王晨把这些资料都一股脑地堆放在专门的文件柜里。随着公司经营规模的扩大，信息资料越来越多，文件柜也被塞得拥挤不堪。这些资料数量多、内容丰富、载体形式多样，是公司日后工作活动的主要参考依据。面对这些逐渐增多的信息，王晨应该怎么整理呢？

三、实训内容

（1）将收集到的信息进行筛选，从中选出对本公司业务具有借鉴价值和参考作用的信息。

（2）对信息进行分类，使信息条理化，以方便查找利用。

（3）选择一条有疑问或者较重要的信息，对信息进行校核。

（4）选择一条有价值的信息，整理成一篇500字左右的信息稿。

四、相关知识

1. 信息分类的方法

信息分类的方法主要有以下几种。

（1）字母分类法。按作者姓名、单位名称、信息标题等的字母顺序分类组合。

（2）地区分类法。按信息产生或涉及的地区特征，对信息进行分类，按字母的先后顺序排列。

（3）主题分类法。按信息内容进行分类，将信息最主要的主题名称作为分类的首要因素，次要的主题作为第二因素，依此类推。

（4）数字分类法。将信息种类以数字排列，专题给定一个数字，用索引卡标出数字所代表的类别。

（5）时间分类法。按信息形成的年度、季度、阶段的先后顺序分类。

2. 信息校核的方法

信息校核的方法主要有以下几种。

（1）溯源法，是指对信息所涉及的有关问题进行审核查对。

（2）比较法，是指对反映某一事实的各方面信息进行比较。

（3）核对法，是指依据直接的、最新的权威性材料进行对照分析，发现并纠正信息中的某些差错。

（4）逻辑法，是指对信息所表达的事实和叙述方法进行逻辑分析，以辨别真伪。

（5）调查法，是指通过现场调查来验证信息的真实性和准确性。

（6）数理统计法，是指对原始信息中的数据和定性分析，运用数理方法进行计算鉴定。

任务3　信息的传递

信息传递是通过传输媒介或载体，把信息从信息发生源传递到信息接收源的过程，是秘书将已经整理好的信息，通过各种传播媒体和不同途径提供给接收者使用的过程。秘书应该明确信息的传递方向，并能够运用适当的信息传递方式，按照信息传递的要求及时、准确、有效地传递信息。

实训　信息的传递

一、实训目标

通过本实训掌握信息传递的方法，了解信息传递的途径和方式，并能够迅速、准确地传递信息。

二、实训背景

宏达公司的产品远销国内外市场。有一次，秘书王晨收到驻海外机构发来的一批最新信息，她认真地查阅这批信息，并将重要信息及时传递给总经理及有关负责人。公司领导立即召开会议讨论应对策略，做出果断决策，使公司获得了可观的效益。

三、实训内容

（1）模拟演示用语言传递的方式将信息传递给公司总经理。

（2）将上述信息加工整理成一则信息报告，用文字传递的方式传递给公司总经理。

（3）演示将信息稿通过电子邮件发给公司各部门。

（4）说明信息传递中应注意的事项。

四、相关知识

（一）信息传递的程序

信息传递主要有以下几个程序。

1. 确定传递信息的内容

确定哪些内容是必须进行传递的，过滤出不需要传递的信息内容。

2. 选择并确定传递信息的形式

传递信息的形式主要有：信件、备忘录、报告、通知、新闻稿、企业内部刊物、传阅单、新闻发布会、声明、直接邮件。

3. 确定传递信息的方法

传递信息一般有四种方法：语言传递、文字传递、电讯传递、可视化辅助物传递。

4. 进行信息传递

将用一定形式表现的信息，按照所选择的信息传递方法，及时准确地传递给信息接收者。

5. 确认信息传递质量

对于传递出去的信息，应该确保接收者能够接收。秘书可以通过反馈或检查来了解接收者的反应和接收效果。

（二）传递信息应注意的事项

传递信息时应注意的以下几个事项。

1. 区别对象，按需传递信息

高层决策者需要综合性和预测性的信息，基层管理者主要需要具体的业务信息。秘书要针对不同对象的不同需求，因人因事而异，进行信息传递，以提高信息的利用率。

2. 做好例行信息的传递工作

信息工作是秘书工作的重要组成部分，信息的上传下达都要经过秘书。为此，要做到：每天要将当天的邮件、信函及时转交；向上司汇报前一天交办事项的执行情况；定期编写内部资料，发布有关信息。

3. 加强非例行信息的传递工作

决策者急需某些信息时，秘书要及时收集有关信息进行传递。

4. 收到的信息中发现重要情况要立即传递

下列信息属重要情况：本公司所用生产原料的国际价格即将上涨；公司发行的股票突然被人大量买进；由本公司独占的产品市场，突然有其他外公司企图涉足的迹象等。一旦收到这类信息，必须尽快向决策者或有关部门传递。

任务4　信息的存储

信息存储是指用科学的管理方法，将已利用或尚未利用而又有使用价值的信息，通过建立信息库的方式加以存储，已备将来使用。秘书人员平时要做好信息的储存，为信息的开发和利用打好基础。

实训　信息的存储

一、实训目标

通过本实训掌握信息存储的方法，了解信息存储的各个环节，能用各种工具和设备系统存储信息。

二、实训背景

王晨在宏达公司任办公室秘书，她在整理公司以往保存的信息时，发现公司以往对信息资料是有一份保存一份，没有任何顺序地码在文件柜里，查找起来很不方便。于是，她就马上着手整理，将信息资料进行了有序存储。

三、实训内容

（1）将事先准备好的信息资料分类存储。
（2）将信息资料进行手工存储。
（3）将信息资料进行计算机存储。
（4）将信息资料进行电子化存储。

四、相关知识

信息存储的程序是：登记→编码→排列→保存→保管。

1. 登记

登记是建立信息的完整记录，系统地反映信息存储情况。

2. 编码

登记存储的信息要进行科学的编码。信息的编码是由字母或数字组成基本数码，再由基本数码结合成组合数据。信息编码的方法有顺序编码法和分组编号法。

3. 排列

对经过编码的信息要进行有序化的存放排列。常用的排列方法有：时序排列法、来源排列法、内容排列法、字顺排列法。

4. 保存

保存方法主要有：手工存储、计算机存储、电子化存储、缩微胶片存储。

5. 保管

有序化保存的信息要进行保管，做到防火、防潮、防高温、防虫害，防失密、泄密、盗窃，定期或不定期进行清点，及时剔除失去保存价值的信息，及时存储更新，不断扩充新的信息，建立查阅、保管制度，实施科学保管。

任务5 信息的开发利用

信息开发是对信息进行全面挖掘、综合分析、概括提炼,以获得高层次信息的过程。信息利用是将获取、处理的信息应用于实际工作,使信息的价值得以实现的过程。信息的开发利用是信息工作的最终目的,秘书一定要做好这项工作。

实训1 信息的开发

一、实训目标

通过本实训了解信息开发的类型,熟悉信息开发的主要形式,掌握信息开发的工作程序。能根据特定需要,确定信息开发的主题,围绕主题进行信息的开发。

二、实训背景

宏达公司总经理助理王晨,平时非常注重信息的开发,经常从各种渠道获取信息,翻阅各种国内外经济报刊,从报刊上收集市场信息进行剪贴,汇集成册,供自己和公司使用。通过对剪报内容的分析,她掌握了国内外市场消费者需求的变化情况和发展趋势,为公司领导把握市场行情,进行市场开拓决策提供了有力的依据。

三、实训内容

学生分组成立模拟公司,自行设定公司业务及经营特点,对国内外市场上需求量较大的商品的信息进行一次信息开发、二次信息开发、三次信息开发。

四、相关知识

1. 信息开发的主要形式

信息开发的主要形式有:剪报、索引、目录、文摘、信息资料册、简讯、调查报告。

2. 信息开发的方法

信息开发的方法主要有:汇集法、归纳法、纵深法、连横法、浓缩法、转换法、图表法(将有一定规律的数字制成图表)。

3. 信息开发的要求

信息开发的要求主要有以下几点。

(1)注重调查研究,力争通过实地调查获取第一手信息。

(2)通过各种渠道,全面、及时地获取信息。

（3）运用信息开发技巧，充分利用信息网络开发信息。

（4）加强对信息的综合分析、提炼概括，努力开发出有预测性、利用价值大、可信度高的信息。

实训2　信息的利用

一、实训目标

通过本实训了解信息利用的类型，熟悉信息利用的主要形式，掌握信息利用的工作程序。能根据特定需要，确定信息利用的主题，围绕主题进行信息的利用。

二、实训背景

宏达公司为了开拓新的市场，新开发了一种新型食品营养调理机。王总经理要求秘书王晨为他提供有关食品营养调理机的合作伙伴的相关资料。王晨立即查找平时收集整理的客户信息，很快为总经理找到了有用的信息。

三、实训内容

运用有效的方式，为上司提供客户信息。

四、相关知识

（一）信息利用的工作程序

信息利用的工作程序主要有以下几个方面。

1. 熟悉信息的内容

了解和熟悉所存储信息的内容和成分。

2. 确定利用需求

信息利用是使收集、处理、存储的信息满足工作需要的过程。因此，要结合工作中心、领导决策、日常管理，分析不同层次的利用对象，找准利用需求。

3. 确定信息利用服务的途径

（1）信息检索服务。利用信息检索是根据需要，将组织和存储起来的信息，通过索引、目录和计算机检索系统查找出来，直接利用信息或信息复制品。

进行信息检索有四个环节：分析信息需求；明确检索要求；选择检索系统，选择检索途径和检索方法，确定检索词；实施信息检索，获取信息。

为了更好地进行检索服务，秘书应能够指导他人选择适宜的信息检索系统。利用图书馆公共联机目录查询系统，可以了解图书的基本信息，以借阅或复制的方式获得信息；利用联机信息系统，可以用联机传递或脱机邮寄方式获取信息；

利用相关的全文数据库，可以直接打印或下载信息；利用网络搜索引擎，可以直接检索到大量信息。

在实施检索的过程中，可以根据检索结果的情况，调整检索词、检索途径和检索方式，充分利用信息检索系统提供的缩检和扩检功能，提高检索结果的满意度。

（2）信息加工服务。即通过对信息内容进行分析研究、选择、加工、编辑后，利用者利用信息成果的方式。这种利用方式建立在对信息加工的基础上。

（3）定题查询服务。向利用者提供特定主题和内容的信息，以满足利用者需求。

（4）信息咨询服务。答复利用者询问，指导其利用信息的服务方式，如问题解答、事实咨询服务、利用者教育服务。

（5）网络信息服务。建立在现代信息技术基础上，以计算机硬件和通信设备为依托，以应用软件为手段，以数据库信息为对象进行的利用服务，如电子信息发布、电子邮件、光盘远程检索服务。

4. 获取信息

通过各种信息利用途径，查找能够满足需求的信息。

5. 提供信息

按需提供获得的信息及信息加工品。

（二）信息利用的注意事项

信息利用中可使用跟踪卡、文档日志记录信息借阅情况。

1. 跟踪卡

当信息被借用时应该填写跟踪卡（如表 7-1 所示），放置在信息原存放处，使其他利用者知道该信息去向。信息归还时，填好跟踪卡。应定期检查跟踪卡，如果信息已借出一段时间，要与对方及时联系。

表 7-1 跟踪卡

借出时间	信息标题	借阅人	部门	归还日期	签名

2. 文档日志

跟踪信息还可用文档日志。当借出信息时，在日志簿上签名；归还时再签名以示归还。如果找不到某信息，查看日志簿，了解信息利用情况。

任务6　信息的反馈

实训　为上司提供反馈信息

一、实训目标

通过实训掌握信息反馈的形式和程序，能够采用有效的形式和正确的程序反馈信息。

二、实训背景

宏达公司近几年一直致力于新市场的开拓，不断开发新的产品。最近公司新开发一种新型食品营养调理机项目，王总经理责成秘书王晨收集新产品市场销售情况、经销商的反映、消费者的反映等信息资料，并将信息资料及时反馈给他。

三、实训内容

假设你是秘书王晨，请你为总经理收集新型食品营养调理机的市场销售情况、经销商的反映、消费者的反映等信息资料并及时反馈给总经理。

四、相关知识

信息反馈是将信息使用过程中产生的效应及活动中不断产生的信息进行再收集、再处理、再传递的过程。也就是指信息控制系统把信息传递出去后，将其作用又返送回来，并对信息的再输入产生影响，起到控制的作用。

信息反馈的目的是检查输出信息的真实性；对信息传递进行检验与调整；为决策提供依据。秘书要通过不断的信息反馈，将信息使用过程中产生的效应及活动中不断产生的大量信息进行再收集、再处理、再传递。

（一）信息反馈的特点

信息反馈主要有以下三个特点。

（1）针对性。信息反馈不同于一般的反映情况，它不是被动反映，而是主动收集，有很强的针对性。

（2）及时性。信息工作要讲时效，信息反馈更要及时，以便及早发现问题、解决问题。

（3）连续性。信息反馈的连续性是指对工作活动的情况连续、有层次地反馈，有助于认识的深化。

（二）信息反馈的形式

信息反馈主要的形式有以下三个方面。

（1）正反馈和负反馈。正反馈一般为决策执行中的成绩、经验方面的信息反馈，使系统的输入对输出的影响增大。负反馈一般为决策执行中的问题、失误方面的信息反馈，使系统的输入对输出的影响减少。

（2）纵向反馈和横向反馈。纵向反馈是向上级管理部门和决策层反映执行指令情况的反馈形式。横向反馈是同级组织之间的信息反馈。

（3）前反馈和后反馈。前反馈是在信息发出前，信息接受者向信息发出者表示的要求和愿望，希望将发出的信息能满足自己的需求。后反馈是在信息发出后，信息接受者对信息做出的反应。

（三）信息反馈的要求

信息反馈的要求有以下三点。

（1）信息反馈要准确真实；

（2）尽量缩短信息反馈时间；

（3）信息反馈要广泛全面，多信源、多通道反馈。

（四）信息反馈的工作程序

（1）明确目标。明确信息工作和信息传递活动的具体目标和具体要求，对信息工作和信息传递活动目标的实现情况作出有明确依据的评估。

（2）选择信息反馈的方法。

选择信息反馈的方法有以下几个。

① 系列型反馈信息。将工作活动的全过程按不同的发展阶段连续反映。

② 广角型反馈信息。对工作活动的某个过程从不同角度进行反映。

③ 连续型反馈信息。对工作活动中的某个关键问题在短期内连续不断地进行反映。

（3）获取反馈信息。根据确定的具体目标和具体要求所涉及的内容，及时地搜集和回收各种反馈信息。一般来讲，获取的反馈信息主要包括：有关方针、政策和重大工作部署执行情况的信息；新思想、新观点和独到见解经验型信息；反映工作中存在问题的信息；对全局有影响的倾向性、苗头性信息；反映意见、建议的信息；反映重大事件、突发事件的信息。

（4）加工分析反馈信息。对搜集上来的反馈信息进行管理、加工、分析，并将其结果与既定目标和要求进行比较分析，找出差距。

（5）传递反馈信息。将反馈信息传递给相关部门或人员。

（6）利用反馈信息。采取各种手段、方法和具体行动，使信息工作和信息传递活动的实施情况回到完成既定目标、满足原有要求的正确轨道上来,为各项工作活动顺利开展打下良好的基础。

(五)信息反馈的注意事项

秘书要及时了解来自各方面的反映,收集人们对已推行政策、已实施措施的意见,把各种指令执行情况的偏差信息反馈给决策者,以便及时发现问题、纠正偏差,修正或完善政策与措施,做出新的布置、发出新的信息。

秘书进行信息反馈要做到既报喜,又报忧;既讲究实效性,又把握准确性;既重视初级反馈,又综合加工深层次反馈信息;既提供目前状况的反馈信息,又提供过去或将来工作的反馈信息。

项目 8 档案管理

企业中每天都会有各种文件往来,这些文件办理完毕之后,那些有保存价值或备考价值的文件就会被各部门存档,每年定期移交给企业的档案管理部门归档形成企业的档案。档案管理就是用科学的原则和方法管理档案,为企业的各项工作服务。秘书人员负责归档文件和档案的管理,就是要做好档案的收集、整理、鉴定和保管,并做好档案的提供工作。

任务 1 档案的整理

档案的整理是指按照一定的原则和方法,对档案进行分类、归档、编号、排列、装订以及档案的鉴定等一系列的活动。这项工作的目的是建立档案实体的管理秩序,为档案的保管、检索、利用、编研等工作奠定基础。因此,秘书一定要重视并做好此项工作。

实训 1 确定归档范围

一、实训目标

通过本实训掌握文件的归档范围。

二、实训背景

王晨在宏达公司工作了很长时间,近来公司新聘了一个秘书小李,办公室主任让小李学习管理公司的档案,并让王晨对她进行指导。又到了一年一度的归档时间,王晨先让小李熟悉公司文件的归档范围,知道哪些文件应该存档,哪些文件用过之后应该销毁。

三、实训内容

按照实际情况演练划分文件的归档范围。

四、相关知识

在一个企业里,需要归档的文件主要是与企业各方面活动有关的文件,主要包括以下几个方面。

1. 国有企业的归档范围

（1）党群工作形成的文件材料；

（2）行政管理工作形成的文件材料；

（3）经营管理工作形成的文件材料；

（4）生产技术管理工作形成的文件材料；

（5）产品生产或业务开发工作形成的文件材料；

（6）科学技术研究工作形成的文件材料；

（7）基本建设和技术改造工作形成的文件材料；

（8）设备仪器管理形成的文件材料；

（9）会计工作形成的文件材料；

（10）职工个人管理形成的文件材料；

（11）其他对国家、社会和企业有保存价值的文件材料。

此外，与以上这些内容相关的电子文件、声像档案、数据库文件、计算机程序、办公自动化也都属于秘书应当收集的档案范围。

2. 非国有企业的归档范围

（1）企业设立、变更、撤销的请示、批复、注册、登记、申报、评审、验证等文件材料；

（2）企业章程、注册资金、经营场所、投资者的审核验证材料；

（3）企业董事会、监事会、股东会和党、政、企管理机构的会议记录、纪要；

（4）企业机构设置、职务任免、职工花名册等文件；

（5）劳动工资、人事、法律事务等文件材料；

（6）财务会计、资产管理、资金信贷、税收审计等方面的文件材料；

（7）生产技术、质量管理、环保计量、质量认证等方面的文件材料；

（8）材料采购、产品成本、市场销售、售后服务、宣传广告等方面的合同、协议等文件材料；

（9）企业产品设计、制造、鉴定、应用等方面的合同、协议、图纸、图样等文件材料；

（10）新建、改建工程的规划、设计、建设、施工、监理等方面的请示、批复、任务书、许可证、协议、合同、洽商、图纸、评审、验收、总结等文件材料；

（11）技术引进、技术改造项目立项、引进、安装、评定、验收、运行等方面的请示、批复、合同、报关单、开箱单、说明书、图纸、评审、验收、记录等文件材料；

（12）科研活动中的立项、实验、鉴定、应用等阶段的请示、批复、报告、合同、数据、图纸、认定、鉴定等文件材料；

（13）经济活动中形成的会计凭证、会计账簿、会计报告等文件材料；

（14）政党、社会团体组织在企业活动中形成的文件材料；

（15）具有法律凭证和查找利用价值的照片、录音、录像、磁带、光盘等声像、磁性载体、电子文件材料；

（16）其他具有利用和保存价值的文件材料。

同时，在企业来往的文件中，有一部分是不需要归档的，主要包括：

（1）未定稿的文件；

（2）仅供工作参考的文件；

（3）无查考利用价值的事务性、临时性文件；

（4）文件草稿；

（5）从正式文件中摘录的仅供参考的非证明性材料；

（6）重份文件；

（7）无特殊保存价值的信封；

（8）来访者的介绍信；

（9）企业内部互相抄送的文件；

（10）非隶属单位发来的不需要办理的文件。

实训 2　档案的分类

一、实训目标

通过本实训了解档案分类的一般方法。

二、实训背景

每年的上半年，是公司文件归档的时间。每到这个时候，王晨都和同事将各部门的文件收集齐全后，再根据归档制度，对需要归档的文件进行分类。

三、实训内容

按照实际情况演练对各种归档文件进行分类。

四、相关知识

档案分类时，最基本的分类方法有以下三种。

（1）按保管期限分类。根据国家档案局 2006 年 12 月 28 日公布的《机关文件材料归档范围和文书档案保管期限规定》的规定，机关文书档案的保管期限定为永久、定期两种。定期一般分为 10 年、30 年两种。归档文件一般先按保管期限分开整理，然后再考虑其他分类。

（2）按组织机构分类。按组织机构分类即按组织部门名称划分，可直接采用各个组织机构的名称作为类名。

（3）按问题分类。按问题分类即按工作性质及有关事项的不同进行划分，如综合类、人事类、公关类、技术类等。按问题分类不受机构的限制。按问题分类要注意各类之间应划分清楚，不能互相包含，类名应该清晰明确。类与类之间可按重要程度和系统性排列。

在实际工作中，单纯采用一种分类法的情况是比较少见的，通常是选用几个级次，将几种分类法结合起来使用，这种划分方法就叫做复式分类法。常用的复式分类法主要有以下两种。

（1）保管期限—年度—组织机构分类法。这种方法是指先按保管期限进行分类，然后在每个保管期限下按年度分类，再在年度下面按机构进行分类。这种方法适用于内部机构虽有变化但不复杂的立档单位，一般组织常采用这种分类法。

（2）保管期限—年度—问题分类法。这种方法是指先按保管期限分类，然后在每个保管期限下面按年度分类，再在年度下面按问题分类。这种方法适用于不宜按机构分类的组织。

实训3 档案的装订

一、实训目标

通过本实训掌握档案装订的一般方法。

二、实训背景

王晨和同事花了几天工夫将所有的归档文件作了分类，然后将归档文件按"件"进行装订，并对一些有问题的文件进行了处理。

三、实训内容

按照实际情况演练归档文件的装订。

四、相关知识

归档文件应该以"件"为单位整理并装订。一般以每份文件为一件，文件正本与定稿为一件，正文与附件为一件，原件与复制件为一件，转发文与被转发文为一件，报表、名册、图册等一册（本）为一件，来文与复文为一件。

对于有问题的文件需要进行修整。有问题的文件一般有以下三种。

（1）修裱破损文件。使用黏和剂和选定的纸张对破损文件进行修补或托裱，恢复文件的原有面貌，增加强度，延长寿命。修补主要针对一些有孔洞、残缺或折叠处被磨损的文件；托裱是在文件的一面或两面托上一张纸用以加固文件。

（2）复制字迹模糊或易退色变质的纸质文件。采用复印的方式，对字迹模糊或易退色变质的纸质文件进行复制。

（3）对超过 A4 纸张边缘的文件进行折叠。

实训 4　归档的步骤

一、实训目标

通过本实训熟悉并掌握归档文件整理的步骤。

二、实训背景

王晨是宏达公司的办公室秘书，负责公司的档案管理工作。对于公司往来的文件的管理，王晨非常认真负责，对办公室工作中形成的、办理完毕的、具有参考利用价值的管理性文件、会议文件、重要文件的历次修改稿、电话记录、电报、公司内部简报等，都认真细致地进行登记、收集、定期归档。由于王晨管理认真、细致、科学，熟悉文件归档的制度和方法步骤，因此到了一年一度文件归档的时候，她和两个同事没有花费太多精力就将文件整理归档并移交给档案室。

三、实训内容

按照实际情况演练归档的步骤。

四、相关知识

第一，归档前，秘书要根据归档制度，确定归档范围（详见任务一的实训 1）。

第二，提前编制分类方案。就是在分类之前，先确定分类的级次，以及每一级采用什么样的分类方法或每一级的主要内容，然后把各个类目的名称一一列举出来，形成一个大纲。主要按保管期限、组织机构和问题三种方法进行分类。经常会用复式分类法，如保管期限—年度—组织机构分类法等。

> **示例一**
>
> 保管期限—年度—组织机构分类法：
>
> 永久：　　　　2006 年　　　财务部
> 　　　　　　　销售部
> 　　　　　　　……　　　　　……
> 　　　　　　　2007 年　　　财务部
> 　　　　　　　销售部
> 　　　　　　　……　　　　　……
> 定期（30 年）：2006 年　　　财务部

		销售部
	……	……
	2007 年	财务部
		销售部
	……	……
定期（10 年）：	2006 年	财务部
		销售部
	……	……
	2007 年	财务部
		销售部
	……	……

第三，做好归档文件的平时整理，即文书人员依据文件的分类方案及时收集已经处理完毕的文件材料，以"件"为单位进行装订，并按有关类目随时归整，装入案盒，到年终或第二年年初再严格按归档的要求进行调整。

第四，归档文件应收集齐全、完整，符合归档质量要求。

第五，按照《归档文件整理规则》进行系统整理，主要包括确定案盒内归档文件（通过检查调整，将案盒内的文件进行准确分类、排列、编号）、填写案盒（填写归档文件目录、备考表、案盒封面、盒脊）。

1. 确定案盒内归档文件

确定案盒内归档文件是指在平时归整的基础上，详细检查每个案盒内积累的文件，按照文件整理归档的原则和要求进行调整，并进行案盒内文件的排列、编号，最后确定案盒内归档文件。

（1）检查调整。确定案盒内归档文件前要做好检查调整工作。检查归类的文件是否齐全，剔除重份的、不需要归档的和没有保存价值的文件；检查该案盒内的文件是否符合保管期限；检查归类是否合理，是否将相同事由的文件集中排列；检查是否以"件"为单位；检查盒内文件数量是否适宜等。如果发现不合理的地方，就要进行调整和补充。例如定稿和正本是否装订在一起，请示和该文批复是否作为一件归类等。

在检查调整时要正确理解"件"的含义，《归档文件整理规则》要求文件的正本与底稿、正文与附件、原件与复制件、转发文与被转发文、来文或去文与复文等应视为一件。因为它们之间彼此紧密联系，作为一件是不影响今后的检查利用的。这里要注意不能将同一事由的文件作为一件，其余作为附件来处理，这是不正确的，这种做法必然给将来的检索利用带来麻烦。另外，来文或去文与复文，如果在第二年检查调整之时还没有收到复文的，也可将来文或去文单独作为一件，并在"备考表"中说明"暂未收到复文";简报可一期一件;会议文件较多也可每份为一件;会议记录原则上一次会议记录为一件,采用会议记录本(册)的也可一本(册)为一件;重要文件(如规章、制度等)须保留历次修改稿的,其正本为一件,历次稿(包括定稿)为一件。

以件为单位装订时,正本在前,定稿在后;正文在前,附件在后;原件在前,复制件在后;转发文在前,被转发文在后;复文在前,来文或去文在后;不同文字的文本,无特殊规定的,中文本在前,其他文字文本在后。

(2)案盒内归档文件的排列。归档文件的排列是指在分类方案的最低一级类目即条款和条目内,根据一定的方法确定归档文件先后次序,并以"件"为单位进行排列的过程。归档文件的排列方法有下列四种。

① 按事由结合时间排列。文件排列一般应将相同事由的文件排列在一起,然后将相同事由的各"件"结合时间进行排列,即时间早的排在前,时间晚的排在后。这里的"时间"主要是指文件形成的时间,有些文件也可依据文件的处理时间,如工作计划等。

② 按事由结合重要程度排列。首先将相同事由文件排列在一起,再把主要职能活动或重要活动形成的文件排列在前,其他工作形成的文件排列在后,或将综合性工作形成的文件排在前面,具体业务性工作形成的文件排在后面。

③ 按事由具有的共同属性分别集中排列。例如成套的文件像会议文件、统一报表等,应将会议文件依次排列在一起,各种统一报表集中一起,然后结合时间或重要程度进行排列。不可将成套文件同其他文件混排在一起,但某份文件内表格除外。再如,一件事有几个作者,可先按作者,再按时间排列;一件事有几个地区,可先按地区,再按时间排列等。

④ 短期保管的文件可按办理完毕后归档的先后顺序排列。

(3)案盒内归档文件的编号。案盒内归档文件经过系统排列后,应依分类方案和排列顺序逐件编号,以固定位置,统计数量,并便于保护文件和方便查找利用。归档文件编号方法是在文件首页上端的空白位置加盖归档章(如图8-1所示)。归档章的位置不限于首页右上角,只要是首页上端空白处都可以,但在整个案盒文件中,其位置应一致。

归档章设置的必备项目有:全宗号、年度、保管期限、室编件号、馆编件号。必备项目编号必须填写,设置的选择项目根据情况填写。选择项目有:机构(问题)。只采用"年度—保管期限"两级分类的单位,可以不填写机构或问题名称。

(全宗号)	(年度)	(室编件号)
*(机构或问题)	(保管期限)	(馆编件号)

(图示中"*"号栏为选择项)

图 8-1　归档章式样

归档章各项目的填写方法是：全宗号，填写同级国家综合档案馆给立档单位编制的代号。年度，填写文件的形成年度，以四位阿拉伯数字标注公元纪年，如"2009"。保管期限标注"永久"、"定期"，或使用其简称"永"、"定"或代码。室编件号，填写文件在同一保管期限内的排列顺序号。一般组织同一年度里、同一机构（问题）、同一保管期限下从"1"开始逐件编流水号。永久保管文件较少的组织，永久和长期保管的档案可以从"1"开始混编成一个流水号，按进馆要求编写。按组织机构分类的，填写形成或承办该文件的组织机构全称，如机构名称太长，可使用机构内部规范的简称。按问题分类的，直接填问题的类名。

2. 填写案盒事项

（1）填写案盒内归档文件目录表。在盒内文件排列完毕后，归档文件应依据分类方案和室编件号顺序编制归档文件目录，用于介绍盒内文件的成分和内容。归档文件应逐件编目，内容一般包括：件号、责任者、文号、文件题名、日期、页数和备注 7 项。

① 件号，即每件编一个号，填写室编件号；来文与复文作为一件，只对复文进行编号。

② 责任者，填文件的署名者或发文机关，责任者名称过长，可写通用的简称。

③ 文号，填写制发机关的发文字号，文号一般由机关代字、年度（用六角括号"〔 〕"括入）、顺序号三部分组成。

④ 文件题名，填写文件标题，对于原无标题的文件应根据内容补拟后填写，自拟标题外加方括号，以示同其他文件标题的区别。

⑤ 日期即文件的形成时间，用 8 位阿拉伯数字来标注年月日，如 20050306，此号的含义即为 2005 年 3 月 6 日。

⑥ 页数，填写每一件文件的总页数，文件中有图文的为一页，空白页不计数。

⑦ 备注，填写文件的变化和要说明的情况及问题。如表 8-1 所示。

表 8-1 归档文件目录

件 号	责任者	文 号	文件题名	日 期	页 数	备 注

归档文件目录应装订成册，一般一年一本，并编制封面。目录封面可视需要设置全宗名称（立档单位名称）、年度、保管期限、机构（问题）等项目。如图 8-2 所示。

这里要说明的是，归档文件目录统一制作完成后案盒内应存放本案盒的文件目录，并置于案盒文件最前面以方便查找。同时另备一份，同其他盒内目录按"件"号顺次装订成总目录，以供文件的检索利用。检索项目为：全宗号→年度→机构（问题）→保管期限→件号。（如图8-2所示）。

```
┌─────────────────────────────┐
│                             │
│       归 档 文 件 目 录      │
│                             │
│                             │
│     全宗名称 _____       │
│     年    度 _____       │
│     保管期限 _____       │
│     机    构 _____       │
│                             │
└─────────────────────────────┘
```

图 8-2　归档文件目录封面式样

（2）填写备考表。案盒的备考表放在案盒文件最后，说明盒内文件的状况，如该盒内文件缺损、移出、补充、销毁以及其他需要说明的问题等。并填写登记日期及归档文件整理完毕的日期、整理人、检查人。整理人，即负责整理文件的人员姓名；检查人，即负责检查归档文件整理质量的人员姓名（如图8-3所示）。备考表由整理人填写。

（3）填写案盒封面、盒脊。调整后的归档文件按档案室编件号顺序装入档案盒，并需要填写档案盒封面、盒脊。档案盒的外形尺寸为310毫米×220毫米（长×宽），盒脊厚度可视情况制作，厚度一般为20毫米、30毫米、40毫米。档案盒采用的材料必须经久、耐用，一般应采用无酸纸制作。

档案盒一般根据摆放方式的不同，在盒脊或底边设置全宗号、年度、保管期限、起止件号、盒号等。起止件号填写盒内第一件文件和最后一件文件号，中间用"—"号连接；盒号即档案盒的排列顺序号，在档案归档移交时填写，或以后由档案室填写。

第六，将系统整理后的案盒文件向档案室进行移交以便集中保管。

第七，移交时要注意办理好移交手续。

```
┌─────────────────────────────────┐
│                                 │
│        备  考  表               │
│                                 │
│   ┌─────────────────────────┐   │
│   │ 盒内文件情况说明        │   │
│   │                         │   │
│   │                         │   │
│   │                         │   │
│   │                         │   │
│   │                         │   │
│   │              整理人：   │   │
│   │              检查人：   │   │
│   │             年   月  日 │   │
│   └─────────────────────────┘   │
└─────────────────────────────────┘
```

图 8-3　备考表式样

任务 2　档案的鉴定

　　文件是否有保存价值，应该保存多长时间，这需要按照一定的规范进行鉴定。为了保证档案价值得到准确鉴定，秘书人员应该掌握档案价值鉴定的原则、标准和方法，结合实际进行分析，这样才能做出正确的判断。本节涉及如何鉴定档案的价值以及档案的销毁等实训项目。

实训 1　鉴定档案的价值

一、实训目标

　　通过本实训熟悉并掌握如何鉴定档案的价值。

二、实训背景

宏达公司在年末进行文件归档鉴定时,鉴定人员对于一些文件的保存价值产生了不同的看法和争论。有的人认为:直属上级部门是本公司的直接领导,因此,归档应该主要保留上级部门发给本公司的文件;本公司的文件不需要重点保存;下属公司的文件则更没有保存的价值。而有的人则认为:凡是本公司的文件都是重要的,都需要久保存;外来的文件则可以少保存或不保存。还有的鉴定人员提出,凡是对本公司没有查考利用价值的文件都应剔出,作为准备销毁的文件。为了统一鉴定人员的认识,档案员王晨找来《机关文件材料归档范围和文书档案保管期限规定》等文件和一些资料,供大家在鉴定过程中作为标准掌握。有了文件的指导,这些鉴定人员对档案价值的判断有了依据,认识得到了统一,圆满地完成了鉴定任务。

三、实训内容

按照实际情况演练档案价值的鉴定。

四、相关知识

1. 档案价值鉴定工作的内容

档案价值鉴定工作通常分以下三个阶段进行。

(1) 文件归档鉴定。这是各组织对于处理完毕的文件所进行的划定归档范围的工作。归档鉴定所依据的原则是国家档案局关于《机关文件材料归档和不归档的范围》的规定。各个组织也可以根据国家的规定确定本组织的归档范围。这项工作由组织的文书人员或秘书人员承担。

(2) 划定文件的保管期限。由于各种因素的影响,同属于一个归档范围的文件常具有不同的保管期限,为此,在确定归档范围之后还需要对文件划定具体的保管期限。这项工作也由组织的文书人员或秘书人员承担。

(3) 档案价值复审。除了永久保存的档案外,其他定期保存的文件在保管期满之后,需要对其价值进行复审,以确定是继续保存还是予以淘汰。档案价值复审主要采取以下两种形式。

① 到期复审。到期复审是指对于短期或长期保管的档案,在保管期满后重新审查其是否确实丧失了保存价值。对保管期满档案的复审周期可以逐年进行,也可以若干年度进行一次。这项工作由档案室(馆)承担。

② 移交复审。移交复审是指档案室向档案馆移交档案时,档案室人员和档案馆接收人员共同对所移交档案的保管期限进行的审查工作。

（4）销毁无价值档案。对于经归档鉴定和价值复审确认为没有保存价值的档案，应按照规定的手续和方法予以销毁。这项工作通常由档案部门承担。

2. 鉴定档案价值的标准

档案价值的鉴定标准有以下两项。

（1）档案属性标准。档案属性标准包括档案的来源标准（即档案的形成者），档案的内容标准（指档案所记载的事实、现象、数据、思想、经验、结论等，它是决定档案价值最重要、最本质的因素），档案的形式标准（指文种、形成时间、稿本和外观类型等），相关档案的保管状况标准（指档案的完整程度与内容的可替代程度）等。

（2）社会利用标准。社会利用标准主要指档案的利用方向与利用面。

3. 鉴定档案的基本方法

直接鉴定法是鉴定档案的基本方法。这种方法要求鉴定人员直接地、具体地审查每一份文件，从其作者、内容、文种、时间、可靠程度、完整程度等各方面进行考察，然后根据鉴定原则和标准判定其保管期限。不能仅根据文件的题名、文种、卷内文件目录、案卷题名或案卷目录等去确定档案的价值。

在鉴定档案时，以下情况需要加以注意。

（1）如果在鉴定时对一些文件是否保留存有疑义，则不要匆忙下结论。一般应掌握以下原则：保存从宽，销毁从严；孤本从宽，复本从严；本组织文件从宽，外组织文件从严。

（2）对于介于永久、定期之间两可的文件，可采取"就高不就低"的处理方法。

（3）在具有密切联系的一组文件中，如果只有一两件文件的保存价值较短，而其他文件均具有较长久的保存价值，则可合并立卷，从长保管。

在剔除保管期满的档案时，一般以卷为单位，以短从长，尽量不拆卷。如果一卷中只有个别文件需要继续保存，可以将其挑选出来，其他文件则剔除；如果一卷中只有个别文件失去保存价值，可暂不剔除，原卷继续保留。

实训 2　档案的销毁

一、实训目标

通过本实训熟悉如何销毁无保存价值和保管期满的档案。

二、实训背景

宏达公司在年末对公司文件进行归档鉴定，档案员王晨按照《机关文件材料归档范围和文书档案保管期限规定》等文件的要求，对公司档案价值进行了正确的鉴定，最后经过鉴定，有一批档案保管期满，不再有保存价值，王晨和同事按照销毁档案的规范程序对这批档案予以销毁。

三、实训内容

按照实际情况演练对保管期满和无价值档案的销毁。

四、相关知识

销毁档案应注意以下几个方面。

1. 编制档案销毁清册

档案销毁清册是登记经鉴定需要销毁档案的内容、成分、数量的表册。档案销毁清册封面的项目有：全宗号、全宗名称、编制档案销毁清册单位名称、编制时间等。档案销毁清册主表的项目有：序号、年度、档号、案卷或文件题名、文件数量、原保管期限、销毁原因、鉴定时间、备注等。

档案销毁清册一般是以全宗为单位编制，至少一式两份，一份留在档案室（馆），另一份送有关领导审查、批准；如果需要报送档案行政管理机关备案，则需一式三份。

2. 编制立档单位和全宗简要说明

立档单位和全宗简要说明的内容包括：立档单位和全宗历史概况、档案所属年代及其保管期限，销毁档案的数量及其内容、档案鉴定的概况和销毁档案的主要理由等。销毁档案的数量及其内容部分可以粗略地分类进行介绍。档案室（馆）应将立档单位和全宗简要说明与档案销毁清册一并向本组织领导人或主管领导部门送审。

3. 销毁档案的方法

准备予以销毁的档案经批准后，一般可将其送往造纸工厂作纸张原料。若档案室（馆）远离造纸厂或待销毁档案特别机密，则可采取自行焚毁的方式。严禁将需要销毁的档案作其他用途，更不允许作为废旧纸张、书刊出卖。销毁档案均需指派两人以上执行监销任务。档案监销人员在销毁现场监督，直至确认档案已经销毁完毕，然后在销毁清册上注明销毁方式、"已销毁"字样和销毁日期，并签字。

任务3 档案的检索

档案检索是对档案各类信息进行系统存储和根据需要进行查找的工作。它是开展提供利用工作的基本手段，是开发资料和档案信息资源的必要条件。秘书必须从利用者的角度出发，编制不同的档案检索工具，满足不同利用者的需要。本节主要涉及档案的著录标引和检索工具的编制等实训项目。

实训 1　档案的著录标引

一、实训目标

通过本实训掌握档案著录标引的一般方法。

二、实训背景

为了方便档案的利用，王晨和同事在整理好档案之后，又开始进行档案的著录标引和检索工具的编制。

三、实训内容

按照实际情况演练档案的著录标引。

四、相关知识

（1）著录标引是指将资料和档案信息的内容和形式特征用可以识别的规范化的检索语言反映出来的工作。在对内容特征进行标引时需要将其主题概念借助检索语言（分类表、主题词表）转换成规范化的检索标识。

（2）文件级条目著录项目及格式如图 8-4 所示。

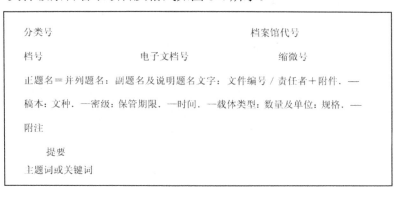

图 8-4　文件级条目著录项目及格式

实训 2　编制档案检索工具

一、实训目标

通过本实训掌握编制档案检索工具的一般方法。

二、实训背景

为了方便档案的利用，王晨和同事在整理好档案之后，又开始进行档案检索工具的编制。

三、实训内容

按照实际情况演练编制档案检索工具。

四、相关知识

（1）编制检索工具就是对著录标引后形成的条目加以系统排列，组成各种检索工具，或输入计算机，建立计算机检索数据库。各种检索工具共同组成检索工具体系，它是著录标引的体现，也是查找利用的基础。

（2）为了满足多方面的利用需求，应编制不同功能的检索工具。常用的检索工具有主题目录、分类目录、归档文件目录、全宗指南、人名索引等。

（3）目录是组织中最常用的检索工具，上司或员工需要查阅资料或档案时，常常是有意向的，这时查阅目录是最便捷的。组织中可以编制的资料和档案目录主要有：资料总目、不同种类资料目录、归档文件目录、档案分类目录、档案专题目录等。

（4）主题卡片目录的编制步骤是：编制条目、排列；专题卡片目录的编制步骤是：选题、选材、填卡、排列。

任务 4　档案的编研

档案参考资料是根据档案内容加工编写的一种书面材料。它所提供给利用者的不是档案原件或复制件，而是对档案内容经过研究、综合而加工编写成的作品。编写档案参考资料是档案提供利用的重点。因此，秘书一定要做好这项工作。

实训 1　编写大事记

一、实训目标

通过本实训掌握编写大事记的一般方法。

二、实训背景

王晨已经在宏达公司工作 3 年了，她一直负责档案管理工作。在工作中，她发现认真编写档案参考资料，可以大大提高档案的利用效率和效果。因此，她每年都和同事认真地编制各种档案参考资料。这几天，王晨收集了大量的资料，开始编写公司上一年的大事记。

三、实训内容

按照实际情况演练编写大事记。

四、相关知识

（一）档案参考资料的种类

档案参考资料的种类主要有：大事记、组织沿革、统计数字汇集、专题概要、全宗指南、文件汇编、会议简介、科技成果简介、企业年鉴、员工手册等。

（二）大事记的编写

大事记是按照时间顺序，简明地记载和反映一定历史时期、一定范围内发生的各种重大事件和重要活动的参考资料。大事记能够系统、扼要地记录重要事件的历史过程，客观地揭示其中各种因素及其相互关系，从而为人们查考事实、研究事物、发现规律提供可靠的资料。

1. 大事记的结构

（1）题名，即大事记的标题，其结构包括大事记的对象、内容、时间、名称等要素。其中时间可以直接列入标题之中，如《浙江省 1949 年—1963 年行政区划大事记》；也可以写在标题之下，如《南京大事记》（1949 年—1984 年）。

（2）编辑说明，也可称为编者的话等，是对大事记编写情况的概要说明，其内容包括：编写大事记的目的和读者对象；编写大事记的指导思想和原则；大事记的时间断限、选材标准、材料来源等；大事记的编写体例、结构及某些需要说明的编辑方法；编者的情况等。

（3）序言，通常用来介绍大事记记述对象的情况。如：介绍有关地区的历史发展、建制变化，有关单位的组织沿革、基本职能，有关专题的基本内容和特色，有关人物的主要生平事迹和社会影响等。序言的内容比较精练，篇幅短小，在编写上也可以与编辑说明合并。

（4）目录，也称"目次"，其作用是帮助读者查找大事记的条目。大事记的目录应根据编排体例编写；编年体大事记可以按照历史时期或年代列出大事条目所在页次，分类编年体可按所分类目列出大事条目所在页次。

（5）正文，是大事记的主体，要求简明、清晰地反映大事的情况。

（6）按语和注释。按语是简要介绍某一事件或问题历史背景和要点的说明性文字，起总括下文、引导阅读的作用，通常排在每个时期或类目之前。注释是对于一些在大事记中出现的现在的人比较陌生的人物、地名、词语等进行解释的文字，有脚注和尾注两种形式，其作用是帮助读者理解文中的含义。

（7）附录，是大事记的辅助材料，通常包括参考书目、大事主题索引、人名索引、地名索引、行政区划图，以及大事记涉及的地区、单位的具有代表性的数据或图表等。附录的种类根据大事记的内容和读者对象的特点而定，置于正文之后，以便于读者查阅。

2. 大事条目的编写方法

大事记的条目通常由大事时间和大事记述两部分组成，在每一个条目中可注明大事材料的来源，以便查对。

（1）大事时间。大事记中时间是大事发生的重要的历史坐标，因此，必须记载准确的年、月、日，然后再按大事发生的时间顺序进行排列；有些特殊事件还要写明确切的时、分、秒。

如果某条大事的日期不完整或不清楚，经考证后仍无法确定，则日不清者，该条目附于月末，称为"是月"、"本月"；月不清者，附于年末，称为"是年"、"本年"；年不清者，一般不记。

（2）大事记述。大事记述是大事记的核心部分。它通过对许多重大历史事件的记述，反映一个组织发展的概貌及其规律性。因此，应选用确属重大事件的材料，避免事无巨细地罗列材料；同时也要防止片面摘取和割裂材料，不能全面地反映重大事件的真实面貌。其记述的方法和要求如下：一是一条一事；二是大事突出，要事不漏，小事不要；三是文字简明；四是因果始末清楚；五是观点正确，选材真实；六是可作适当评价。

实训 2 编写会议简介

一、实训目标

通过本实训掌握编写会议简介的一般方法。

二、实训背景

王晨已经在宏达公司工作 3 年了，她一直负责档案管理工作。在工作中，她发现认真编写档案参考资料，可以大大提高档案的利用效率和效果。因此，她每年都和同事认真地编制各种档案参考资料。这几天，王晨收集了大量的资料，开始编写公司上一年的会议简介。

三、实训内容

按照实际情况演练编写会议简介。

四、相关知识

会议简介是简明扼要地记述会议过程和基本情况的参考资料。各种重要会议都可以编写会议简介。一般说来会议文件数量较多，常规性会议文件分别保存在不同年代中，将重要会议的基本情况编写成介绍材料，对于利用者了解会议简况，总结工作经验，查证某一问题或筹办新的会议具有很好的参考价值。因此，会议简介可帮助利用者迅速准确地查询会议情况。

（一）会议简介的内容

编写会议简介的材料来源主要是会议文件，包括会议通知、开幕词、报告、记录、决议、简报、闭幕词、公报、会议纪要等。会议简介的内容主要有以下几点。

（1）会议的名称和届次。如《海天公司第一届职工代表大会简介》。

（2）会议的时间、地点及主持人。

（3）会议参加人员。对于出席会议的重要领导人和来宾可标明姓名及职务，其他代表只标明人数；如果需要，可将与会人员名单作为附录附后。

（4）会议的主要议程及内容。这是会议简介的主体部分，其中应着重记述会议主要报告的题目及内容要点，会议讨论的有关问题，会议通过的决议、报告、提案等事项的名称及内容要点，选举结果等。对于选举结果，一般只标明选举出的主要领导人姓名及职务以及委员、候补委员的人数即可，需要时亦可将全部选举结果以附录形式附后。

（二）编写会议简介的要求

编写会议简要时有以下几点要求。

（1）事实清楚、准确，无论是会议基本情况还是会议内容都不能出现重要遗漏或失实现象。

（2）会议情况介绍线条清楚，属于同类历届会议的简介应按届次顺序排列，汇集成册并编制目录。

（3）语言简练，要点突出。会议情况可以从简介绍，会议的报告和重要事项应详细一些；为避免历次会议介绍大同小异，面目相似，应注意对每次会议特色的介绍；必要时可以对会议的意义、效果做简要评价。对于专业会议，更要注意写出其专业特色。

为了写好会议简介，需要全面认真地研究有关会议的文件，尤其是会议报告、决议、简报、记录等，从中了解会议的主要精神这样才能介绍得清楚、准确，抓住要点。

任务5 档案的保管

档案的保管是档案管理中的一个重要环节,指档案的存放管理和维护档案完整与安全的活动。档案的保管是档案能够提供持续服务的基本保障,因此,秘书必须积极采取措施,做好此项工作。

实训 档案的保管

一、实训目标

通过本实训掌握档案保管的一般方法。

二、实训背景

宏达公司非常重视公司的档案管理工作,由办公室秘书王晨承担档案管理的职责。公司设有专门的档案保管库房,库房内的档案柜排放得整齐合理,库房及库房内的档案柜都统一编号,也编制了档案存放位置索引,科学而有序。这天,王晨正指导几个办公室的新进人员如何保管档案。

三、实训内容

按照实际情况演练档案的保管。

四、相关知识

库房存档需要注意以下几点。

(1)库房编号有两种方法:一种是为所有的库房编一个总的顺序号;另一种是根据库房所在地的方位及库房建筑的特征进行分区编号。库房少的通常采用编总顺序号的方法。

(2)房子内部的编号,应根据建筑及房间的划分情况进行编号。楼房,自下而上编层号;每层房间,从入口开始,从左向右编间号。

(3)库房中柜架的排放应整齐一致,避光通风。

(4)柜架编号的方法是,自门口起从左至右编架(柜)号,每架(柜)也自左向右编号,每栏的格自上而下编号。

任务6 档案的利用

档案利用工作是指公司档案室向利用者提供档案材料以满足其利用的需求,

即向利用者提供服务的工作。提供利用工作体现了档案工作的根本目的，它是发挥各组织档案信息在企业经营、商务活动中创造效益的重要手段。这项工作做得如何，是衡量秘书服务理念和业务素质的重要标志，也是展示企业管理水平和员工风貌的一个"窗口"。秘书只有非常熟悉档案情况，才能提高提供利用服务的质量。秘书只有了解公司员工的信息需求，才能有针对性地提供服务。

实训 1　档案的查找利用

一、实训目标

通过本实训使学生掌握手工查找档案的方法和应用档案管理软件查找档案的方法，为档案利用者提供服务，实现档案管理的最终目的。

二、实训背景

宏达公司与超凡公司之间因某项业务出现了纠纷，现需查找 7 年前与超凡公司签订的一份合同以解决纠纷，档案员王晨需在短时间内在众多的档案中快速准确地查找到 7 年前的这份合同，她和同事该怎么办呢？

三、实训内容

按照实际情况演练档案的查找利用。

四、相关知识

档案的查找利用需要注意以下几点。

（1）档案提供利用的类型主要有原件、复制品（件）以及综合档案内容编写书面材料等。

（2）档案提供利用的方式方法主要有制发复制品（件）、咨询服务、出具证明、提供阅览、办理外借、举办展览等。

（3）档案在提供利用的过程中，一定要注意维护档案的安全。

（4）只有熟悉档案情况，能够熟练使用档案检索工具，熟悉档案管理软件操作方法，才能快速查找档案，为利用者提供方便快捷的服务。

实训 2　档案的阅览服务

一、实训目标

通过本实训使学生掌握如何提供档案的阅览服务。

二、实训背景

宏达公司随着业务量的激增，许多员工积极钻研业务，经常来找档案管理员王晨借阅档案。可是公司没有专门的阅览室，造成了很大的不便。王晨考虑到公司员工对档案信息的需求，就征得公司领导的同意，专门筹建了档案阅览室。在明确了制度、配齐了相应设备后，就投入了使用。王晨也非常热情负责地为大家提供服务。从此，公司员工可以更加方便的借阅档案，查找信息。王晨的工作得到了大家的一致肯定。

三、实训内容

按照实际情况演练档案的借阅服务。

四、相关知识

（1）就一个企业而言，可供阅览的档案是企业非密档案。通常科技档案、人事档案、会计档案等专门档案必须征得领导同意方可查阅。因此，秘书应首先明确可供阅览的资料与档案范围。

（2）阅览室应从选址、环境、配置都达到一定的要求。

（3）随着办公手段现代化的普及，各种非纸质载体资料与档案的大量涌现，可开辟电子阅览室，并在资料与档案的阅览设施方面也要提供相应的配备。如电子计算机（方便利用者阅读机读文件、光盘文件等）、录音机和放像机（方便利用者借阅磁带、录像带等）、阅读器（方便利用者阅读缩微胶片等）、投影仪（方便利用者鉴赏珍贵的实物载体档案等）。

任务7 电子档案的管理

随着信息产业和电子科学技术的飞速发展，电子档案在档案工作中所占比例越来越大，发挥着日益重要的作用。档案的电子化、数字化是档案发展的必然趋势，电子档案的建立和利用使得档案的管理和查询更加方便、快捷。秘书人员只有针对电子档案的特性，采取相应的管理办法，才能充分发挥电子档案的优势，使档案工作为企业的发展服务。

实训1 收集电子档案

一、实训目标

通过本实训掌握收集电子档案的一般方法。

二、实训背景

宏达公司办公室根据文档管理的需要，添置了一套文档一体化管理软件，实现了文档管理现代化。档案管理员王晨和在做好纸质档案管理的同时，积极学习电子档案的收集和管理。

三、实训内容

按照实际情况演练收集电子档案。

四、相关知识

收集电子文件时，除参照执行国家档案局关于《机关文件材料归档范围和保管期限规定》的规定和其他有关科技文件、专门文件归档范围的规定外，还应根据电子文件的特点从以下几方面确定详细的归档范围。

（1）在行使本组织职能以及行政管理、业务管理活动中形成的各种文本文件。对需要保存草稿的重要文件，在修改时应保留原件，加版本号后积累，将草稿和定稿一并归档。

（2）利用计算机辅助设计（CAD）、辅助制造（CAM）、检测、仿真实验等技术形成的具有查考利用价值的数据文件、图形文件和模型文件。

（3）本组织制作的各种数据文件，如数据库、图形库、方法库等。

（4）与本组织制作的文本文件、图形文件、模型文件、数据文件有关的各种命令文件，如计算程序、控制程序、管理程序等。命令文件有的是本组织根据需要自行编制的，也有的是以购买方式获得的。档案室已有的命令文件不必重复归档。

（5）设备运行所需要的操作系统。档案室已有的操作系统不必重复归档。

（6）与电子文件有关的各种纸质文件，主要包括两方面内容：一是产生电子文件所使用的计算机硬件说明文件，如计算机技术说明书、图纸、使用说明书、操作手册等；一是在电子文件形成过程中产生的纸质文件，如系统设计任务书、说明、程序框图、测试分析报告、技术鉴定材料等。

实训 2　档案管理软件的应用

一、实训目标

通过使用档案管理系统，使学生熟悉电子文件的日常管理、查询和立卷归档的工作流程，学会使用档案管理软件进行档案管理工作。

二、实训背景

宏达公司办公室根据文档管理的需要，添置了一套文档一体化管理软件，实现了文档管理现代化。档案管理员王晨和在做好纸质档案管理的同时，积极学习电子档案的收集和管理。

三、实训内容

按照实际情况演练档案管理软件的应用。

四、相关知识

电子文档一体化管理主要是通过计算机管理软件来实现。这样的文件和档案管理软件通常是一个包括文件发文处理环节、收文处理环节、分类、鉴定、立卷、归档、接收、著录、标引、检索、调阅、登记、统计等全部文书处理与档案管理环节的系统。该系统在运行时，组织日常管理和经营活动中生成的数据、文件、表格、单据等均在计算机网络上进行传递、交换、处理和管理；同时，电子文件的目录、索引自动生成，并可以实现即时归档。各种信息的用户及管理者通过身份验证系统得到使用权限的确认后，才能进入系统进行操作。

项目 9　办公自动化

由于科技的进步和互联网的应用，办公自动化（Office Automation，为 OA）已经深入到工作和生活的各个领域，程度也越来越高。办公自动化将秘书从大量重复的劳动中解脱出来，大大提高了秘书的工作效率。因此，如何有效地运用办公自动化的设备和软件，成为秘书必须解决的问题之一。

任务 1　常用办公设备的使用和维护

办公设备是秘书进行办公自动化操作的工具，掌握办公设备使用和维护的基本常识是秘书必备的基本技能之一。本节主要讲述传真机、复印机、打印机、刻录机等办公设备的使用和维护。

实训 1　传真机的使用

一、实训目标

通过实训，要求学生掌握传真机的具体操作方法。

二、实训背景

公司办公室秘书王晨接受了公司总经理的一项任务：把一份机密文件传给销售部。但她不会操作，于是请教办公室主任。

三、实训内容

根据实际情景，演练传真机的操作和使用。

（1）掌握传真机的具体操作方法。

（2）根据实际情况设计工作环境进行演练，并按照要求完成相应的实训任务。

（3）演练传真机拨打电话、收发传真以及使用传真机复印资料等。

（4）先由教师讲解并演示传真机的使用方法，再由学生逐个操作收发传真、使用传真机复印，解决卡纸问题等，教师根据学生操作的熟练程度以及操作程序规范与否综合评分。

（5）全部实训任务应在 2 课时内完成。

四、相关知识

（一）传真机的操作流程

1. 发送传真

放置好发送原稿，输入要传真的号码，等待对方的回应；当听到对方的应答信号时，发方按启动键，文稿会自动进入传真机，开始发送文件；挂上话机，等待发送结束。

2. 接收传真

接收模式有以下几种。

（1）手动接受：电话铃响时，拿起话筒，可互相通话，通话后若要传真，可按"传真"键并挂好话筒即可。

（2）自动接收：话机振响后，传真机即自动进入接收，或是在话机振铃时，可拿起话筒和对方通话，按"传真"键可进入接收状态。

（3）电话/传真自动切换：振铃时传真机会判断此为电话或传真，然后进行接收。

（二）传真机使用注意事项

使用传真机时应注意如下事项。

（1）选择的安装场所，勿与产生噪声的电器共用电源，避免阳光的直射和灰尘的侵害。

（2）除待传送的文稿之外，不要在传真机上放置任何东西。

（3）传真机在工作时，决不可打开传真机的机盖；在打开机盖取出东西前，一定要拔掉电源。

（4）保持传真机的清洁。

（5）防止卡纸及其他故障。

实训 2 复印机、打印机的使用

一、实训目标

通过实训，要求学生掌握复印机、打印机的具体操作方法。

二、实训背景

公司办公室新买进一台复印机和一台打印机，办公室主任决定请秘书王晨给新进的两名秘书演示复印机和打印机的操作过程。

三、实训内容

根据实际情景，演练复印机、打印机的操作和使用。

四、相关知识

（一）复印机的使用

1. 复印机的操作流程

（1）将纸装入纸盒，注意不要将纸装的高出纸盒。

（2）基本复印操作：

接通电源开关，进行预热；打开复印盖，将原稿面朝下放好，并于左边标尺成一条直线；合上复印盖，设置复印条件（包括复印张数、放大倍数、复印浓度等）；开始复印。

2. 复印机使用注意事项

使用复印机时应注意如下事项。

（1）应使用稳定的交流电，电压为220V。

（2）注意防高温、防尘、防震。

（3）尽量避免太阳直射，要适度通风。

（4）不要将复印机放置在不稳定或倾斜的地方，减少搬动的次数。

（5）在使用之前要预热。

（6）保持复印机玻璃台清洁，无划痕、涂改液、指印等斑迹。

（7）要防止复印机卡纸。

3. 复印机的维护

（1）复印机要定期保养。指定期对静电复印机的感光鼓、显像装置、供输纸机构等进行检查、清洁、润滑、调整或更改，排除故障隐患，确保复印机运转的可靠性。

（2）复印机要定期清洁。

（3）复印过程中常见问题及其处理。

① 卡纸：发生卡纸现象后，需要打开机门或左右侧板，取出卡纸的纸张，调整后再重新放入。复印机卡纸是不能避免的，如果经常卡纸，说明机器有故障，需要进行维修。

② 复印图像太浅：可能是墨粉太少或载体使用时间太长了，应该适当添加墨粉或稍做调整。

③ 复印玻璃污点：复印玻璃或复印盖上有污点。应用柔软的清洁布擦拭复印玻璃及复印盖。如有必要，可用沾水的湿布，切忌使用易于挥发的清洁剂清洁。

（二）打印机的使用

1. 打印机的操作流程

（1）安装打印机（硬件安装和软件安装）。

（2）设置打印的条件（如打印的范围、打印的页数、打印的内容等）。

（3）开始打印。

2. 打印机使用注意事项

使用打印机时应注意如下事项。

（1）打印机的放置要合适，要远离灰尘多、有液体的地方；避免太阳直射和强磁场。

（2）保持打印机的清洁。

（3）较长时间不用打印机时，应把电源线拔下来。

（4）使用针式打印机时，为了防止对打针头的损害，没有纸或色带时，不要打开打印机；不要重复用同一根针打印；打印时，不用手摸打印头。

（5）要注意保养激光打印机的感光鼓。

（6）使用喷墨打印机时要注意保养喷墨打印机的喷头。

实训 3　刻录机的使用

一、实训目标

通过实训，要求学生掌握刻录机的具体操作方法。

二、实训背景

办公室中的一台电脑配置了 DVD 刻录机，秘书王晨发现好多人都想利用中午时间来办公室看光碟。王晨就写了一张小纸条贴在电脑旁边，告诉大家尽量不要用刻录机看光碟，并告知大家刻录机的使用方法。

三、实训内容

根据实际情景，演练刻录机的操作和使用。

四、相关知识

（一）刻录机的使用

（1）连接光盘刻录机和计算机（根据连接操作说明进行）。

（2）光盘刻录机驱动程序与刻录软件的安装。

刻录机硬件安装完成后，就可以安装驱动程序和刻录软件了。安装时先安装驱动程序，再安装刻录软件。将安装程序放入电脑 CD-ROM，启动 SETUP 程序，根据提示进行安装即可。

（3）在光盘刻录机中放入刻录光盘，启动刻录软件进行刻录，按照提示进行即可。如进入 Nero Express 后，先选要刻哪种光盘（有 VCD 和 DVD 两种），然后选"数据光盘"里的"数据光盘"，再选择添加（把想考的文件添加进去就行了），注意下面有一条红线，那是光盘容量的大小，不要超过光盘容量的上限，选"下一步"，"刻录"即可。

（4）需要注意的是，尽量不要在电脑上安装两种或多种不同品牌的刻录软件，以避免出现问题。

（二）刻录机使用注意事项

刻录机使用时应注意如下事项。

（1）安装时注意散热。尽量使刻录机与硬盘等设备离远一些，这样会有利于刻录机的散热。较好的散热可以延缓刻录机各部件的老化，从而延长刻录机的使用寿命。

（2）保持清洁。平时要做好刻录机的防尘工作，定期对刻录机外壳进行清洁，及时除掉壳体上的灰尘。

（3）避免刻录机长时间工作。长时间工作会导致激光头热量越聚越高，刻录机的温度也会升高，有可能导致刻录出错甚至损坏光盘。最好不要让刻录机长时间工作，尽量不要用刻录机去听歌、看碟片等。

（4）在刻盘的过程中尽量不要执行其他程序，保证刻盘的成功，也不要随意关闭刻录软件。

（5）刻录工作完毕后应及时将盘片取出，不要留在机体内。如果盘片留在机体内，在下次电脑开机时，光驱会自动检测到机体内有盘片而自动读盘，久而久之会缩短激光头的使用寿命。

实训 4　扫描仪的使用

一、实训目标

通过实训，要求学生掌握扫描仪的具体操作方法。

二、实训背景

办公室中的一台电脑配置了扫描仪，秘书王晨发现好多人不会使用扫描仪，她向办公室主任自荐，要教办公室同事使用扫描仪。

三、实训内容

根据实际情景，演练扫描仪的操作和使用。

四、相关知识

扫描仪已经成了我们日常办公和生活的必备产品。多了解一些扫描仪的使用保养常识有利于提高工作效率。

通常消费者在选购扫描仪产品的时候，往往只注意说明书上标注的技术指标，但是多少dpi扫描分辨率、多少bit色彩位数，已经不能完全反映一台扫描仪的质量好坏。下面以中晶科技公司出品的Microtek扫描仪为例，提供一些简单的方法，可以对扫描仪的感光元件质量、传动机构、分辨率、灰度级、色彩等性能进行简单有效的检测，以使消费者不会因为贪图便宜而吃亏上当。

（1）检测感光元件：扫描一组水平细线（如头发丝或金属丝），然后在ACDSee 32中浏览，将比例设置为100%观察，如纵向有断线现象，说明感光元件排列不均匀或有坏块。

（2）检测传动机构：扫描一张扫描仪幅面大小的图片，在ACDSee 32中浏览，将比例设置为100%观察，如横向有撕裂现象或能观察出的水平线，说明传动机构有机械故障。

（3）检测分辨率：用扫描仪标称的分辨率（如300dpi、600dpi）扫描彩色照片，然后在ACDSee 32中浏览，将比例设置为100%观察，不会观察到混杂色块为合格，否则分辨率不足。

（4）检测灰度级：选择扫描仪标称的灰度级，扫描一张带有灯光的夜景照片，注意观察亮处和暗处之间的层次，灰度级高的扫描仪，对图像细节（特别是暗区）的表现较好。

（5）检测色彩位数：选择扫描仪标称色彩位数，扫描一张色彩丰富的彩照，将显示器的显示模式设置为真彩色，与原稿比较一下，观察色彩是否饱满，有无偏色现象。要注意的是：与原稿完全一致的情况是没有的，显示器有可能产生色偏，以致影响观察，扫描仪的感光系统也会产生一定的色偏。大多数高、中档扫描仪均带有色彩校正软件，但仅有少数低档扫描仪才带有色彩校正软件，请先进行显示器、扫描仪的色彩校准，再进行检测。

（6）OCR文字识别输入检测：扫描一张自带印刷稿，采用黑白二值、标称分辨率进行扫描，300dpi的扫描仪能对报纸上的5号字作出正确的识别，600dpi的扫描仪几乎能认清名片上的7号字。

（二）扫描仪的使用和保养

作为普通用户来说，不仅要购买一台质量过关、方便耐用的扫描仪产品，而且学会正确使用和进行简单的保养也是非常重要的。

（1）一旦扫描仪通电后，千万不要热插拔SCSI、EPP接口的电缆，这样会损坏扫描仪或计算机，当然 USB 接口除外，因为它本身就支持热插拔。

（2）扫描仪在工作时请不要中途切断电源，一般要等到扫描仪的镜组完全归位后，再切断电源，这对扫描仪电路芯片的正常工作是非常有意义的。

（3）由于一些 CCD 的扫描仪可以扫小型立体物品，所以在扫描时应当注意：放置锋利物品时不要随便移动以免划伤玻璃，包括反射稿上的订书针；放下上盖时不要用力过猛，以免打碎玻璃。

（4）一些扫描仪在设计上并没有完全切断电源的开关，当用户不用时，扫描仪的灯管依然是亮着的，由于扫描仪灯管也是消耗品（可以类比于日光灯，但是持续使用时间要长很多），所以建议用户在不用时切断电源。

（5）扫描仪应该摆放在远离窗户的地方，应为窗户附近的灰尘比较多，而且会受到阳光的直射，会减少塑料部件的使用寿命。

（6）由于扫描仪在工作中会产生静电，从而吸附大量灰尘进入机体影响镜组的工作。因此，不要用容易掉渣儿的织物来覆盖（绒制品，棉织品等），可以用丝绸或蜡染布等进行覆盖，房间适当的湿度可以避免灰尘对扫描仪的影响。

（三）扫描仪使用常见问题

扫描仪使用时常见的问题有以下一些。

（1）打开扫描仪开关时，扫描仪发出异常响声。这是因为有些型号的扫描仪有锁，其目的是为了锁紧镜组，防止运输中震动，因此在打开扫描仪电源开关前应先将锁打开。

（2）扫描仪接电后没有任何反应。有些型号的扫描仪是节能型的，只有在进入扫描界面后灯管才会亮，一旦退出后会自动熄灭。

（3）扫描时显示"没有找到扫描仪"。此现象有可能是由于先开主机，后开扫描仪所导致，可重新启动计算机或在设备管理中刷新即可。

（4）扫描仪在扫描时出现"硬盘空间不够或内存不足"的提示。首先，确认硬盘及内存是否够，若空间很大，请检查您设定的扫描分辨率是否太大造成文件数据量过大。

（5）扫描时噪声奇大。拆开机器盖子，用滴了缝纫机油的纸巾将镜组两条轨道上的油垢擦净，再将缝纫机油滴在传动齿轮组及皮带两端的轴承上（注意油量适中），最后适当调整皮带的松紧。

（6）扫描时间过长。检查硬盘剩余容量，将硬盘空间优化，先删除无用的 TMP（临时文件或垃圾文件）文档，做 Scandisk（磁盘扫描），再做 Defrag（磁盘碎片整理）或 Speed Disk（磁盘整理工具）。请注意：如果最终实际扫描分辨率的设定，高于扫描仪的光学分辨率，则扫描速度会变慢，这是正常现象。

实训 5　可 视 电 话

一、实训目标

通过实训，要求学生掌握什么是可视电话，了解安装可视电话的注意事项等。

二、实训背景

宏达公司近期要安装一批可视电话，行政经理要求秘书王晨将安装可视电话的注意事项以备忘录的形式通过电子邮件发给他，王晨立即按照行政经理的要求完成了这项工作。

三、实训内容

根据实际情景，演练如何了解可视电话的安装和使用。

四、相关知识

可视电话是利用电话线路实时传送人的语音和图像（用户的半身像、照片、物品等）的一种通信方式。如果说普通电话是"顺风耳"的话，可视电话就既是"顺风耳"，又是"千里眼"了。

1. 可视电话的分类

可视电话根据图像显示状态的不同，可以分为静态图像可视电话和动态图像可视电话。

（1）静态图像可视电话是指在电话荧光屏上显示的图像是静止的，话音信号和图像信号是利用现有的模拟电话系统交替传送，即传送图像时双方之间不能进行通话；传送一帧用户的半身静止图像需 5～10 秒的时间。静态图像可视电话现已在公用电话网上得到广泛的使用。

（2）动态图像可视电话是指在电话荧光屏上显示的图像是活动的，用户可以看到对方活动或说话的形象。动态图像可视电话图像信号包含的信息量较大，所占的频带较宽，一般不能直接在用户线上传输，需要把原有的图像信号数字化，变为数字图像信号，还必须采用频带压缩技术，对数字图像信号进行"压缩"，使频带变窄后才可在用户线上传输。动态图像可视电话的信号因是数字信号，所以要在数字网中进行传输。动态图像可视电话因成本较高尚未大量应用。随着微电子技术的发展，大规模、超大规模集成电路的广泛使用，以及综合业务数字网的迅速发展，动态图像可视电话必然会在未来的通信中发挥重要的作用。

2. 安装可视电话注意事项

安装可视电话时，为了电话机的正常工作，要把电话机安装于平稳、干燥的地方；要远离灰尘较多、易燃气体浓度较大的场所，要避免阳光直射，远离暖气发热的地方。

3. 使用可视电话注意事项

使用时，不能对液晶显示屏和摄像头过度施力，擦拭摄像头或液晶显示屏时不能用硬布擦拭，要用柔软干净的布轻轻擦拭；可视电话必须使用专用的电源适配器，在拔下电源适配器时，必须先断开电源；如果长时间不用时，必须拔下电源线。

实训6 碎纸机的使用

一、实训目标

通过实训，要求学生掌握碎纸机的具体操作方法。

二、实训背景

办公室新购置了一台碎纸机，秘书王晨发现好多人不会使用碎纸机，她向办公室主任自荐，要教办公室同事使用碎纸机。

三、实训内容

根据实际情景，演练碎纸机的操作和使用。

四、相关知识

碎纸机使用的注意事项如下所示。

（1）碎纸机应靠近有插座的地方使用，以方便紧急切断电源。留意机器面盖上的安全警示标志，防止衣服、领带、首饰或头发卷入机器，以确保人身安全。

（2）不要将手指伸入碎纸口，以防发生意外事故。请勿将回形针、图钉、塑料袋或布类等硬质物品放入机器，以免对机器刀具造成不必要的磨损从而降低碎纸性能。

（3）务必使机器远离儿童及宠物。

（4）为确保机器有长久的使用寿命和良好的性能，每次碎纸数不要超过定额，还有，请不要将机器长时间置于有热源的地方或潮湿环境中使用。

（5）如发生意外情况，请立即关闭电源开关，或者直接拔掉插头。

（6）切勿以任何方式自行改造机器内部结构或电源连线。若机器本体或电源有任何破损，请勿使用，并同经销商联系或拨打服务热线。

（7）因纸质的不同，或温度和湿度的不同，最大碎纸数和连续碎纸时间会有较大差异。

（8）持续碎纸过程中由于马达的温度上升会带来最大可碎纸数量的减少。

任务 2　办公软件的使用

办公软件（Microsoft Office）是微软公司开发的办公自动化软件，主要包括 Word、Excel、PowerPoint、FrontPage、Access 等软件。掌握这些软件的操作，有利于秘书适应新时期办公室工作的要求，提高工作效率。

实训 1　办公软件 Word 的使用

一、实训目标

通过实训，要求学生能正确运用办公软件 Word。

二、实训背景

为了庆祝营业额突破××万元，公司决定召开一个新闻发布会。总经理让秘书王晨做一份方案，包括发给各个媒体单位的新闻通稿、预算表格，以及最后的宣传简报所有操作都要用到办公软件 Word。

三、实训内容

根据实际情景，演练如何使用 Word。

四、相关知识

此实训主要涉及的办公软件 Word 的使用，主要包括以下内容：

（1）新闻通稿的写作涉及简单的 Word 排版知识。Word 排版知识主要包括字体、字号、段落、页面设置等操作。

（2）制作预算表格主要涉及 Word 中有关表格的操作。Word 表格操作主要包括表格的制作、修改、删除、添加、合并单元格、表格中文本的输入及编辑等内容。

（3）宣传简报的制作主要涉及 Word 的高级排版知识。页眉页脚的设置、对象的插入、各种对象的排列等一些 Word 的高级排版知识。

以上内容，初步概括了在办公软件 Word 的操作中，作为秘书应该基本掌握的东西，是秘书工作的基础。

实训 2　办公软件 Excel、PowerPoint 的使用

一、实训目标

通过实训，要求学生能正确运用办公软件 Excel、PowerPoint。

二、实训背景

公司决定召开今年第一季度销售情况总结会议，总经理让秘书王晨做一个发言用的幻灯片，要求以图表形式展示公司第一季度的销售情况。王晨决定先用 Excel 将所有数据进行相应统计，制成图表，然后再整合到幻灯片中。

三、实训内容

根据实际情景，演练如何运用 Excel、PowerPoint。

四、相关知识

此实训主要涉及办公软件 Excel、PowerPoint 的使用，主要包括以下内容：

（1）用 Excel 将所有数据进行统计，用到了 Excel 当中数据输入、函数运用等方面的操作知识。这一部分是 Excel 中的重点，也是难点。

（2）做图表，用到了 Excel 当中用表格制作图表的相关知识，其中包括图表的类型、设置、编辑等等的操作。

（3）总结发言的幻灯片用到了办公软件 PowerPoint 的使用，其中包括各种文本的插入、版式的选择，动画方式、放映方式的操作等。

以上内容，初步概括了在办公软件 Excel、PowerPoint 的操作，是作为秘书应该基本掌握的东西，是秘书工作的基础。

实训 3　Word 2003 的应用

一、实训目标

通过实训，要求学生掌握文字录入、排版与编辑的方法。

二、实训背景

宏达公司要招聘几名办公室文员，人力资源部经理要秘书王晨准备面试的考题，主要是考察应聘者对 Word 2003 知识的掌握和运用。王晨出的考题是这样的：请录入以下文字，并按要求进行文本编辑。

满足兴趣提高优势　冷门职业考证"搅热"职培市场

近年来，冷门职业培训班越来越多，不同想法的报名学生呈上涨趋势，甚至

还有为数不少的研究生出现。一家速录机构负责人说,去年只有20多名在校学生于暑假期间报名该校,但今年却增长到近百人。虽然参与职业培训的原因因人而异,但绝大部分是和目前就业难有关,很多学生希望能在暑假期间取得一些热门职业的培训证书。

>>速录师

近期,北京的几家速录培训机构的突然出现培训热潮,据一家速录培训机构的培训部主任介绍,速录培训每年冷热不均,少的时候,只给一个学生做培训,今年却有200多名学生。

>>偶像剧成学习动力

陈程 文秘专业本科生 曾就职合肥某保险公司后勤

陈程在保险公司工作稳定,待遇不错。可单调乏味的工作内容很快让她厌倦。当她听说自己的大学同学成为速录师,有着比她更丰厚的收入时,这让她有点动心。而此时的一部热播剧《我的青春谁做主》中的女主人公钱小样就是因为突击学习速录,获得了一份不错的工作。偶像剧的感染力让她做出决定,毅然放弃原有工作,离开合肥独自来到北京参加速录师培训。

到了北京参加培训后,她才发现自己竟然成为培训同学中学历最高的学生之一。大部分的学生都是专科或职高学生,这让她对自己今后的选择有了更多的自信,"在竞争其他岗位时,我的学历根本没办法和一流大学的本科甚至研究生_____,可如果成为速录师,我反而有了学历上的优势,相信以后更好找工作。"

>>专家答疑

唐可 北京市速记协会副理事长

分析 速录师缺少高学历

目前速录在国内院校中主要是作为文秘和法律专业的专业课程,开办速录课程的都是一些专科院校,本科院校中基本没有涉及。今年,速录有可能单独作为一门专业开办。

专业速录师目前是个紧缺行业,每年都会有很多中央事业单位、法院、知名大企业希望到协会的人才中心找到合适的速录师,却发现很难找到合适的人才。

其中有个主要的原因就是这些单位最少需要本科学历的应届生,而且最好是男生,可是有本科学历却又往往没有速录技能,而且学速录的学生大约有9成为女生。"这种情况下,这些单位只能被迫降低要求,把学历要求降低到专科,也不设男女限制。"

今年,某中央部委就只能招收一名专科学历的速录师,这在该单位的其他类似岗位很难想象。

>>提醒 提升技能有助发展

一名本科生又具备速录师技能,将会在职业市场上非常抢手。因为本科生学习能力较好、综合素质高,对于该职业本身也很有好处,能提高速记的准确度,更容易了解开会内容。

>>前景 同等行业属于高薪

如果是外面请去做会议记录,一般来讲为 200~300 元/小时;如果是自由职业者,每月只做十天会议,月收入过万元绝对没有问题;如果有固定公司,底薪大约在 1000~2000 元/月,会议提成为 200~300 元,加上福利待遇等,一个月收入在 4000 元左右,会议多的时候可以达到 5000~6000 元钱。"和其他从业人员学历较低、女生多、年轻人多的同等行业相比,属于高薪行业"。

文本编辑要求:
(1)为文本添加页眉和页脚

页眉内容为:办公自动化实训【居左排】、课堂测试1:Word知识应用【居右排】。

页脚内容为:××(班级)××(学号)×××(姓名)【居左排】、第×页,共×页【居右排】。

(2)文章标题设置为居中,小二号黑体;为标题插入批注,批注内容为:小二号黑体;正文字体设置为5号仿宋体,行距为固定值15磅。

(3)设置首字下沉,下沉3行;设置首行缩进2字符,第二自然段在此基础上左右各缩进2字符。

(4)把文章第二自然段分成3栏。

(5)利用修订功能删除第五自然段中的"专业课程",在文中"_____"处利用修订功能增加"竞争"二字。

(6)给文章第三自然段设置边框和底纹,边框线型为双线,颜色为红色,宽度为2磅;15%底纹,底纹颜色为灰色。

(7)在文章倒数第二自然段插入剪贴画(自选),剪贴画大小为 2.5 厘米×2.5 厘米;版式为四周型。

(8)给全文设置局部保护功能,不允许任何人编辑文档,密码为:123。

(9)设置文档密码,打开时密码为:123,修改时密码为:123。

三、实训内容

根据实际情况,演练文字的录入、排版与编辑。

四、相关知识

Word 2003 的使用详见本节实训 1、实训 2 中的相关知识。

实训 4　利用 FrontPage 制作个人网页

一、实训目标

（1）掌握 FrontPage 基本操作方法。
（2）掌握网页（特别是框架网页）的基本设计与修饰方法。
（3）掌握超级链接的建立方法。
（4）掌握表单域控件的使用方法。
（5）了解站点的发布方法。

二、实训背景

毕业在即，为了能够找到理想的工作，××学院文秘专业的同学们都在精心准备自己的求职材料。

三、实训内容

如果你是该系毕业班学生，请利用 FrontPage 制作个人网页，以便求职时使用。

四、相关知识

1. 熟悉 Microsoft Frontpage 界面

启动 Microsoft Frontpage，熟悉 Microsoft Frontpage 主窗口（如图 9-1 所示），认识六种视图。

图 9-1　Microsoft Frontpage 主窗口

2. 新建站点

在指定盘符下创建一个站点（如 D:\我的站点）。

3. 制作主页

在已建立的站点上新建一个网页（设为主页 index.htm），利用表格布局，输入文本，设置字体型号、大小、颜色，插入图片（剪贴画），调整大小、位置。

4. 建立框架网页

根据各网页的具体内容及风格先建立 3 个简单的网页、再创建含有 3 个网页的框架网页：标题网页，有文本、图片、表格、悬停按钮及背景图片的网页，菜单网页，最后建立他们的链接。

5. 创建表单网页

利用表单网页向导建立一个用于提交建议的表单网页。

6. 建立主页与其他各网页的链接

通过超链接设置将所有网页与主页链接起来。

7. 发布站点

将建立好的站点内容发布到 Internet 或硬盘指定文件夹上。

实训 5 制作宣传海报

一、实训目标

通过实训，要求学生掌握利用 Excel 制作宣传海报的方式方法。

二、实训背景

桦林餐饮有限公司，为了答谢新老顾客，在该店 20 周年店庆时，搞促销活动，精品菜肴大赠送（如图 9-2 所示）。公司办公室秘书李雪利用 Excel 为公司制作了一份宣传海报。

三、实训内容

根据实际情景，演练利用 Excel 制作宣传海报的方式方法。

四、相关知识

该实训中，难点是如何插入图片、插入艺术字，利用 Excel 制作表格，制作表格时斜线表头的制作。

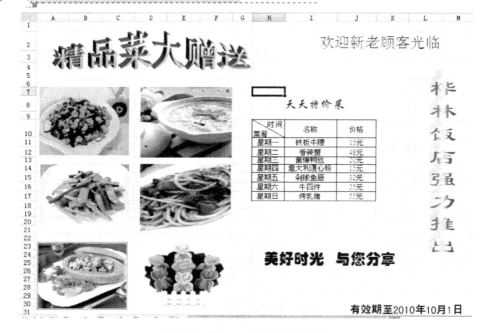

图 9-2 用 Excel 制作宣传海报

任务 3 在 线 办 公

在线办公是指办公室的人们通过办公软件、网络以及其他技术，通过人的操作来实现网上办公。所有的办公活动都在电脑上进行，打破了原有的办公模式，具有非常重大的意义。作为秘书，应该学会在线办公，以适应新时期办公室工作的要求，提高工作效率。

实训 1 在 线 办 会

一、实训目标

通过实训，要求学生能够具有在线办会的能力。

二、实训背景

宏达公司在全国几十个大中城市都有分公司，每个分公司都实现了网上办公。年底，公司决定在本部召开各分公司中层以上干部会议，总经理秘书王晨负责筹备这次会议。为了提高工作效率，她所有的工作都是在网上进行的。

三、实训内容

根据实际情景，演练在线办公。

四、相关知识

会议筹备是秘书工作的重点内容之一，在线办会是传统秘书工作与现代秘书结合的典型案例之一。

（一）会前

会前应做的准备工作如下。

（1）制订会议议程、日程、座次安排名单、食宿安排名单等所有会议资料均在办公软件 Word 中完成。

（2）在公司的网上发布会议信息，并通过电子邮件和所有人联系。联系代表的食宿要求、交通要求等。

（3）通过网络获得宾馆、火车站、飞机场的电话，做好食宿、交通工作。

（4）其他一切事项都在网上通知。

（二）会中

会议召开期间应做的工作如下。

（1）及时搜集会议信息，用办公软件将会议信息及时整理、发布，通过几家网络媒体对会议进行了报道。

（2）网上开通会议专栏，及时了解各种动态，代表们也可以通过网络平台发表自己的想法。

（三）会后

会议结束后，整理会议资料、落实代表是否安全抵达、会议经费结算等均在电脑上进行。

以上内容，初步概括了在线办会的一般流程，减轻了秘书办会的工作量。

实训 2　在线业务办理

一、实训目标

通过实训，要求学生熟悉在线业务办理的一般流程。

二、实训背景

2010 年年末，宏达公司要力求达到"无纸化办公"的目标，要求所有业务在线办理。为了达到本公司提出的"无纸化办公"的目标,总经理要求办公室和其他几个部门首先进行试点。秘书王晨刚从一个宏达客户手中接到一个订单,要求一周后按照客户要求制作 5000 条领带。她准备拿刚接的这个业务作为试点。

三、实训内容

根据实际情景,演练在线业务办理。

四、相关知识

（1）通过电子邮件与客户进行交流,询问好有关的要求。

（2）在公司的网上发布消息,并通过内部网络告知与此次订单有关系的几个部门。

（3）几个部门各负其责,对于领带的款式、交货的方式、交货的期限等问题,利用电子邮件、内部网络、网上电话等进行沟通。

（4）由于各部门的通力配合,公司圆满完成了这批领带的业务。更为重要的是,试点成功,开创了公司以后办公的一种新的模式,这将对公司的发展有深远影响。以上内容,初步概括了在线业务的一般流程,提高了工作效率。

实训 3 制作公文

一、实训目标

通过实训,要求学生掌握利用 Word 制作行政公文、电子公章的方法。

二、实训背景

公司为了行文规范,公司决定下月起开始使用红头文件进行发文。如果你是该公司办公室秘书,请用 Word 为公司制作一个公文模板,模板涉及上行文和下行文。

三、实训内容

根据实际情景,练习操作运用 Word 制作行政公文、电子公章。

四、相关知识

（一）眉首

1. 公文份数序号

标识公文份数序号,用阿拉伯数码顶格标识在版心左上角第 1 行,编写位数不少于两位,即"1"编为"01"。

2. 秘密等级和保密期限

涉及国家秘密的公文应当按照国家秘密及其密级具体范围的规定分别标注"绝密"、"机密"或"秘密"。如需标识秘密等级，用四号黑体字，顶右格标识在版心右上角第 1 行，两字之间空 1 字格；如需同时标识秘密等级和保密期限，用四号黑体字,顶右格标识在版心右上角第 1 行,秘密等级和保密期限之间用"★"隔开，秘密两字之间不空字格。

3. 紧急程度

紧急程度是对公文送达时限的要求。紧急公文应当根据紧急程度分别标明"特急"、"急件"。用四号黑体字，顶右格标识在版心右上角第 1 行，两字之间空 1 字格；如需同时标识秘密等级与紧急程度，秘密等级顶右格标识在版心右上角第 1 行，紧急程度顶右格标识在版心右上角第 2 行。

4. 发文单位标识

由发文单位全称或规范化简称后加"文件"组成；发文单位标识推荐使用标宋体字，用红色标识。字号由发文单位以醒目美观为原则酌定，一般应小于上级单位的字号。

5. 发文字号

发文字号由发文单位代字、年份和序号组成。发文单位标识下空 2 行，用四号仿宋体字居中排布；年份、序号用阿拉伯数码标识；年份要标全称，用六角括号"〔 〕"括上；序号不编虚位（即 1 不编为 001），不加"第"字。发文字号之下 4 mm 处印一条与版心等宽的红色反线（目的是使文件眉首醒目、美观）。

6. 签发人

上报的公文需标识签发人姓名，平行排列于发文字号右侧。有签发人的上行文发文字号居左空 1 字格，签发人姓名居右空 1 字格排列；"签发人"用 4 号仿宋体字，签发人后标全角冒号，冒号后用四号楷体字标识签发人姓名。文件中如有多个签发人（会签人），亦需标注，其顺序为：主办单位签发人姓名置于第 1 行，其他签发人姓名从第 2 行起在主办单位签发人姓名之下按发文单位顺序依次顺排，下移红色反线，应使发文字号与最后一个签发人姓名处在同一行并使红色反线与之距离为 4 mm。发文字号左空 1 字格和签发人姓名右空 1 字格的要求不变。

（二）主体

1. 公文标题

红色反线下空 2 行（如标题行数多，首页不能显示正文时，红色反线下可空 1 行或不空行），用 2 号小标宋体字，可分 1 行或多行居中排布。

2. 主送单位

主送单位指公文的主要受理单位，位于标题下空 1 行，顶格用 4 号仿宋体字标识，回行时仍顶格；最后一个主送单位名称后标全角冒号。如主送单位名称过多而使公文首页不能显示正文时，应将主送单位名称移至版记中的主题词之下、抄送栏之上，标识方法同抄送。标识主送单位时应标明主送单位的全称、规范化简称或同类型单位的统称（同类型单位如"各院、部、处、中心、所"等）。

3. 正文

正文用四号仿宋体字，位于主送单位名称下一行，每自然段左空 2 字格，回行顶格。数字、年份不能回行（采取缩小或扩大字距等办法解决）。

4. 附件说明

公文如有附件，在正文下空 1 行左空 2 字格用四号仿宋体字标识附件说明，即"附件"，后标全角冒号和名称，附件如有序号应使用阿拉伯数码标注（如附件：1. ××××），然后标附件名称，附件名称后不加标点符号。附件应与公文正文一起装订，并在附件左上角第 1 行顶格标识"附件"，有序号时标识序号（如附件 1、附件 2）。附件的序号和名称前后标识一致。如附件与公文正文不能一起装订，应在附件左上角第 1 行顶格标识公文的发文字号并在其后标识附件（有序号的还需标序号）。

5. 成文时间

成文时间即公文生效的时间，包括年、月、日，用汉字标全，"零"写为"〇"。"1 月"不能写"元月"，成文时间居右空 4 字格。成文时间以负责人签发的日期为准，联合行文以最后签发单位负责人的签发时间为准。

6. 附注

公文如有附注，用四号仿宋体字，居左空 2 字加圆括号标识在成文时间下一行。上行文"请示"应当在附注处注明联系人的姓名和电话号码。

（三）版记

1. 主题词

具体标注方法是："主题词"用四号黑体字，居左顶格标识，后标全角冒号，词目应用四号小标宋体字，词目之间空 1 字格。一般不超过 5 组，每组不超过 5 个字。

2. 抄送

抄送指除主送单位外需要执行或知晓公文的其他单位，应当使用全称或规范化简称、统称。公文如有抄送,在主题词下一行,左空 1 字格用四号仿宋体字标识"抄送",后标全角冒号;回行时与冒号后的抄送单位对齐;在最后一个抄送单位后标句号。标注按上级、平级、下级和党、政、军、群的顺序,人大、政协、法院、检察院置于最后一行。如主送单位移至主题词之下,标识方法同抄送单位。

3. 印发单位和印发时间

印发单位是指公文的印制主管部门,一般是各单位的办公室或文秘部门。标识印发时间是为了准确反映公文的生成时效。印发单位与印发时间为一行位置,如果印发单位字数太多,可自行简化。标注位于抄送单位之下(无抄送单位在主题词之下),用 4 号宋体字。印发单位左空 1 字格,印发时间右空 1 字格。印发时间以公文付印刷的日期为准,用阿拉伯数码标识。

4. 版记中的反线

版记中各要素之下均加一条反线,宽度同版心。目的是为显示各要素之间的区别,且显得条理清晰、美观。

5. 版记的位置

版记应置于公文最后一页,版记的最后一个要素置于最后一行。公文主体之后的空白如容不下版记的位置,需另起一页标识版记,采用调整行距、字距的方法使正文与印章同处一个页面。如附件后的空白能容下版记,而该页又是双页,此时版记应置于该空白处。如是转发的文件,原件也有版记,此版记不能代替转发件的版记,应另标注版记。

项目 10　秘书工作案例分析

案例 1　"请示"与"报告"

1. 背景

某公司办公室主任是公司的老员工,经验丰富,但文化水平一般,没经过正规的秘书专业培训。他接受领导指示,吩咐尹秘书就人事纠纷一事的处理向上级写一份"请示报告"。尹秘书是科班出身,清楚地知道"请示"和"报告"的区别。他根据实际情况判定选用"请示"文种。主任一看标题,就在"请示"后面加上"报告"两字,尹秘书未加辩解。几天后,尹秘书向主任推荐了一篇文章《请示和报告的区别》,主任不以为然地说:"一家之言!我们既'反映情况'又'请求批准',就可以用'请示报告'啊,而且别人也这样写啊!"

尹秘书深感委屈,觉得要把课堂知识用于实际中可真不容易。

2. 问题

尹秘书的想法对不对?他该怎样做才能说服主任呢?如果你是上级秘书,对送上的"请示报告"如何处理?

案例 2　领导不在

1. 背景

某局长正忙于工作,一位以爱上访告状闻名的退休职工李某来访。尹秘书先热情招呼,然后说去看看局长在不在。局长正忙,说了一句:"告诉他我不在",又低头忙他的去了。尹秘书出来说:"局长不在办公室,您先回去,有什么事情我可以代为转告。"既然如此,李某就走了。

约一小时后,局长外出,遇到了正在走廊来回走动的李某,李某说:"刚才尹秘书说您不在啊!""哪里哪里,我一直在啊!"局长毫不迟疑地回答。事后,李某逢人便说尹秘书欺上瞒下,品质差。

2. 问题

面对这种情况,如果你是尹秘书该如何处理?

案例 3　如实汇报

1. 背景

总经理把销售部秘书小张叫到办公室，问道："你们销售部是怎么回事？听办公室的同志说，就差你们的年度计划没有报上来了！刚才打电话找你们经理也找不到。上次计划讨论会也没有出席，你们这种拖拖拉拉的作风要改一改了！"小张心里明白，销售部经理最近因为爱人出差，孩子住院，没有参加讨论，也耽误了报计划。在总经理面前没有机会解释，只好回去汇报："总经理批评我们作风拖拉，说您上次没有参加会议，计划也没有交。""我儿子住院一个多星期了，哪有时间讨论计划？上次会议我不是请了假吗？总经理也太不体恤下属了！"

2. 问题

小张的做法对不对？如果你是秘书小张，你该怎样转达总经理的意思。

案例 4　老总的身份证

1. 背景

最近，宏达公司正在收购另一家上市公司的股份，这件事只有少数人知道。

这天，负责与对方秘密谈判的公司副总从对方的所在地来电话，说谈判已经完成，让秘书赶紧用快件寄三张作为公司法人代表的总经理的身份证复印件，以办理有关手续。尹秘书正在复印身份证时被财务处长王某看到了，问秘书要老总的身份证复印件做什么用。

2. 问题

面对王某的提问，尹秘书应该怎么回答？

案例 5　知道的事情说不说

1. 背景

尹秘书的老领导肖强一早来找她，尹秘书猜想肯定有事情。果然，肖强说："听说公司要调部分人去深圳分公司，名单定了吗？你是总经理身边的红人，有什么内幕消息啊？不知道我女朋友周蝶会不会去啊？"他们的关系尹秘书早就知道，但人员调动是公司内部的机密,虽然肖强是自己的老领导,也不能说出去啊。于是她说:"肖经理,您神通广大,连您都不知道的机密消息,我怎么会了解啊?说实在的,总经理没对我提这个事情,我还是从别处听说这事情的呢。"肖强说:"尹秘书,你得体谅我的难处,你也知道周蝶的脾气,办不成这事肯定跟我急啊!"尹秘书说:"不是的,我要是知道能不说吗。好吧,我要有了消息,一定第一个通知你!"肖强还是很不满地走了。

三天后,调动名单公布了,果然有周蝶的名字。没多久,肖强就拿着名单气鼓鼓地来了,见了尹秘书,话没说就把名单往桌上一摔,说:"这次我不找你,我找总经理谈话。"

2. 问题

这种情况下,尹秘书能让肖强去找总经理吗?该怎么做?

案例6 用心交流

1. 背景

王经理是公司出了名的恶领导,她的部门跳槽率最高。尹秘书被安排做她的助理,同事都同情她,但她自有一套战略战术:努力工作,任劳任怨,凡是王经理吩咐的事都往好的方面去想;反复修改同一个策划,就当是锻炼文笔和耐心;加班就当为家里省电费伙食费……

时间久了,尹秘书才知道王经理也有不幸的感情生活,离了婚带着一个女儿,全靠自己打拼才到现在的位置。

尹秘书渐渐地尝试去了解王经理,她胃不好,于是常常备胃药;经理出差时她女儿病了,便主动送医院看护;王经理生日时,买了一束鲜花,并标上部门所有成员的名字,衷心祝愿生日快乐。

年终吃团圆饭时,尹秘书对王经理说,其实大家都很尊重她,愿意把部门业绩做好,希望大家能创造一个和睦友爱的氛围,有益于工作。王经理良久没说话,只祝大家新年快乐!

年后,真的出现了奇迹!

2. 问题

尹秘书为什么能与"恶领导"和谐相处,她的秘诀是什么?

案例 7　宽容对人

1. 背景

公司决定派小王出国进修，材料都交给了尹秘书。但由于公司业绩的问题，迟迟没有批下来。小王着急了，以为是尹秘书从中作梗，便与她吵了起来。当时，尹秘书保持高姿态，未与他争辩，但心里很不舒服。当天下午，小王的材料批下来了，老总让尹秘书通知小王来办公室，有些事情要了解一下。

2. 问题

如果你是尹秘书，你应该怎么做？

案例 8　如何通知老板的宴请

1. 背景

年底快到了，老板想起一件事来："今年我们公司的销售不错，市场部的几个人功不可没。明天晚上没什么事，我想请他们吃顿火锅，你帮安排一下。"秘书就吃火锅的具体时间、地点和标准进行了确认之后回到了自己的办公室。

2. 问题

遇到这种情况，如果你是老总秘书，你应该如何通知销售部的同事？

案例 9　处理意外事故

1. 背景

一员工下班途中遭遇车祸身亡，家属到公司闹事，要经理去给死者磕头，经理回避了。其家属不罢休，在公司打闹，弄得一片混乱，正常工作无法开展。关键时刻秘书小尹挺身而出，冷静地向死者家属说："我们公司的员工，自然是我们的亲人，他的不幸罹难，我们都很悲痛，我是经理秘书，我一定代表经理前来吊唁，并参加治丧。与此次交通肇事单位交涉处理完善后工作，我会向经理请示并与有关部门协调，尽快给你们答复。而且，经理又比死者年长，让他去磕头，你们于心何忍啊！"一席话，说得有情有理，不卑不亢，让对方哑口无言，一场风波基本平息。

2. 问题

面对突发事件，秘书该如何处理？小尹的做法，有哪些值得我们借鉴？如果当时小尹不出面，后果又将会如何？

案例10　如何与部门经理打交道

1. 背景

财务部李经理从老板那里拿了一份材料去看。这天，老板急着要那份材料，便让秘书去财务部取回来。在电梯口秘书正好碰到有急事要外出办事的财务部李经理。他听秘书说要取材料之后，立即说回来后马上给送过去。

2. 问题

面对这种情况，秘书应该如何处理？

案例11　女士抽烟

1. 背景

前几天小敏借上洗手间的时间，抽空吸了一支烟，并随手刷了牙出来，但是被不知被谁看见了，因此她会吸烟的事在公司内传开了。昨天小敏的上司把小敏叫到他的办公室谈话，劝她不要吸烟，要她注意影响，等等。当他劝小敏"要注意影响"的时候，他自己桌上的烟灰缸还没来得及倒掉。

2. 问题

如果你是秘书小敏，你该怎么做？

案例12　及时雨为何付之东流

1. 背景

某县级市在国家相关部门的牵头下，经过多方努力，终于争取到了与日本一家知名跨国公司的合作机会。市政府非常重视，紧锣密鼓地安排了一系列活动：参观、考察、洽谈活动到了实质性的谈判阶段，作为东道主的该县领导在当地最豪华的会客厅里，做了精心布置，还派了市政府秘书长提前到门口迎接。

谈判当日，早早迎候在门厅的秘书长容光焕发，上衣为世界一线品牌法国鳄鱼T恤衫，下装是牛仔裤，脚蹬花花公子休闲鞋。当日本客商进入大门后，他马上上前热情与客商握手。可令人纳闷的是：当日本客商一行人郑重其事地浏览了秘书长的一身行头后，深深地鞠了一躬，全体转身离去。谈判活动就此告终。

2. 问题

小县城难得的发展机会为何成了"及时雨"付之东流？该案例中秘书长的错在哪里？他该怎样做呢？

案例13　周莉的困惑

1. 背景

周莉大学毕业后，应聘到一家外贸公司当秘书，她青春靓丽，工作积极主动，有上进心。周莉认为秘书岗位是公司的"窗口"，所以平时非常注重自己的外在形象，装扮时尚性感，总是让同事眼前一亮，发式、妆容永远紧跟时尚潮流，服饰款式变化多端，配饰更让人眼花缭乱。而且爱美的她常在办公室补妆，喜好借用他人的化妆品。在日常交往中，性格开朗的她与同事、客户交谈时，喜欢靠得很近，手势语非常丰富。

眼看周莉到公司三年多了，看到其他"小字辈"大都已得到升迁，而她却一直原地踏步，周莉百思不得其解，非常纳闷：心想领导为什么不提拔自己呢？

2. 问题

周莉为什么没有得到升迁的机会？您对周莉有何建议？

案例14　老农夫来访

1. 背景

在一个炎热的午后，缕缕凉风从中央空调出风口吹出，好不惬意，某汽车贸易公司正在前台值班的秘书尹晓雯已昏昏欲睡。这时，一位穿着汗衫、满身汗腥味的老农夫站在了公司门前，尹晓雯见有人前来，立即振作精神，迎上去，笑容可掬将农夫迎进公司。

尹晓雯依然有礼有节请其到公司大厅的沙发上休息，并给他倒水。农夫喝完水，便走向一旁的汽车展厅张望。尹晓雯又详细为他介绍各种车型的性能、价格等。

"不要！不要！"老农夫连忙说，"你不要误会了，我可没有钱买，种田人也用不到这种车。"

"不买没关系，以后有机会您还是可以帮我们介绍啊。"然后尹晓雯便详细耐心地将货车的性能逐一解说给老农夫听。

听完后，老农夫突然从口袋中拿出一张皱巴巴的白纸，交给这位柜台小姐，并说："这些是我要订的车型和数量，请你帮我处理一下。"

尹晓雯非常诧异，接过来一看，这位老农夫居然一次要订20台货车。

2. 问题

秘书尹晓雯是凭借什么促成这次订货的？在前台接待中，秘书应注意哪些接待礼节？

案例15　总经理的手机响了

1. 背景

某日，金龙外贸公司各部门都在积极准备下午的招标会，总经理正在办公室里间作最后的准备工作，并吩咐不见任何人，不接任何电话。秘书米雪正忙于整理总经理下午会议所需的文件。此时，总经理办公桌上的手机响了，秘书米雪应：

a. 及时替总经理接通电话，将通话情况及时记录，稍候转告总经理。
b. 迅速将手机拿给总经理，以防耽误重要事情。
c. 不接电话，将电话挂断并关机，以防干扰总经理工作。
d. 多思考一下，先请示领导，而后再作决定。

2. 问题

对以上几种选择，哪种比较合适？为什么？并对其他几种选择进行分析。

案例16　他为什么失去这份订单？

1. 背景

张勇刚走上秘书岗位不久，由于出色的业务能力深受总经理赏识。一次公司接到一份大的订单，而不巧的是，经理必须接待上级主管部门的领导，于是就派张勇前去洽谈。张勇为此做了精心准备，西服笔挺，材料齐全。他准时到达对方单位，拜见了对方供应科林科长。张勇一见林科长马上主动上前握手。入座后，张勇马上拿出自己的名片，林科长与之交换了名片，张勇接过林科长的名片，仔细看了看后,放在桌上,双方就订单的具体事宜又再次进行了沟通,兴奋不已的张勇在谈判结束后,把材料放回公文包,与对方告别后,兴冲冲地赶回公司向总经理汇报,却将林科长的名片忘在桌上。

不料,张勇回到公司向总经理汇报时,总经理很生气地告诉他,这份订单交给其他部门经理去做了,张勇不明白这是为什么。

2. 问题

张勇在拜访林科长的过程中有哪些不当之处?张勇失去这份订单的原因是什么?

案例17 办公室来的时髦女士

1. 背景

一天上午,某商贸公司秘书科的晓琳正在处理文件。这时,一位装扮时髦的中年女子走了进来,说要找总经理。晓琳热情地招呼中年女子坐下,大致了解来者身份后,到总经理办公室请示如何处理。

总经理正忙于年终总结工作,头也没抬,就说不见。晓琳回到自己办公室,恭敬地对该女子解释:"总经理不在,如果您有事,我可以代为转告。"中年女子听罢,极不情愿地离开了办公室。

没过多久,总经理外出有事。回来时,居然与中年女子一起有说有笑地回到办公室。路过晓琳办公室时,该女子狠狠地瞪着晓琳,且有意嚷道:"刚才你秘书硬是说你不在啊!""没有啊,我今天一上午都在办公室。"总经理毫不迟疑回答道。中年女子不依不饶地添油加醋道:"那就没有资格做您的秘书呀!"

晓琳有口难辩,顿时感觉被扇了几巴掌。

2. 问题

晓琳该如何处理这种情况?

案例18 怒不可遏

1. 背景

某日上午,秘书科值班的玛莉指着祝霞对一位客人说:"这位就是姜总的秘书,由她领你去姜总的办公室吧。"

祝霞很纳闷,当日上午姜总根本没约任何客人。但见是玛莉这样介绍,而且来客也似曾相识，于是祝霞犹豫地领着客人到了姜总办公室。

不想，下午下班前，姜总大发雷霆，将祝霞劈头盖脸地批评了一顿："祝霞，你今天脑子进水了?! 居然领着一个卖保险的到我办公室来。他死缠烂磨，浪费了我整整一个上午!"

祝霞顿时眼前发黑，眼泪差点就掉下来了……

2. 问题

面对这种情况，如果你是秘书祝霞，你应该如何处理？

案例 19　与人为善　助人为乐

1. 背景

自大学毕业后，华君在某外贸公司以秘书工作为起点，开始了职场历练。他积极表现，与人为善，工作一年后，就理顺了公司内部关系，同时也在公司内部培育起了一种善于沟通、崇尚和谐的良好氛围，因此而深受领导喜欢，不久就升为秘书科主任。

2009 年年终，公司由于资金运作困难，一时间员工工资无法全额发放，部分员工言行过激，纷纷涌向总经理办公室，讨要说法。华君推心置腹地与员工沟通，认真倾听并真心理解他们苦衷，告诉他们公司并非有意拖欠工资，而是三角债竞争迫使公司做出不得已而为之的做法。员工们在他动之以情、晓之以理的劝说下，逐渐消除了对抗情绪。对于个别有困难的员工他还及时给予经济援助。

华君在回忆自己的职业生涯时，这样说道："秘书工作大部分都是行政性、事务性的管理。要想从琐碎的行政事务性工作中体现出秘书的价值，就得怀着一颗仁爱的心，做一个正直善良有爱心的人。超越'琐碎'，与人为善，将工作做到大家的心坎里。"

2. 问题

你认为华君的成功之处在哪里？

案例 20　当别人不愿与你合作时

1. 背景

飞达集团下属公司员工尹晓雯由于工作出色，被调到总部办公室秘书科工作。

一天，办公室主任交给她一项新任务，负责全公司的海外宣传工作。但是尹晓雯不太熟悉业务流程，于是主任选派了同一办公室的晓琴协助尹晓雯工作。可晓琴根本就没把这"小字辈"放在眼里。对尹晓雯不理不睬，早就把协助她的事儿抛到九霄云外了。

主任屡次催促尹晓雯："怎么第一期的宣传工作计划到现在还没报上来？"

2. 问题

如果你是尹晓雯，面对目前的情况，该如何处理？

案例21　为同事喝彩

1. 背景

某商贸公司董事会召开在即，秘书尹晓雯忙得热火朝天，她正在赶年度经营业绩报告。此时的尹晓雯心里非常不悦，因为负责本工作的同事珍妮最近被调到财务科，而学财务出身的自己却桃代李僵，同时兼任原本属于珍妮的繁重而枯燥的工作。

同科的其他同事也为尹晓雯愤愤不平："珍妮凭什么比你强？要去财务部也应该是你！再说，你比她资历老多了。"

2. 问题

如果你是秘书尹晓雯，面对上述情况，你将如何处理？

案例22　化干戈为玉帛

1. 背景

秘书科业务能力最强的琳达和晓菲原来是关系很铁的好友。但不久前，俩人因为小事恼羞成怒，关系一度很僵。琳达最近升职为主任，这更加加剧了两人之间的矛盾，晓菲坚持认为琳达肯定是走后门才得以升职的。晓菲忍无可忍，便请求调到了其他业务部门。

但两人同在一个单位，有时见面很尴尬。一次，晓菲的论文在国家级期刊上发表了，单位无人知晓，晓菲很纳闷，整日愁眉苦脸。由于琳达事先知晓此事，她看出了晓菲的心思，在一次公司聚会上，琳达公布了这一消息，并向晓菲表示祝贺。两人于是重归于好。

2. 问题

晓菲是如何打破与好友之间的僵局的？如果你是秘书，应如何适时地赞美同事？

案例23　母亲来电

1. 背景

周五下午四点，秘书科新报到的秘书晓琳正在打印文件。

电话铃响了，晓琳拿起电话，说道："是我，你找我有什么事⋯⋯我正忙着呢。"说着，就把电话挂了。

一旁的科长问道："晓琳，刚才是谁来的电话？"

"是我妈。"晓琳答道。

科长面露不悦，但是仍客气地建议晓琳："即使是你妈，那你也要礼貌一点，不能说'你找我有什么事'！"

"科长，没事的，她就问问我⋯⋯"晓琳不以为然地答道。

2. 问题

秘书晓琳的想法对不对？秘书在工作中应如何做好电话接待？

案例24　无功该不该受禄

1. 背景

中午，秘书晓琳在前台值班。一位着装前卫的男士满面笑容地走了进来，"小姐，你好！"他先与晓琳打招呼道，"我找你们李总有点事。"接着自我介绍道："我是某某杂志社的营销经理夏磊。请多多关照！"说着，他掏出一张名片递给晓琳，"我和你们李总是哥们，今天过来是约他打保龄球的。"

由于李总下午根本没约客人，所以晓琳断定是位不速之客。

"李总在不在？"他没等晓琳反应过来，就大大咧咧地朝里走。

"对不起，夏经理，我们李总有事现在不在公司。"晓琳急忙挡驾，因为李总交代今天下午不接待客人。

"你就是李总的秘书晓琳小姐吧？"来客突然目不转睛地盯着晓琳，顺势从公文包里拿出一张金色卡递给晓琳，"晓琳小姐，我这里有一张瑜珈会馆贵宾卡，请你务必赏光。"

"夏总，您别客气。"晓琳推辞道，"我能为您做点什么？"

"晓琳小姐，你别误会。这就一点小小意思，不成敬意。"他笑着对我说，"不巧我的手机被偷了，李总的手机号弄丢了，能否帮我查一下李总的联系方式。"

晓琳为难了。如果说自己不知道李总的手机号，作为秘书肯定是撒谎，让人家觉得你不诚实；如果说李总的手机号是公司的机密，那也未免太勉强了。

2. 问题

晓琳是否将手机号码告诉夏总？如果你是晓琳，该如何处理目前的情况？

案例 25　信息保密

1. 背景

飞达外贸公司总经理秘书吴莉业务能力较强，且人缘很好，深受领导器重。她的好友米雪是亚蒂公司的业务经理，两人关系甚密。

一次聚会时，性格开朗的吴莉一时兴起，信口开河地告诉米雪：由于协助总经理与澳大利亚某公司谈成一笔生意，自己在本月底将拿到很大一笔奖金，到时请她到黄山旅游。

等到约定的日子，吴莉跟随总经理在当地最好的涉外饭店准备与澳方签订合约。可是，左顾右盼硬是不见澳方谈判代表队。

没过多久，得到消息：亚蒂公司已经取而代之，以更优惠的条件与澳方签约。

2. 问题

亚蒂公司是如何取代飞达公司与澳方签约的？吴莉在此事件中应负何责？对于秘书而言，有何启示？

案例 26　上司的"出气筒"

1. 背景

周五秘书王芳在办公室与其上司市场部的主管郑瑞发生了很不愉快的争执。事情是这样的：周四下午4点刚结束例会，郑瑞就叫王芳去办公室，交代将资料及时发送给客户。王芳立即电话通知快递公司，对方爽快答应了。结果快递公司当天并未到办公室取件，第二天一上班，王芳又催促快递公司尽快过来收件，对方答应说马上到,不超过 30 分钟。王芳随即被总经理叫去赶写了一份材料,办了些其他事务,接近 12 点才回到办公室。郑瑞看到王芳回来,资料还在她桌子上,一下就火了:"昨天给你说了发急件,现在都什么时候了,还在这里堆着?你去哪里了?"王芳解释说自己催了几次,但郑瑞觉得王芳是办事拖拉,又训斥道:"你不知道换家快递公司吗?人家不来拿,你不知道动动脑子想下办法吗?废物!"郑瑞因工作的失误刚被老总批评了,王芳这下无疑成了出气筒。王芳心里很委屈,这不是才被老总叫去办事吗,自己也是分身乏术,忙这么久还被骂一顿,越想越气愤,摔门扬长而去。

2. 问题

王芳的处事你觉得有欠妥之处吗?如果你是王芳,你如何面对把自己当"出气筒"的上司?

案例 27 "甘做幕后英雄"

1. 背景

众所周知,斯大林在晚年非常独裁。"二战"期间,"唯我独尊"的斯大林曾使红军大吃苦头,遭受重创。

他不允许任何人比自己高明,更别说接受下属的不同意见。曾多次提出正确建议的朱可夫曾被斯大林一怒之下轰出了大本营。但有一人例外,他就是华西里也夫斯基,他往往能使斯大林在不知不觉中采纳他的正确的作战计划,从而发挥着杰出的作用。华西里也夫斯基的进言妙招之一,便是潜移默化地在休息中施加影响。在斯大林的办公室里,华西里也夫斯基喜欢趁斯大林休息并且心情不错的时候和斯大林谈天说地的"闲聊",并且往往经意地"顺便"说说军事问题,既非郑重其事地大谈特谈,讲的内容也不是头头是道。但奇妙的是,等华西里也夫斯基走后,斯大林往往会想到一个好计划。过不多久斯大林就会在军事会议上宣布这一计划。于是大家都纷纷称赞斯大林的深谋远虑,但只有斯大林和华西里也夫斯基心里最清楚,谁是真正的发起者,谁是真正的思想来源。

2. 问题

本案例中,华西里也夫斯基是如何说服独裁的斯大林的?对于秘书而言,有何借鉴意义?

案例28　秘书纠错

1. 背景

某天下午，某商贸公司张总经理带着秘书晓琳一起到机场迎接飞达公司总经理江（gāng）晓东。双方见面后，彼此互赠名片。张总接过名片后，很有礼节地将名片浏览了一遍，"江总，您好！一路辛苦了"，并与对方亲切握手。这时，一旁的晓琳看着名片按耐不住了，提醒道："张总，错了，是'江（gāng）'，不是'江（jiāng）'。"虽然声音很小，但也让江总非常尴尬。好在江总的秘书机灵，说他们公司的员工有时也叫他"江（jiāng）"。

2. 问题

晓琳的处理方式是否正确？在领导发生错误时，秘书人员应如何处理？

案例29　电话"催"材料

1. 背景

年终，总经理办公室的尹晓雯打电话去财务室催要本年度统计报表，她拿起起电话就嚷道："财会室吗？我是总经理办公室。今年的年终统计报表做出来了吗？"财会室回答说："做好了。"这位秘书一听极不耐烦地说："做好了你们还不送过来！我正在给领导写年终总结，急等着要用。别耽误了我的工作。"财会室的人听了这颐指气使的话，很不高兴地说："我们也正忙着，你自己来抄好了。"对方随即挂断电话。而此时总经理办公室的秘书晓琳也在联系人力资源部催要职工档案，她拨通了电话主动招呼："你好，是人力资源部吗，我是总经办的秘书晓琳。你们最近忙吧？"对方有些不好意思说道："最近确实很忙，请问你有什么事？"晓琳理解地说道："是啊，年底了大家都忙啊，辛苦你们了！请问人事档案整理好了没？你们整理好了如果没时间送过来的话我去拿好了。"对方一听，连忙说道："整理好了，我们马上送过来，这是我们的份内之事，哪能让你亲自来拿啊。"

2. 问题

上述案例中两位秘书的行为为何会收到截然不同的效果？秘书在和其他职能部门打交道时应注意哪些问题？

案例30 一篇发言稿丢了一份工作

1. 背景

小东是某名牌高校中文系的高材生,应聘到公司办公室做秘书,试用期三个月。小东在公司有一种优越的感觉,好像自己高人一等,不知不觉中得罪了公司好多人。

一天,负责销售的叶经理写了篇发言稿,想叫小东给他润色一番,叶经理是学理科的。谁料小东拿到稿子后,说:"写的什么东西啊,根本不是发言稿……"叶经理当时没有说什么,只是笑笑。

没过几天,小东就接到了人力资源部的电话,叫他收拾东西走人,小东感觉很纳闷,自己什么地方做错了,还是哪里做得不好……

2. 问题

小东为什么试用期没过就被解雇?如果你是小东,你会怎么做?

案例31 老总决策的"漏洞"

1. 背景

小夏是公司总经理办公室秘书,平时工作和总经理一直配合得很好。一次,老总在全体员工会议制订的决策上,存在漏洞,被小夏发现了,小夏当时想漠然视之、高高挂起,但是考虑到公司利益,在会上当场指出了问题所在,上司当时没有说什么,还表扬小夏有洞察力,小夏洋洋得意。

一段时间下来,老总对小夏产生了一种莫名其妙的反感,小夏工作也越来越不顺心。

2. 问题

小夏的问题出在哪里?如果你是小夏,你会怎么做?

案例32 都是多嘴惹的祸

1. 背景

公司近期将有一次大的人事调整,工资市场部经理老王、财务部主管老叶将被公司辞退,这件事情只有公司总经理和主管人事工作的副总经理以及秘书小夏知道,总经理一再要求,在正式通知没有下来之前,不能走漏风声。

小夏和财务部秘书小王是同窗好友,一次吃饭过程中,两杯酒下肚后,小夏把财务部主管要被辞退的事情告诉了小王,小王当时保证不向外人透露。

第二天,财务部主管老叶跑来找总经理,责问总经理为什么要将他辞退,总经理好不容易把老叶打发走,他很生气地叫小夏到办公室去。小夏知道自己错了,他决定进办公室后主动向总经理承认了错误。可是已经晚了,他一进办公室,总经理就对他说:"你到人事部办理离职手续吧!"

2. 问题

小夏为什么会被辞退?如果你是小夏,你会怎么做?

案例33 "嘴紧"是同事信任的前提

1. 背景

小妮是个开朗活泼的女孩,喜欢说,也爱笑,刚来办公室的时候,老同事都喜欢跟她打交道,她有什么困难大家都愿意帮她;但不久,同事们开始疏远她,对她也不像以前那么热心;小妮是聪明的,知道是自己嘴不紧,造成同事们慢慢对自己不信任,可她觉得自己天生爱说话,想控制也难,因为她喜欢与人共享快乐,对一些办公室里的新鲜事,如公司即将争取到一位重要的客户,老板暗地里给谁发了奖金,拿出来向别人炫耀,等等。她也知道这种习惯不好,但又不知道该怎么办。

2. 问题

如果你是小妮,你应该如何赢回同事的心?

案例34 和客户寒暄

1. 背景

小敏是公司总经理办公室秘书,负责公司的外事接待,这天,公司一位重要的客户要从香港过来,老总让小敏到机场接这位客户。

小敏接受任务后,不敢怠慢,她向接待过这个客户的老秘书询问了这位客户的一些基本情况,要了辆车就出发了。

接到客户后,她开始和客户寒暄,香港的天气比南京要热很多,小敏说:"李总,南京天气较冷,您还适应吧?"客户点了点头。

接着她又和客户聊到客户老家的一些基本情况……客户对小敏的表现非常满意。

在和公司总经理谈下一年度合作时,李总说:"你们那个小敏很能干,希望下次王总和小敏一起到香港去。"

就这样,两家公司达成了长期合作的共识。

2. 问题

李总为什么对小敏赞不绝口?

案例 35 秘书不能做上司的"大脑"

1. 背景

下午一上班,投资部就送来一份"上海飞腾公司情况介绍"的材料,这是张总催着要的材料,小李让投资部的人赶紧送过来。

也许是时间太急,投资部送来的材料中不仅有错别字,还有一些语法上的错误,于是,小李把材料的文字稍为润色了一遍,重新打印送给张总。

张总将材料翻了翻,就皱起眉头说:"小李,这份材料你加工处理过,是吧?"

"是的,"小李不清楚张总问这话的意思,"我只是对其中的文字润色了一下。"

"小李,你应该知道我要这份材料的目的。我想了解飞腾公司的资产状况,但是更想了解飞腾公司目前管理层的状况。我要的是他们目前实实在在的真实情况,而不是这么几个干巴巴的数字和几条标语口号,你知道吗?"

张总的脸越拉越长。

"小李,我是经理,你是秘书,所以,我希望你做我的眼睛,做我的耳朵,甚至做我的手和脚,但我不希望你做我的大脑!哪些材料有用,哪些材料没用,由我自己的大脑来判断,好吗?"

稍后,张总态度缓和了一些:"是不是投资部把材料给你的时候,就是这个样子?可能主要责任不在你。这样吧,你去把投资部的李部长叫来,我要听取他的口头汇报。"

2. 问题

在这个案例中,小李哪些方面做的不合适?

案例36　发怒的同事

1. 背景

早晨一上班，研发部的小田来找秘书小李。他怒气冲冲地说："我们部去美国与吉姆公司商谈合作项目的批文怎么还下不来？你们当秘书的办事，怎么这样拖拖拉拉？这个项目要是黄了，你来负这个责？！"其实这个报告小李早就送给孙总了，但这几天孙总天天开会，根本没时间看。

2. 问题

面对这种情况，小李应该怎么办？请说明理由。

案例37　"到国外出差"

1. 背景

下午四点，孙总开完常务会，小李去他办公室确认他明天上午的工作日程，顺便提起小田去美国的报告："孙总，今天研发部派人来问去美国商谈合作报告的批复情况，我找了一遍，不在我那里，是不是已送到您这里来了？"

孙总在一大堆文件里翻出研发部的报告，一目十行地看了一下，便签了字。他把文件交给小李，让小李送到人力资源部去，并让小李通知小田，五点半到他办公室来一趟，他要了解这个项目的一些具体情况。

小李把文件送到人力资源部后，就给小田打电话。

"小田吗？我是秘书科的小李，你的报告孙总已经批了，我已把它送到人力资源部去了，他们马上给你办手续。"

小田连忙说谢谢。

"另外，孙总找你，今天下午五点半去他办公室。"说完小李就挂了电话。

小田实际工作时间不长，经验不足；作为一名新员工，听到小李淡淡地说'孙总找你'这几个字，心里非常紧张，不知道孙总为什么找他，还胡思乱想是不是孙总不让他去美国了，他没有任何准备，心情又紧张。当天下午五点半见到了孙总，结果他没能把项目的情况说清楚，这让孙总很不高兴，本来就对小田不太了解，孙总考虑让研发部换人。

2. 问题

在这个案例中，小李处理的是否合适？如果有地方不合适，请指出并说明原因。

案例 38　"黄经理" & "王经理"

1. 背景

小夏的上司吴总是公司负责营销的副总，为人非常严厉；他是南方人，说话有浓厚的口音，经常"黄""王"不分。他主管公司的市场部和销售部，可市场部的经理恰巧姓黄，销售部的经理又恰巧姓王。由于"王""黄"经常听混，小夏非常苦恼。这天，小夏给吴总送完邮件，吴总顺便说了一句"请黄经理过来一下！"是让王经理过来还是让黄经理过来？小夏又一次没分清吴总到底是找谁。

2. 问题

面对这种情况，小夏应该如何处理？请说明理由。

案例 39　煤气工程

1. 背景

小夏是一家房地产公司的总经理秘书。公司的一个项目的煤气工程不知什么原因老是批不下来。一天晚上小夏与自己的叔叔在闲聊过程中，得知叔叔正好与煤气公司一位副总关系不错，于是她请叔叔帮忙，让叔叔给那位副总打电话，帮她疏通一下关系。对方听了个大概之后说没什么大问题，并约好小夏第二天下午两点半找他；叔叔临走时，小夏还"逼"他专门给那位副总写了封信。第二天，小夏带着叔叔的信去了那家公司。

2. 问题

如果你是秘书小夏，面对上述情况，你将如何处理？

案例 40　上司会谈超时

1. 背景

按昨天下午下班之前定好的日程安排，老总今上午九点半到十点一刻与大地公司的刘总会谈，确定联合开发新产品的一些原则问题；从十点半到十一点半跟海洋公司的李总见面，解决产品代销过程中的一些问题。十点一刻，海洋公司的李总已经到了，总经理秘书小夏请李总在会客室稍等，自己以给客人加水的名义来到老总的办公室，向老总暗示另外的客人已到；可老总对小夏的暗示一点反映也没有，还是与刘总在漫无边际地聊天，似乎完全忘了另有约会。到十点四十了，见李总等得有些不耐烦了，小夏只好又一次来到老总办公室，她递给了老总一张纸条。

2. 问题

如果你是秘书小夏，你认为纸条有哪几种写法？

案例 41　胡秘书被嘉奖

1. 背景

某年七月，洪峰多次袭击 C 市，该市从领导到群众都处于高度紧张，高度戒备状态。某日，防汛总指挥部的电话铃响了：长生桥附近决口。接到报警，指挥部立即调兵遣将，奔赴现场。

来到现场，只见大堤被撕开一丈多宽的口子，决口处洪水落差近三米。见到这种情形，指挥长焦急万分，赶紧指挥抢险队伍用草袋灌土堵住。但是装满土的草袋一丢进决口就被洪水冲走了；后来，指挥长采纳一位老同志的建议，将装满大米的麻袋投入决口，想通过大米膨胀来堵住决口，也未奏效。眼看着一包包大米扔进洪水里，秘书小胡偷偷地塞给指挥长一张纸条，上面写着：该处面积十五亩，去年早稻总产量八千四百多斤；该段大堤通过整治已达到五十年一遇防洪标准。看完这个纸条，指挥长立即下令，停止堵口。听到命令，大家愕然。指挥长才慢慢道出原委。原来，投入水中用来堵口的大米已远远超过该地去年早稻总产量，而且这里的决口并不会影响大堤的安危。

事后，在抗洪抢险表彰大会上，胡秘书因参谋有方，得到了嘉奖。

2. 问题

胡秘书为什么会得到嘉奖？

案例 42　一张备忘录

1. 背景

收件人：张总
发件人：小王
日期：2009 年 6 月 15 日
主题：包装水果新方法
张总，您知道，对水果行业来说，如果能显著减少运输损耗、降低成本，意味着什么吗？意味着利润！

很幸运的是，我们又一次找到一种方法可以实现这两点。据我们估计，如果您能采用这种方法的话，公司可以运输损耗过 10%，减少总成本 5%，由此利润增加 7%。同时会因为客户更加方便而满意！您还在犹豫什么呢，如果我是您的话，我会毫不犹豫地选择这种新的包装方式。

敬请张总考虑采纳我们的建议，同时因为涉及多个部门的合作，需您协调。

2. 问题

上述备忘录中存在什么问题，应如何处理？

案例 43 王秘书的困惑

1. 背景

为了迎接兄弟单位与上级有关部门的卫生检查，某单位领导决定召开一次迎接卫生检查动员大会。局长要王秘书起草一份会议通知，请各部门负责人出席。

王秘书一边起草会议通知一边思索，某些部门的领导对环境卫生问题一向不大重视，要是他们知道召开卫生工作会议就可能不亲自出席而派其他人员参加，那该怎么办？

2. 问题

如果你是王秘书，面对上述情况你应该怎么办？为什么？

案例 44 直言不讳

1. 背景

小夏去年进入公司总裁办当秘书，业务能力有目共睹。这天总裁办公室开会，讨论即将召开的董事会所需的文件。

当轮到小夏发言时，她直言不讳："我听了刚才主任的发言，我不同意他的结论，因为我到销售部和几个门市部调查过，我的调查结果与主任的结论相去甚远。"她本来以为自己拿出了一连串扎扎实实的数据，不是信口开河，大家都会点头称是，可结果是既没人反对她也没人赞成她，甚至可以说是根本没有人理睬她。她心里很难过，她不明白，自己上个星期就知道了会议的议题，做了大量的准备工作，自己的发文不是无的放矢，为什么他们都不认真听我说呢？我到底错在哪里呢？

2. 问题

小夏错在哪里？如果你是小夏，你应该怎么办？

案例 45 吊儿郎当的同事

1. 背景

下属车间职工小张技术不错，但是工作态度不认真，经常迟到早退，给人以吊儿郎当的印象。有一天，他来到分管生产的李副总的办公室，对李总的秘书小夏说："能不能帮我约个时间，我希望见李总一面，反映一些生产车间里的情况。"小夏因为很早就听说过小张的表现，因此，毫不犹豫地拒绝了他的要求："对不起，总裁今天一整天都很忙，可能没有时间。""那明天呢？""明天的约会也排满了。"小张叹了口气，没说什么走了，看得出他心里很失望。其实他今天来到这里，是因为他发现车间浪费原材料现象十分严重，但是由于一直和车间主任有矛盾，所以才直接过来找分管生产的副总。

2. 问题

案例中小夏的行为有何不妥之处？如果你是小夏，你应该怎么办？

案例 46 苏丽的苦恼

1. 背景

保险公司索赔部经理张明上任已经一个多月了，这一个月里，部门业绩很不错，他因此对部门员工的素质及能力感动很满意，于是，他决心用培训员工及安装新计算机系统的计划来推动部门进一步快速发展。

然而，当周一例会上，张明雄心勃勃地提出这一计划时，索赔部老秘书苏丽却提出反对意见："经理，你才来一个月，在没有完全了解部门运作程序前就这么干，明显有些操之过急。"张明很有些不高兴。散会后，另一个老员工告诉张明，苏丽也申请过索赔部经理的职位，她在会上的表现正是为了发泄她没获得职位的不满。

过了一周，张明的计划还是谨慎地推行了。而苏丽，明显地感觉到经理对自己的疏远，这使她陷入苦恼之中。

2. 问题

苏丽为什么苦恼？如果你是苏丽，你应该怎么办？

案例47　公司销售额下滑

1. 背景

宏利通讯科技实业有限公司的拳头产品——T29 型手机在市场曾很受顾客欢迎，但最近两个月销售额连续下降，已经由第一季度的3%的市场占有率下降到了1%。小夏走进总经理办公室时，发现总经理正为这事犯愁，看见小夏走进来，他顺口问道："小夏，这个季度我们的销售额连续下滑，你有没什么好办法？"

2. 问题

如果你是小夏，你会怎么办？

案例48　秘书不是领导

1. 背景

今天一上班，小夏就听说，前天发到台湾去的一批货被退回来了，据说是这批外销的鞋子质量上有问题。总经理为此很生气，让秘书小夏去调查这次事故应该由哪个部门负责。小夏来到生产部了解情况，刚一进门，生产部经理就跟她说："能不能到那边说话？"小夏一看，他指的是一个角落，于是她马上说："刘经理，我们都是管理人员，不适合站在角落说话，否则人家会误会我们在谈什么秘密。"

2. 问题

案例中小夏的行为有无不妥之处？如果你是小夏，你应该怎么办？

案例49　老总的铁哥们

1. 背景

一天，秘书小尹正在网上搜索资料，突然电话铃响了。

小尹一拿起电话，还没有来得及说话，对方便问："吴子韧在吗？"吴子韧就是自己的上司，总裁办公室主任。对方既不说出自己的工作单位，也不报自己的姓名。小尹从这有些耳熟的声音中，很快知道对方就是主任的铁哥儿们叶俊峰，于是，她马上说："对不起，叶总，我们主任正在开会，一会结束叫他给您去个电话？"对方满意地挂了电话。

在几次聚会中，叶总都在吴主任面前表扬小尹，说她聪明能干。不到半年，吴主任被提升为公司副总经理，小尹被提拔为办公室主任，接替吴主任的工作。

对于小尹的升职，办公室一些老秘书表示不能理解。

2. 问题

小尹取得成功的原因在哪里？如果你是小尹，你会怎么做？

案例50 一碗臭豆腐失掉升职机会

1. 背景

小夏是公司办公室秘书，最近，公司总经理办公室要增设一位办公室副主任协助总经理工作，从小夏平时的工作表现，这次提升应该没有问题，而且负责单位人事的王副总经理也在多种场合表扬小夏，叫她好好努力。

一次办公室聚会，王副总经理应邀参加了聚会。到了酒店，王副总经理让小夏点菜，小夏受宠若惊，她听说这家酒店的臭豆腐很有名，苦于自己微薄的工资，一直没有来吃过，这次单位的公款，正好趁机点几分臭豆腐吃。于是，小夏点了一大碗臭豆腐，又点了很多自己喜欢吃的湘菜。

王副总经理是江苏人，不太喜欢湘菜，而且他平时最讨厌的就是臭豆腐，在饭桌上，他几乎没有吃什么菜，只喝了点酒借故离开了。

后来，公司的人事任命通知下来了，被提升为办公室副主任的是比小夏进公司晚的小燕。

2. 问题

小夏的问题出在哪里？如果你是小夏，你应该怎么做？

案例51 "都是电脑惹的祸"

1. 背景

秘书小夏是刚进公司不久的新秘书，她做事认真踏实，有一点不好的是，她喜欢打听领导有什么喜好、平时喜欢和什么人打交道等，每天上班后都要询问昨天经理干什么去了，或者问经理今天心情怎么样？

一开始，大家还能和他说几句，后来时间渐渐长了以后，同事们有点受不了她了。有一天，她又来问同事，最近领导在和谁谈什么生意，同事为了敷衍她，说了句"我哪里知道啊，你要想知道到经理电脑中查啊，那上面一定有的。"说者无心，听者有意。

下班后，小夏迟迟不肯来开办公室，等经理、办公室同事都走了以后，她悄悄跑进经理办公室，正准备打开电脑，忽然经理进来了，原来经理的钱包忘拿了，小夏见经理进来心中发慌，语无伦次说："我来看看经理电脑有没有关好的。"当时经理没有说什么，一个月后，小夏接到了公司的解雇通知。

2. 问题

小夏为什么被解雇？如果你是小夏，你应该怎么做？

案例52　知道上司的隐私，怎么办

1. 背景

小东是单位负责外事业务的秘书，他的工作主要是对外交流、寻求合作，工作性质决定了他经常在外边跑。一年来，他的工作业绩非常好，但是他有一个坏脾气，就是在同事面前夸耀自己是多么的能干，吹完牛皮还不忘用点"猛料"压轴，"我看到上司又和那个女人混在一起"等小道消息，同事们听了一笑了之，他为了证实自己说的是真的，还拿出几张当场抓拍的照片"为证"。后来，小东被公司"无缘无故"地调到了传达室，紧接着又调到一个没有人愿意去的小部门里，最终小东被老板一脚踢开了。

2. 问题

小东之所以会出现上述结果，是为什么？如果你是小东，你应该怎么做？

案例53　喜欢加班的上司

1. 背景

小燕新换的上司是负责销售的公司副总经理。这位新上司特别喜欢加班，如果没有应酬，晚上七点半之前他不会离开办公室。小燕下班回家，需要倒两次公交车，在路上的就得一个多小时；每周要上一次夜校，另外还要与男朋友约会。作为职业秘书，小燕一开始严格要求自己，每天都是在上司下班后自己才下班。但在坚持了一个多月之后，她实在坚持不下去了，而且通过观察，她知道上司是因为怕塞车才养成七点半之后开车回家的习惯。于是，她直接找上司谈了一次。她把自己的实际情况向上司说了之后说："今后如果您有事需要我加班，哪怕到晚上十二点钟也没问题。如果您没什么事，那我每天就六点下班，您看可以吗？"

听小夏这么一说，上司有些恍然大悟地说"没问题"。事实上，作为一个经验丰富的秘书，晚上需不需要加班小燕心里有数。

2. 问题

如果你是秘书小燕，面对这样的上司，你会怎么做？

案例54　怎样向上司汇报工作

1. 背景

小薇是一家电脑公司的培训部办公室主任助理，工作之余她不忘充电，对国家全新的培训理论、业内动态了如指掌。工作中，她想毫无保留地把这些信息报告给上司，但是又怕同事疏远她，说她爱拍领导马屁，又担心打扰上司的正常工作，小薇在困境中左右为难。

2. 问题

小薇为什么会出现上述困境？如果你是小薇，你应该怎么做？

案例55　上司犯错让自己受过

1. 背景

小尹是公司市场部秘书，有一次，公司为了争取一个重要的客户，上司让小尹做一份产品展示和推介计划。那天中午，上司还特意请小尹去吃大餐，并一反常态地说："小尹啊，你很努力，我都看在眼里，你真是我的好助手，这个客户很重要，关系到公司的一大笔生意，所以这个展示和推介计划一定要做好，交给你做我很放心，这件事情做好了，我一定会向总经理给你请功。"小尹当时很是激动，所以很努力地工作，每做一部分就总给上司过目，上司看了以后满意得不得了。

客户终于来了，正当小尹当着全公司高层给客户展示产品推介计划时，意外发现，关键部分被上司修改了。小尹只好硬着头皮随便讲了一下。但是客户却在关键点上纠缠不清，由于关键点已被改动，与自己原先做的不一样，小尹也不能自圆其说，最后生意没有谈成，小尹也被总经理狠狠地训了一顿。小尹感觉很委屈，关键部分是上司修改了，怎么把账全部算到自己头上来了。

2. 问题

小尹的问题出在哪里？如果你是小尹，你应该怎么做？

案例 56 领导和别人争吵

1. 背景

公司办公室秘书小尹一脚踏进办公室，上气不接下气地冲着唐主任说："唐主任，快，快，快去劝劝王经理，他和叶厂长吵起来啦！"

王经理是单位负责销售的经理，叶厂长是花溪酒厂厂长，两家企业常有业务往来。上次，因酒厂失约，给单位经营造成了一定亏损，王经理很不满意。昨天，叶厂长来单位推销香槟酒，王经理不冷不热地说："哟，叶大厂长，还记得起我们这小小单位啊？你找的是哪家医生，怕是吃错了药哟！"叶厂长自然知道这句话的含义，但想到目前产品积压，资金紧张，又不得不忍气吞声向对方求情。结果，双方仍是不欢而散。

今天，叶厂长再次登门，找到了王经理。王经理指着货架上的"花溪香槟酒"没好气地说："你看看，这就是你们厂生产的酒，我这里还有上百瓶存货呢！嫁不出的女儿就往我这里送，我们是收破烂的吗！"叶厂长一时性起："你话说得那么难听干吗？你王经理今后就不求人了吗？我给你那么多优惠条件，你还说三道四，难道今后就不打交道了吗？"

办公室唐主任和秘书小尹来到门营销部时，只见两人都伸长脖颈，争得面红耳赤。这种难堪场面，使看热闹的人越聚越多。唐主任知道再这样下去，两位领导人都下不了台，对双方都没有好处。

刚才，叶厂长所说的优惠条件是指：花溪酒厂以出厂价给单位五千瓶香槟酒，先付款五分之一，其余五个月以后一次付清。单位张总和财务部详细算了一笔账，觉得这生意可做。除税金外，这笔资金单位还可以借用三个月。并且，目前春天来临，香槟酒容易推销。这是刚才小尹在路上告诉唐主任的。

2. 问题

如果你是办公室唐主任，你应该怎样化解两位领导的矛盾呢？

案例 57 上班迟到了，怎么办

1. 背景

公司新来的老总，做事很严谨、严肃，每天早上九点会在公司门前看谁上班迟到。小夏是公司办公室秘书，以前上班经常迟到，但以前的老总对此不太在意。

国庆节长假后上班第一天，由于好几天没有上班的原因，小夏虽然两个闹钟都定了时，可是早上还是起迟了，紧赶慢赶，到公司的时候还是迟到了15分钟。老总在传达室门口，问："怎么，今天迟到是什么原因啊？"小夏想都没有想就随口说出："去参加兄弟单位的客户会议。"谁知，老总一个电话打到对方公司，对方说小夏没去过，老板通知人事部扣除了小夏当月的奖金，并对小夏警示，这个月如果再迟到一次，就叫她自动离职。

2. 问题

小夏的问题出在哪里？如果你是小夏，你应该怎么做？

案例 58　新来的女上司

1. 背景

公司研发部经理因车祸导致骨折，为了研发部正常运转，公司老总请他的老同学来主持研发部的工作，新来的上司是个年轻女性，人长得漂亮，打扮时髦。小刚是研发部经理秘书，平时女上司对小刚也很好，中午一起到食堂吃饭，吃完后还让小刚陪他散步……

小刚慢慢地，对女上司的看法发生了变化，他感觉女上司对他有意思，于是，在一次请女上司吃饭时，向女上司表达了自己的情意，女上司很诧异，当时没有说什么。

一个星期后，小刚被调到公司没有人愿意去的后勤营运部工作去了。

2. 问题

小刚的问题出在哪里？如果你是小刚，你会怎么做？

案例 59　为什么领导总不给我机会

1. 背景

小尹应聘到一家以"中国"开头的上市公司的总经理办公室做秘书，一开始她感到很高兴，与其他同学相比，她找的工作应该说是比较好的，一年下来，在同学聚会上，她了解到，很多同学虽然不是在什么名企工作，但是都不同程度地得到了公司的重用，职务也有了提高，只有小尹还在原地踏步。

她的老总是一个典型的"霸道型"上司，不管大事小事，都亲力亲为，一点也不给小尹机会，小尹每天上班，就是负责少少水、扫扫地，收收信件等，其余时间她都是在网上度过的。

2. 问题

上司为什么不给小尹机会？如果你是小尹你会怎么做？如何让上司将机会一次又一次地给你？

案例 60　老总太"婆妈"

1. 背景

小尹是公司总经理办公室秘书，顶头上司是负责公司研发部的叶总经理，叶总经理是一个过程型的上司，交代小尹工作的时候，都会一步步的给小尹说清楚，小尹对此是很反感，但是又不能说什么。

一天，叶总经理叫小尹去邮局帮他取邮件，临行前，叶副总特意交代，邮局在哪里、怎么走，路上要小心之类的，小尹感觉很可笑，邮局在哪里我自然知道，还要他说吗？

一个月后，小尹主动向公司提出了辞职申请。

2. 问题

小尹为什么要辞职？如果你是小尹，你会怎么做？

案例 61　紧张的小尹

1. 背景

小尹是一个性格内向的女孩，给负责财务的副总当秘书有一年多了。每当她向上司汇报工作，她就会非常紧张，常常不知道从什么地方说起；只要是稍微复杂一点的事情，她的汇报就没有条理性。上司提醒过她几次，无论汇报什么都要先汇报结果，可她总怕上司不明白似的，先介绍事件的背景，背景之后又有背景，经常让上司云山雾罩。

2. 问题

如果你是秘书小尹，你如何消除这种紧张的情绪？

案例62 "我是总经理秘书"

1. 背景

小燕在公司打拼了多年，现在终于熬出头了，从办公室秘书转变为总经理专职秘书。从转为总经理秘书后，小燕好像变了一个人似的，人前人后都炫耀自己是总经理秘书，对于以前办公室的同事们也是趾高气扬，一副盛气凌人的架势，也正因为这样，同事们慢慢疏远小燕。有一次，小燕家中有急事需要处理，正好她又要在单位值班，这时候，她想到请办公室其他秘书代其值班，打了一圈电话后，居然没有一个人愿意帮她值班，面对现状，小燕百思不得其解。

2. 问题

小燕的问题出在哪里？如果你是小燕你会怎么做？

案例63 为什么被辞退的是我

1. 背景

小倩是单位总经理秘书，在平时和同事关系平平，不注意和同事交流沟通，她最大的缺点就是太自信，办事从不和同事商量。有一次，她拿着一沓打印的资料给总经理看，资料的内容是单位的产品在苏中地区畅销的信息，她建议总经理加大对苏中地区的投入。后来单位召开各部门主要负责人会议，商讨在苏中地区增加投资的事宜，办公室秘书也要求参加会议。会中，几位老秘书提出，这个信息是几年前的老信息，这两年公司产品在苏中地区是滞销的，并拿出了相关数据。后来有一次类似的事情发生了，当时老总没有说什么，小倩并没有感觉到什么，年终公司裁员名单中，小倩被列在第一个，她很是不理解，平时为了公司累死累活的，没想到会遭到被辞退的厄运，她找总经理理论，结果不言而喻。

2. 问题

小倩的问题出在哪里？如果你是小倩你会怎么做？

案例64　小尹的苦恼

1. 背景

小尹是新招聘进来的秘书,她天天围着经理转,基本上没有时间与同事交流和沟通,虽然大家都认识她,可她除了认识经理、办公室主任和人事部经理以外,其他能叫得出名字的同事不超过4个人,占公司总人数的3%。

最近她很郁闷,进公司才三个月,同事中间就传开了她的负面新闻,什么清高啦、摆臭架子瞧不起人啦,更让她气愤的是,居然有人评价她走路的姿势,还有人造谣说她用姿色迷惑上司。

小尹非常苦闷。

2. 问题

小尹的困境是什么原因导致的?你有什么好的建议?

案例65　四张机票

1. 背景

小尹是汉语言文学专业毕业的高材生,应聘做公司总经理的秘书。总经理办公室共五个秘书,其余四个都是大专毕业,而且都年过30岁,因此,不到2个月,她就产生了一种无形的优越感。这天老总开完会后对小尹说他与其他三位部门经理今晚去上海出差,让她订四张机票。

"是特等舱吗?"小丽问。

"是的。"老总回答。

小尹赶紧下楼在商务处订了四张特等舱票。当她把机票都拿出来时,老总问她:"谁让你订四张头等舱票?"

小尹这时才明白只有老总才有资格坐特等舱。于是,她又匆匆忙忙下楼把那三张换成经济舱。当她把那三张经济舱的票给那三位经理时,有人问她:"你准备把老总一个人孤零零地扔在头等舱里?"

面对这种情况,小尹无言以对。

2. 问题

小尹订的四张机票问题出在哪里?如果你是小尹你应该怎么做?

案例66 "你怎么这么笨"

1. 背景

公司总经理办公室秘书小李跳槽到其他公司工作,为了保证办公室秘书工作的正常运转,公司总经理办公室最近新招聘了一个应届本科毕业生——小夏。办公室主任叫小尹帮带小夏,以便使小夏尽快进入角色,小尹是有6年秘书工作经验的老秘书。

小夏进公司3个月了,一天总经理要求小夏拟写一份发言稿,小夏向小尹请教发言稿的写法,小尹很认真地告诉了小夏。小夏写好后,请小尹把关,小尹看了以后,哭笑不得,小夏写的根本不像发言稿,于是他对小夏说:"你怎么这么笨啊,和你讲得清清楚楚的,还是不会写"。话刚结束,小夏脸色煞白。

2. 问题

案例中秘书小尹的问题出在哪里?如果你是小尹,你应该怎么做?

案例67 谦逊的小夏

1. 背景

小夏是刚进公司不久的新秘书,他为人踏实、勤恳。每天清晨第一个进办公室,打扫卫生,为老总、办公室同事泡好茶,老总吩咐他做的事情他能一丝不苟地完成,同事之间有什么事情他也能热心地帮助,每时每刻始终保持着微笑。

公司年终考核的时候,按照规定,像小夏这种刚进公司不久的员工是不参与年中考核的,结果在年中优秀员工评选中,小夏破天荒地得了最高票,小夏还是婉拒了同事们的盛情。老总对他投来赞许的眼光。

2. 问题

小夏的做法对吗?如果你是小夏,你应该怎么做?

案例68 几位领导同时布置任务

1. 背景

某公司办公室秘书小夏,在接受王总经理的一份材料写作的紧急任务之后,正急匆匆地往自己办公室走时,在走廊被分管市场拓展工作的李副总经理叫了过去。李副总经理要小夏赶紧为他找全有关市场经济的重要资料。小夏此时一心只想到完成王总布置的任务,对李副总说的什么似乎一无所知。李副总见他有些走神,又重述了自己的话。

秘书小夏听后,觉得有如下方法,可作选择:
a. 以王总布置的紧急任务为由,推脱了事;
b. 接受李副总交办事项,按受理任务先后顺序完成;
c. 接受任务后回到办公室,向办公室主任汇报,与其他秘书协商,由他人完成李副总交办的事项。

2. 问题

如果你是秘书小夏,你应该怎么选择?

案例69 秘书小夏和小尹

1. 背景

小夏和小尹是大学同班同学,两人大学毕业后,应聘到同一家公司当秘书,辅助老总的工作,二人的起点应该是完全一样的。但是在一年之后,无论是工作能力,还是上司的信赖程度,二人的差异非常明显。

小夏的自我表现欲很强,喜欢争强好胜;而小尹倒像是小夏的秘书,她只做一些由小夏从老总那里转包来的工作。老文是总裁办副主任,跟总裁快20年了,是总裁名副其实的助手。老文给小夏安排的第一项工作是让她制订总裁司机的日程表,以便接送总裁。但是,只做了一个星期,小夏就三次把地点搞错,让总裁很不高兴。老文让小夏工作细心一点,可她一口咬定都是司机失误,把责任推卸得一干二净。于是,老文也懒得管小夏了,只安排她打打杂,做一些收发、复印之类的工作,怕她再给自己惹什么麻烦。

小尹与小夏完全相反,她虽不太爱说话和表现自己,但工作任劳任怨,能虚心接受老文的批评和建议;遇到不懂的地方,她会主动向老文请教。当她工作中出现失误之后,她会主动地承认自己的过错并道歉。老文觉得小尹是做秘书的好苗子,于是将自己所有的秘书经验都传授给了她。有一次当老文突然请假的时候,总裁对老文说:"那先让小尹代替你工作吧"。

对于自己挑选的两个助手,老文一开始对她俩一视同仁,并且对小夏寄予了更大的希望。但是,不到一年的时间,两人的表现已是云泥之别。第二年,老文被提拔为一个子公司的总经理。在交班之前,他向总裁推荐由小尹接替自己的工作，并把小夏炒了鱿鱼。

2. 问题

小夏和小尹两人师出同门，会出现这样的差别，问题出在哪里？如果你是其中一个，你应该怎么做？

案例70　黑板报

1. 背景

"五一"国际劳动节快到了，公司办公室主任交给参加工作不久的秘书小夏出一期出黑板报的任务，但是小夏既不会画画也不会写美术字。经了解她得知，市场部有一位美术功底较好的同事小尹，但是小夏爱面子不好意思向小尹开口，因为小夏是著名高校中文系的高材生，而小尹是一所不起眼的学校艺术类专业的毕业生，向她开口，小夏觉得很掉面子。眼看着"五一"劳动节快到了，小夏的组稿和改稿工作基本上完成了，就等着请小尹过来出板报了，弄得小夏不是如何是好。

2. 问题

如果你是秘书小夏，你应该怎么做？

案例71　公司裁员名单

1. 背景

小尹是公司总经理专职秘书，对于公司高层的一些重要决策是了如指掌。近期，为了精简机构，提高办事效率，公司决定辞退一部分员工。前两天，公司人力资源部经理和总经理已经商量了初步的裁员名单，名单让小尹用电脑打印了一份。公司内部对于裁员事件也是议论纷纷。

这天，小尹到市场部经理这里来取年度报表，市场部王经理坚持要小尹把裁员名单给他看看，他才把年度报表给她，小尹不知所措。

2. 问题

如果你是秘书小尹，你应该怎么做？

案例72　与人方便，于己方便

1. 背景

一天，海潮公司秘书张洁正在整理客户信息，接到财务部的电话请她帮忙。原来，出纳小王出差了，人力资源部部长突然要份工资表，会计不会打印工资表，就请张洁帮忙。张洁从电脑中调出专门的财务表格模块，几分钟就做好了。后来有一次老总要下半年的财务数据，张洁一打电话，财务部很快就把数据送过来了。

2. 问题

秘书与职能部门在工作中应如何相互支持和配合？

案例73　如此督查

1. 背景

最近，海潮公司出台了一个新政策。这天，总经理交给秘书张洁一项任务，他让张洁和几个部门经理分别到全国各地的各地方公司督查，看看个分公司是否真正领略了新政策的含义，是否在采取措施执行新政策，还要了解一下各分公司对新政策的看法。张洁被派往海南分公司。张洁一来到海南，就开始了全面督查工作。张洁觉得自己是老总的秘书，又是老总派下来做督查的，就处处以"钦差大臣"自居，对分公司的各项工作都指手画脚，不听分公司员工的想法和意见，而一味的采取"高压"政策。分公司的经理实在忍受不了张洁的做法，就向老总反映情况。老总让张洁马上回去，对她进行了严厉的批评。

2. 问题

张洁的督查工作成功吗？她的问题主要在哪里？如果你是张洁你应该怎么做？

案例74　小李竞聘落选

1. 背景

小李是某公司的总经理助理，她的组织能力和行动能力都非常出色，上司交代的工作她总能出色完成，但是她每次说话都很尖细、刺耳，老用总经理的口吻和大家说话。在公司内部竞聘中，她满以为自己一定能够晋升为公司的人事经理，可是却没能聘上。于是她找到上司了解情况，上司告诉她，人事经理是公司对外的形象和对内的轴心，可是小李说话的声音像个小女孩，听起来不够成熟、缺乏魄力。公司最后选择了一位成熟稳重、果断的人，组织能力同样很强的人来担任此职。

2. 问题

小李为什么会落选？她的问题主要在哪里？如果你是小李你应该怎么做？

案例 75　都是合同惹的祸

1. 背景

这天，公司总经理要和一家公司谈判，谈次年的合作计划，并想签署合作合同。对方吴总经理要到国外去考察，总经理必须趁着吴总经理没有出国前把合同签署好。早在两天前，秘书小尹就为今天的谈判做准备了，谈判要准备的资料都已准备妥当，需要签署的合同也草拟后经总经理同意后打印了 3 份。总经理临行前，小尹还帮总经理整理了谈判需要的资料，包括合同在内。

中午时分，总经理气呼呼的到办公室，拍着桌子对小尹说："叫你准备的合同为什么没有给我装好？就因为没有带合同这次的谈判很不成功，对方公司吴总经理已经坐飞机到美国去了，要 3 个月才能回来。公司的一桩大买卖也成泡沫了！"秘书小尹觉得很委屈，明明把合同和其他资料放在一起的，生意没有谈成怎么能怪我呢？

2. 问题

秘书小尹的问题出在哪里？如果你是秘书小尹，你应该怎么做？

案例 76　小李和小王

1. 背景

小李和小王既是同事，也是好朋友，他们经常在一起交流思想和工作心得。但是有一段时间小王因为要参加研究生考试，所以将自己封闭起来，全力复习功课。公司有一个对小王有意见的同事乘机对小李说："你知道小王最近为什么没和你来往吗？不是因为考试，其实是他嫌你档次太低，没水平啊！"小李本身对自己的学历就很敏感，听到这么一说，信以为真，因而非常生气，觉得小王只不过是多读了两年书，就如此骄傲，太不够朋友了，因此下定决心再也不理睬小王。小王考试完毕后，几次打电话给小李，小李一个也没接。

2. 问题

小李这样的做法可能导致怎样的后果？那位同事的话为什么能在两位好朋友间发生作用？如果你是小李，你听到那位同事的话你会怎样应对？小王应该怎样做才能挽回友谊？

案例77 总经理的风流韵事

1. 背景

这天，秘书小夏刚进办公室，就听见同事们在议论公司叶总经理的风流韵事。同事小李说，他昨天晚上看到叶总经理和一个打扮时髦的女人出入在某大酒店。他们就因这件事在议论叶总经理，同事小王也有头有脸地说，有一次他也碰见叶总经理搂着一个妖艳的女子出入在某宾馆。

大家见小尹进办公室，都凑上来，七嘴八舌地说，小尹平时和公司几位老总走得较近，对于他们的私生活也一定了解不少，他们要求小尹跟他们讲讲叶总经理的那些事儿。

是的，小尹对于叶总经理的那些事情是知道一些，可是面对这些"长嘴婆"，小尹不知所措。

2. 问题

如果你是小尹，面对这种情况你应该怎么做？

案例78 该向谁请示

1. 背景

公司每年都有派员工到国外参观培训的机会。销售部小王前几次都因事没有能够参加，这一次他很想抓住机会，到国外看看，学习学习。

这天上午，他来到秘书小夏的办公室打听情况。小夏跟小王说，前两天还在听三位老总议论这件事情的，具体情况就不太清楚了，小夏叫小王自己去找老总争取争取。小王很为难，三位老总找谁比较好呢。

小夏给小王分析：王总平时不管事，就是个"吃软饭"的人，找他没有什么用；张总对人比较凶，单位没有人喜欢他，而且人比较固执，找他可能也不行；

叶总平时为人比较和善，看见下属都笑嘻嘻的，而且比较好说话，找叶总应该没有问题。

……

小王出国参观学习回来后，几位老总为人的流言在公司上下传开了。没过多久，秘书小夏被公司辞退了。

2. 问题

秘书小夏为什么被公司辞退？如果你是秘书小夏，你应该怎么做？

案例 79　坐着接待客人

1. 背景

这天上午秘书小夏正在办公室办公，这时候有人敲门，进来的是一家办公用品公司的老板叶总，是过来催款的。小夏见叶总进来，也没有起身表示欢迎，对叶总做了一个手势，示意他坐下，接着又在忙着手头的事情。

十分钟过去了，小夏才起身对叶总说："叶总，真不好意思，上次的那笔款子，要等我们肖总回来才能给你们，这次又让你白跑一趟。"

叶总也很生气，说："我来了七八趟了，每次都是这理由，我们是小本经营的公司，如果公司这个礼拜不把余款结清，我们下个月停止对贵公司的供货。"

2. 问题

如果你是秘书小夏，面对这种情况，应该如何处理？

案例 80　酒林高手

1. 背景

公司来了一位很重要的东北客人，由于老总身体突然不舒服，他让秘书小钢代他为这位刚下火车的客人接风。这客人也没有什么特别的爱好，就是酒量大，只要有半斤油炸花生米就能下两斤二锅头。小钢知道如果今晚自己能陪客人喝好，那生意就成了一半了；如果陪不好，这单生意就很难说了，后面的单子肯定没戏。小钢虽然也有半斤二锅头的酒量，但自知绝对不是客人的对手，那么，今晚上这个酒他应该怎么喝？

2. 问题

如果你是秘书小钢，这个酒应该怎么喝？

案例81 该送什么

1. 背景

天地公司是一家跨国公司,和很多国家的公司有着密切的联系。前不久,公司负责销售的肖涛常务副总,到日本去考察,对方公司盛情款待了肖副总一行十几人。

近期,听闻该公司总经理小泉会三,将带着公司市场拓展部到中国开拓市场,肖副总想乘机宴请小泉总经理一行,并准备送一份得体的礼物给他们,肖副总要求秘书夏炎去准备礼品。

2. 问题

如果你是秘书夏炎,你应该如何去准备礼品?在准备礼品的过程中应注意哪些问题?

案例82 好心不一定办好事

1. 背景

某公司总经理办公室有4位专职秘书,其中只有办公室主任张凯是男性,其余3名是清一色的娘子军,吴丽和张华是资历较老的秘书,夏雪是才从大学毕业被新招聘进公司的。有一天下午,吴丽和张华外出办事,只有张主任和夏雪在办公室。下午3点左右,一位行色匆匆的小伙子,误将总经理办公室当做了公关部,进门就说:"不好意思,过来联系合作事宜,路上塞车迟到了。"夏雪刚好空闲无事做,就好心主动带这位小伙子去了公关部。几分钟后,总经理打电话叫张凯立即将新设计的产品样图送过去。该产品样图一直是夏雪在负责,张凯在办公室翻箱倒柜找了很久也不见踪影。总经理气急败坏跑到办公室问道:"怎么搞的?一份图纸都找不到,这么简单的事情都不会做吗?"然后没好气地离开了。张主任正在沮丧,夏雪回来了。"都是你,害得我被老总骂惨了,你去哪里了?"不容夏雪解释,张主任继续嚷道:"谁叫你多管闲事的?"夏雪被吓懵了,同时觉得很委屈,眼泪止不住往下流。恰好,吴丽办事回来了。

2. 问题

如果你是吴丽,回来面对此景此情该如何处理?

案例 83　都是手机惹的祸

1. 背景

上周五张总给其秘书小尹交代本周一的出差计划，拟于本周一早晨 9 点从公司出发前往本市郊区一个企业考察。周五小尹和张总核对了周一的日程安排表，确认无误才下班回家。周日小尹的好友结婚，小尹玩得非常尽兴，晚上回去便倒头大睡。周一早晨，小尹 8 点 55 赶去公司，等到 9 点一个人都没有来，觉得很奇怪，就打电话给张总。没想到电话那边传来张总气愤的责骂："你还知道今天要出差？我们已经走了，你不必来了！"小尹很纳闷，不知道自己是哪里没有做对。原来，周日晚上张总接到对方紧急通知，有其他事情，必须提前赶去考察。张总立即给小尹无数次电话，均提示该用户已关机。小尹玩得太开心，手机没电了也不知道，早晨闹铃响才匆忙赶去公司。

2. 问题

小尹的做法有哪些是欠妥的？如果你是小尹，会如何计划陪同老板的出差？

案例 84　老总分身乏术时

1. 背景

张欣悦是恒信公司老总的秘书，某天她正在办公桌前赶写一份关于公司几个部门调整的方案，恰巧有一位不速之客直接进入了办公室。张欣悦迅速在笔记本电脑上输入了几个字符，然后扣上，立即起身并仔细询问该陌生人的来访事由。原来是老总事先约好的客人，可老总 5 分钟之前刚出门并未交代此事。张秘书马上联系告诉访客已到。老总回复出了点意外，一时情急忘记了，要张秘书自己看着办。

2. 问题

张秘书在接待访客时哪些做得比较好？如果你是张秘书，面对被老总遗忘的访客，该如何应对？

案例 85　如何提出"加薪"要求

1. 背景

夏东是远东集团董事长的秘书，前几天和董事长闲聊，谈到最近物价飞涨，暗示要求加薪。董事长打哈哈地说："行呀，这个月就加。"但并没透露具体的数字。夏东立即给人事部经理表达了这层意思，人事部经理又告知了行政副总。行政副总对夏东说："考虑下。"行政副总是董事长妻子的亲弟弟，兼任公司财务部主管之职，是公司的核心人物。到了月底，夏东查询自己的实际薪酬并未增加。找到董事长打探，董事长亲自给人事部打了电话过问，让他再等等。过了一个月，还是不见任何动静。夏东一次偶然路过人事部经理办公室时，听到人事部经理小声嘀咕："夏东那么能干，董事长很赏识，说加薪，董事长都同意了，还不是李总（行政副总）不同意，就拖着。"虽早有耳闻董事长和行政副总之间关系不太好，但夏东从来没有见过两位领导起正面冲突。

2. 问题

夏东应该如何达到自己加薪的目的？对于董事长和行政副总的关系，夏东可有办法暗中协调？

案例 86　电话困扰

1. 背景

周末，小杨和小李（她们分别是两家公司的老板秘书）在咖啡厅闲聊，不知不觉谈到自己工作上的苦恼。小杨说："我们现在 3 个部门——人事部、办公室、销售部在同一个大办公室，共有 8 个人。我的办公桌离电话距离最近，外来电 95%都是我接的。这两天感冒咳嗽，我不去接，电话就响不停，他们都不去接。打进的电话很多是应聘的，而且有两部电话。"

小李也很郁闷地说："我每次都会没有好气地说——谁接下电话？我上厕所的时候电话响都一直没有人接的。"小杨说："咱俩一样啊，一想起这事，我也烦！我都咳成这样了，电话响他们都不接。再说打来的电话，大部分是应聘的，与人事部直接有关。"小李说："那你和他们说呗。"小杨说："昨天专门对人事部一个女同事说了，我咳得厉害，麻烦她接下电话。中午还好她接的，可下午就不接了。"小李说："我就烦这点，火气大得很！"小杨说："电话不是放在我办公桌的,就放在刚进门一个空桌子上,咋就一定让我接呢?"

2. 问题

听了两位秘书的对话,给我们什么样的启示?如果你是小杨和小李,如何解决电话困扰?

案例87 凌乱的办公桌

1. 背景

许多公司主管和秘书的办公桌都有类似的景象——桌子的上下左右全是各种各样的资料、信函、文具、卷宗等。常常是自己寻找容易,他人发掘困难。仿佛在像别人展示自己有多忙,做了多少事。如果临时急需迅速寻找一份资料,往往是越急越找不到,记得放在某个地方的,可就是不见踪影。

2. 问题

如果你是这样的秘书或者你作为秘书,你的上司有这样的习惯,你如何看待?你将如何创建一个整洁、舒心的办公环境?

案例88 听不清楚上司的指示

1. 背景

周丽是今年刚从大学毕业进入职场的年轻秘书,其上司是位年纪很轻能力很强的男性。由于上司讲话声音很轻且方言口音较重,周丽一直听不清楚他的指示。自己才工作没有经验,完全不知道怎么才能适应上司。

2. 问题

面对这样的情况,如果你是周丽,你应该怎么做?

案例89 突然被委派的"重任"

1. 背景

行政部的负责人张强刚辞职,总经理将其助理李晓叫进了办公室,正言道:"张强这一走很突然,我也没有料到。这样吧,你先暂时接替下他的工作。"李晓在该公司呆了6年,一直是总经理的得力助手,对公司的各方面都非常了解。此时李晓担心的是张强的突然离职,是否留下了难以解决的遗留问题,且名不正言不顺,自己本来事务繁忙,是否能胜任该职位。在总经理的劝说下,李晓勉强答应暂时接替工作。

2. 问题

你觉得李晓此时的担心是否多余?如果你是李晓,你将如何开展工作?

案例90 秘书的人缘

1. 背景

王小菊是公司董事长的秘书,美丽、热情、大方,在单位人缘极好,为人处世深得上司和同事们的赞赏的。她的好朋友李露在另外一家公司上班担任总经理秘书。李露经常给王小菊抱怨公司的人际关系很不好处,说每次自己去传达上司的指示,其他部门都是当面答应得好好的,实施的时候无限拖延,让老总认为李露根本没有传达到自己的意图。小菊问李露:"除了传达你老板的旨意,你平时和其他部门联系往来么?"李露说:"我每天事情忙都忙不过来,不是老板让我去部门传达,我才不去,我都呆在自己办公室做事情,平时一般都不联系的。"小菊笑道:"那是你的问题了,我们做秘书工作的,在公司平时也要经常和各个部门的主管及一般同事多联系的,要常和大家打成一片,多交流,多沟通,这样才更能够相互支持呀。"

2. 问题

你认为李露所在公司的人际关系真的那么差吗?王小菊成功的秘诀是什么?

案例91 "家族企业"秘书的困惑

1. 背景

小梅所在的公司是典型的"家族企业",作为公司总经理的秘书,她很烦恼的是经理夫人经常干预小梅的正常工作,对她也是忽冷忽热,使小梅在处理公务上十分困扰。小梅完全不知道如何应对了。

2. 问题

如果你是小梅,是否准备将问题反映给总经理?如果经理夫人还是继续干涉,小梅应该如何应对?

案例92 敬酒的次序

1. 背景

王总下班时交待李秘书陪同参加一个客户公司的宴请活动。李秘书常陪老总宴请宾客是常事,无一例外会都会涉及敬酒。李秘书一直觉得敬酒是一门学问,敬酒前一定要仔细考虑敬酒的顺序,一般情况下多以年龄大小、职位高低、宾主身份为序,分明主次。特别是与不熟悉的人在一起,应先打听对方的身份或留意别人如何称呼,要做到心中要有数,避免出现尴尬或伤感情的局面。在席上对于己方有求的人,自然应倍加恭敬,但值得提醒的是如果在场有身份更高或年长的人,则不应只对有求的人毕恭毕敬,而应优先给尊者长者敬酒,让大家关系更和谐。

2. 问题

你认为李秘书关于宴请敬酒的看法有道理吗?为什么?

案例93 玩"失踪"的老总

1. 背景

吴宇是嘉恒公司董事长的秘书。随着公司业务的不断拓展,公司规模越来愈大,董事长的事务也越来越繁忙。以至于董事长外出,常忘记告诉吴宇他的行踪,害得吴宇有急事也找不到董事长。特别当遇到紧急情况,董事长的手机遗忘在办公室或刚好没电了,完全联系不上,严重影响正常工作的开展与进行。吴宇虽给董事长暗示过数次,但收效甚微。

2. 问题

对于无法确认掌握董事长的行踪,如果你是秘书吴宇,你应该怎么做?

案例94 业务主管不近人情吗

1. 背景

12月中旬市场部准备联合公关部在某大型百货商场做促销活动,2个部门合写了一份请示给老总,文件送到老总办公室已经4天了。由于年终将近,老总事务繁忙,其秘书小牧也是忙个不停。周五上午,小牧碰到市场部主管林晓。林主管是个严厉且老资格的公司高管了,质问道:"怎么这么拖延呢?元旦快到了,那份文件一直没有回音!你怎么不帮我们催催呢?"小牧立即应答:"实在不好意思,这段时间很多事情,特别忙,请理解……"话才说了几句,被林主管打断:"大家都忙,文件早就送过去了,且元旦临近了,你分不清轻重缓急!?"小牧觉得很委屈,老总吩咐的事情最近特别多,忙都忙不过来,这份文件的确记不清送了有多久呢。

2. 问题

如果你是小牧,你如何面对有怒气的林主管?在年终这样忙碌的时刻,秘书应该怎样协调老总和自己及各部门的工作呢?

案例95 "女魔头"般的上司

1. 背景

王小玉是某公司老总张丽的秘书。张丽一直亲自打理公司快10年了,脾气较暴躁,情绪化较强。手下的员工都普遍惧怕她。下午上班时,小玉向其好友也是其同事的吴瑞忿忿地说:"那老女人只要一不顺心就找我茬!好多事情都是提前给她说过的,她自己没有处理妥当或者忘记了,就会唯我是问!……"吴瑞同情小玉,但也不好说什么,只有安慰。小玉觉得自己碰上这样的上司很倒霉。

2. 问题

你认为小玉很倒霉吗?私下与同事谈论上司的不是有无不妥之处?如果你有这样的上司,你如何面对?

案例96 离职仅为受训斥

1. 背景

锦绣集团的老总对下属一向严苛,公司很多管理人员与普通员工都是在"骂声中"成长起来的。才从人才市场招聘进入集团总部的秘书彭娟某天下午搞错了会议用的文件,被老总训了两句,彭娟眼泪当时就"吧嗒吧嗒"地掉下来了。老总见状有些不快,硬生生将接下来的训斥吞了下去。打那以后,大家发现彭娟似乎不在工作状态,经常无精打采。就在大家纷纷感慨着现在的的年轻人怎么这么经不起打击时，一份辞职报告已经交到了人力资源部主管的办公桌上，此时距离她进公司也不过两三个月而已。

2. 问题

彭娟的做法你赞同吗？为什么？

案例 97　关键的位置

1. 背景

某公司召开开业 10 周年庆祝大会，邀请了上级主管部门、兄弟单位、客户单位、新闻媒体的重要人士出席参加，秘书小李负责安排此次大会的所有座位。为方便主席台领导和宾客就座，小李特意制作了座位名签，并贴在座位上。但大会那天某单位的领导就位时却找不到座位。原来小李在抄写主席台名单时，忙乱中一时大意尽漏掉了这位领导的名字，结果导致这一令人不快的场面。

2. 问题

如何避免出现类似这样令人不快的场面？如果遇到这种状况，该如何解决？

参 考 文 献

[1] 谭一平．职业秘书实务［M］．中国人民大学出版社，2007．
[2] 金常德．秘书职业概论［M］．北京：中国轻工业出版社，2007．
[3] 赵中利．现代秘书心理学［M］．北京：高等教育出版社，2004．
[4] 胡亚学，郝懿．秘书理论与实务［M］．大连：东北财经大学出版社，2007．
[5] 郭建庆．秘书导论［M］．北京：高等教育出版社，2007．
[6] 雷鸣，吴良勤．秘书日常工作实训［M］．中国人民大学出版社，2008．
[7] 杨群欢．秘书理论与实务［M］．北京：中国财政经济出版社，2005．
[8] 向国敏．现代秘书学和秘书实务新编［M］．上海：华东师范大学出版社，2001．
[9] 〔美〕马丽·A.弗里德斯．涉外秘书全书［M］．北京：中信出版社，1999．
[10] 谭一平，吴良勤．秘书人际沟通实训［M］．中国人民大学出版社，2008．
[11] 中国就业培训技术中心．秘书国家职业资格考试与实训指南［M］．北京：中央广播电视大学出版社，2007．
[12] 雷鸣．办公室事务管理［M］．中国劳动保障出版社，2009．
[13] 劳动和社会保障部，中国就业培训技术指导中心．秘书职业培训鉴定指导［M］．北京：海潮出版社，2003．
[14] 丁晓昌，冒志祥．秘书学与秘书工作［M］．苏州：苏州大学出版社，2002．